みんなが欲しかった！

FPの教科書

滝澤ななみ

3級

はじめに

「年金」「保険」「株式や預貯金などの金融資産」「税金」「不動産」「相続」。これらに共通するものは「お金」です。

この「お金」の悩みに答えるのが、ファイナンシャル・プランナー（FP）という「お金の専門家」です。そして、FPになるための試験がFP試験で、FP試験に合格するために、本書のような試験対策テキストがあります。

しかし、本書で学習するような知識（FPの知識）というのは、なにも専門家だけに必要なものではなく、どんな人でも（知識量に差はあるにしても）必要なものです。

人生における「お金」に関する知識なのですから…。

「保険の見直し」「住宅の購入」「子供の教育費」「老後の生活資金」「余裕資金の投資先」「相続対策」。

気になる項目やこれから自分が必要になるであろう項目はありませんか？

本書はFP試験に合格することを目的としていますが、もっといろいろな方々に読んでいただきたいと思っています。したがって、全くの初心者でも理解できるよう、平易な表現を用いて解説しています。

ただ、いくら平易な表現を用いても、文章がダラダラと長く続いていたら、読みづらいですし、記憶に残りません。そこで、本書は**板書**（黒板のイメージ）を多用し、重要ポイントや特徴をすっきりまとめました。また、板書内で「もう少し解説したいな」という箇所には、話し言葉で追加説明しています。さらに、図を駆使したり、色分けをすることによって見やすさにもこだわりました。

おそらく、**現時点で一番わかりやすい・読みやすい・見やすい・そして合格しやすい本**になっているのではないかと思います。

どうぞ、本書をご活用いただき、「お金に関する総合知識」を身につけてください。皆様の合格を心よりお祈り申し上げます。

1級ファイナンシャル・プランニング技能士　**滝澤ななみ**

購入者特典「まとめレジュメ」がダウンロードできる！
滝澤ななみのすすめ！　https://takizawananami-susume.jp/

(3)

本書の特長と利用方法

①全体像を把握して効率アップ！

まずSECTION全体の学習内容を把握することによって、全体像や前後のつながりがわかるようになり、学習効率がアップします。フキダシを読めば、その項目の重要ポイントがわかります。

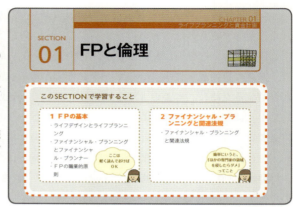

②流れに乗って本文を読んでいこう！

本文は、シンプルでやさしい言葉でまとめてあります。自分がいま、何の項目について、どの過程を学んでいるのかという流れを意識しながら、どんどん読み進めましょう。

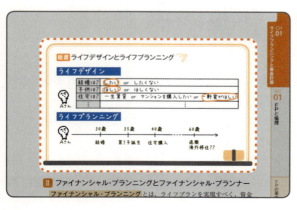

③「板書」でイメージをつかもう！

文章だけではわかりづらい点も、フルカラーの図解やイラストを用いて解説しているので、頭にスッと入ります。板書に重要事項をまとめているので、時間がないときは板書だけ読んでいくのも効果的です。

(4)

④「ひとこと」で理解を深めよう！

理解のヒントや補足情報、暗記すべき箇所などがわかります。「ひとこと」を読んで他の受検生より一歩リードしましょう。

⑤「基本問題」で知識を定着！

各SECTION末には基本問題が掲載されています。学習した知識をすぐにアウトプットすることで、知識が実践的なものとなり、定着も早まります。

スマホ学習用 ダウンロードページへのアクセス方法

TAC出版書籍販売サイト CyberBookStore
読者様限定 書籍連動ダウンロードサービス

ダウンロードページへのアクセスには下記のパスワードが必要です。

パスワード **22059659**

※ ダウンロード期限は2022年6月30日までとなっております。

(5)

目 contents 次

CHAPTER 01 ライフプランニングと資金計画　01

01 FPと倫理	02
02 ライフプランニングの手法	07
03 ライフプラン策定上の資金計画	19
04 社会保険	31
05 公的年金の全体像	52
06 公的年金の給付	61
07 企業年金等	82
08 年金と税金	88
09 カード	90

CHAPTER 02 リスクマネジメント　93

01 保険の基本	94
02 生命保険	103
03 損害保険	138
04 第三分野の保険	153

CHAPTER 03 金融資産運用　157

01 金融・経済の基本	158
02 セーフティネットと関連法規	170
03 貯蓄型金融商品	177
04 債　券	184
05 株　式	193
06 投資信託	205
07 外貨建て金融商品	214
08 金融商品と税金	218
09 ポートフォリオとデリバティブ取引	231

CHAPTER 04 タックスプランニング 237

01 所得税の基本 ……………………………………… 238

02 各所得の計算 ……………………………………… 246

03 課税標準の計算 …………………………………… 269

04 所得控除 …………………………………………… 275

05 税額の計算と税額控除 …………………………… 290

06 所得税の申告と納付 ……………………………… 299

07 個人住民税、個人事業税 ………………………… 306

CHAPTER 05 不動産 311

01 不動産の基本 ……………………………………… 312

02 不動産の取引 ……………………………………… 319

03 不動産に関する法令 ……………………………… 327

04 不動産の税金 ……………………………………… 345

05 不動産の有効活用 ………………………………… 364

CHAPTER 06 相続・事業承継 369

01 相続の基本 ………………………………………… 370

02 相続税 ……………………………………………… 388

03 贈与税 ……………………………………………… 408

04 財産の評価 ………………………………………… 423

本書は、2021年4月1日現在の施行法令に基づいて作成しております。

なお、2022年1月・5月試験につきましては試験問題の法令基準日が2021年10月1日となりますので、改正がある場合には、下記ホームページの法改正情報コーナーに法改正情報を掲載いたします。

TAC出版書籍販売サイト「Cyber Book Store」

https://bookstore.tac-school.co.jp/

復興特別所得税の本書における取扱い

　東日本大震災の復興財源を確保するため、「復興財源確保法」が公布・施行されました。これにより、所得税においては、2013年から「復興特別所得税」として「所得税額（基準所得税額）×2.1％」が課されています。

　FP試験では、復興特別所得税を含んだ場合の税率で出題されることも、復興特別所得税を含まない税率で出題されることもあるので、本書では原則として所得税と復興特別所得税を分けて記載しています。

　なお、本試験では問題文の指示にしたがって解答するようにしてください。

試験の内容や学習の進め方、
FP資格の活かし方がわかる！

スタートアップ講義

CONTENTS

FP資格の全体像
FPが活躍する場面
FP3級の試験概要
「みん欲し」を使った
効果的な学習の進め方
各チャプターで学習する内容

FP資格の全体像

ファイナンシャル・プランニング技能検定

実施機関
金財・日本FP協会

＋

AFP認定研修 受講＆修了

1級学科試験免除（合格の翌々年度まで）

1級学科試験免除

FP（ファイナンシャル・プランナー）の資格には、国家資格のファイナンシャル・プランニング技能検定3級～1級と、日本FP協会認定のAFP資格およびCFP®資格があります。試験は、「一般社団法人 金融財政事情研究会（金財）」と「NPO法人 日本ファイナンシャル・プランナーズ協会（日本FP協会）」の2団体が実施しています。

実施機関
日本FP協会

日本FP協会認定資格

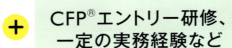

AFP認定者

CFP®資格審査試験6課目に合格 ＋ CFP®エントリー研修、一定の実務経験など

CFP®認定者

(11)

FP（ファイナンシャル・プランナー）が活躍する場面

本格的な学習に入る前に、まずFPが活躍する場面についてみていきましょう。

仕事で役立つ場面

ファイナンシャル・プランナーとして仕事をする場合には、大きく分けて、企業系FPと独立系FPがあります。

企業系FPとは？

企業系FPは、銀行や信用金庫、証券会社、保険会社などの金融系の企業で従業員として働いています。

(12)

これらの企業で、ライフプランの相談にのったり、商品の一般的な説明を行ったりします。

こういった相談や説明はFPの資格がなくてもできますが、FPの資格を持っていることで、お客さんに安心感を持ってもらうことができますし、

自分も、知識があるため、自信を持って相談にのることができます。

金融系の企業ではFP試験の内容が業務に直結しているので、金融系の企業に転職するさいやキャリアアップには、FPの資格や知識がおおいに役立ちます。

また、FPで学習する内容には社会保険や税務、相続、不動産に関する分野もあるため、金融系の企業以外にも、活躍する場面がたくさんあります。

独立系FPとは?

続いて、独立系FPについてです。

独立系FPとは、個人または数人でFP事務所を構え、独立開業しているFPをいいます。

独立系FPは、自分の専門分野について個人のお客さんの相談にのったり、セミナーの講師をしたり、新聞・雑誌の記事を書いたりします。

以上のように、FP資格を仕事に活かせる場面はたくさんあります。

FPの知識はプライベートでも必要!

また、FPで学習する内容は、仕事だけでなく、プライベートでも必要になる知識ばかりです。

たとえば、「ちょっと投資でもしてみようかな」というときには「金融資産運用」の知識が役に立ちますし、

「独立して個人事業主になったから、確定申告しなきゃ!」というときには、「タックスプランニング」の知識があると安心ですよね。

また、学生さんが社会人になるときや、結婚したときなどに保険の加入や見直しを検討する場合がありますが、このときに「リスクマネジメント」の知識があると、保険商品を選ぶときに役立ちますよね。

そして、マンションや一軒家を購入するときには、「不動産」の知識があると、契約のさいにドンとかまえていられます。

万一、自分の身内が亡くなったときには、「相続・事業承継」の知識が役に立つでしょう。

(16)

老後資金も気になりますよね…。

なにより、一生を通じていくらお金が必要で、豊かな老後を送るにはどれだけ貯蓄や稼ぎが必要なのかを把握しておくことによって、将来のお金の不安を解消することができます。

このような、老後資金や一生を通じての資金計画については「ライフプランニングと資金計画」で学習します。

…というように、FP試験の学習内容は就職・転職・キャリアアップに有利なだけでなく、わたしたちが生活する上で必要な知識ばかりなのです。

みなさんも、FPの知識を活かして充実した人生を送りましょう。

FP3級の試験概要

つづいて、FP3級の試験概要をみてみましょう。

I 試験の概要

試験日

試験は9月・1月・5月の年3回実施されます。それぞれの試験の法令基準日は、9月試験はその年の4月1日、1月・5月試験については、前年の10月1日となります。

試験実施機関

FP技能検定の実施機関は、次の2つがあります。受検の申込や詳細については、下記の各試験実施機関にお問い合わせください。

一般社団法人 金融財政事情研究会（金財）
URL https://www.kinzai.or.jp
TEL 03-3358-0771

NPO法人 日本ファイナンシャル・プランナーズ協会（日本FP協会）
URL https://www.jafp.or.jp
TEL 03-5403-9890

受検資格

FP3級の受検資格は特になく、だれでも受検可能です。

受検資格	特になし

Ⅱ 出題内容と合格基準

試験種

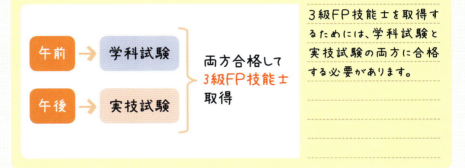

3級FP技能士を取得するためには、学科試験と実技試験の両方に合格する必要があります。

学科試験

午前中に行われる学科試験は、マークシート形式で、試験時間は120分です。
学科試験の問題は金財・日本FP協会ともに同一です。

出題形式	マークシート形式 ○×式30問、三答択一式30問の合計60問
試験時間	120分
合格基準	60点満点で36点以上　←6割以上の正答

(19)

○×式 30問

【第1問】次の各文章（(1)～(30)）を読んで、正しいものまたは適切なものには①を、誤っているものまたは不適切なものには②を、解答用紙にマークしなさい。〔30問〕 　正誤を判定する問題

(1) 税理士資格を有しないファイナンシャル・プランナーのAさんは、顧客から土地の譲渡についての相談を受け、提示された売買契約書等に基づき、譲渡所得に係る所得税額および住民税額を計算したうえで確定申告書の作成を代行した。

三答択一式 30問

【第2問】次の各文章（(31)～(60)）の（　）内にあてはまる最も適切な文章、語句、数字またはそれらの組合せを1)～3)のなかから選び、その番号を解答用紙にマークしなさい。〔30問〕

(31) 雇用保険の育児休業給付金の額は、育児休業を開始した日から育児休業給付金の支給に係る休業日数が通算して180日に達するまでの間は、1支給単位期間当たり、原則として休業開始時賃金日額に支給日数を乗じて得た額の（　）相当額となる。

1) 33%
2) 67% 　3つの答えの中から1つを選ぶ問題
3) 75%

実技試験

午後に行われる実技試験は、金財と日本FP協会で内容が異なります。
そのため、実技試験をどの科目で受検するかによって申込先が異なります。

	金財	日本FP協会
出題形式	事例形式5題	マークシート形式 三答択一式20問
出題科目	下記のうちから1つ選択 ◆個人資産相談業務 ◆保険顧客資産相談業務	◆資産設計提案業務
試験時間	60分	60分
合格基準	50点満点で30点以上 6割以上の正答	100点満点で60点以上 6割以上の正答

(20)

申込者数・受検者数・合格者数・合格率

FP3級の申込者数や合格者数は、下記のとおりです。

【金財　受検者】

科目	受検月	受検申請者数	受検者数(A)	合格者数(B)	合格率(B/A)
学科 （金財受検）	2020年9月	43,455	35,659	24,706	69.28%
	2020年5月	試験中止			
	2020年1月	36,291	27,744	18,154	65.43%
	2019年9月	36,269	27,677	17,374	62.77%
	2019年5月	30,436	22,258	9,518	42.76%
	2019年1月	35,357	26,256	13,631	51.91%
	平均	36,362	27,919	16,677	58%
【実技】 個人資産 相談業務	2020年9月	19,199	17,207	6,071	35.28%
	2020年5月	試験中止			
	2020年1月	17,897	15,146	7,607	50.22%
	2019年9月	16,558	13,843	6,291	45.44%
	2019年5月	13,649	11,276	6,129	54.35%
	2019年1月	17,717	14,863	8,355	56.21%
	平均	17,003	14,467	6,891	48%
【実技】 保険顧客資産 相談業務	2020年9月	28,365	22,273	12,518	56.20%
	2020年5月	試験中止			
	2020年1月	22,034	16,001	7,711	48.19%
	2019年9月	19,519	13,583	5,883	43.31%
	2019年5月	19,183	13,046	5,852	44.85%
	2019年1月	21,490	14,903	5,860	39.32%
	平均	22,118	15,961	7,565	46%

【日本FP協会　受検者】

科目	受検月	受検申請者数	受検者数(A)	合格者数(B)	合格率(B/A)
学科 （FP協会受検）	2020年9月	36,891	31,247	28,011	89.64%
	2020年5月	試験中止			
	2020年1月	31,806	25,170	21,479	85.34%
	2019年9月	27,566	22,266	17,388	78.09%
	2019年5月	22,682	17,865	12,340	69.07%
	2019年1月	29,924	23,270	17,240	74.09%
	平均	29,774	23,964	19,292	79%
【実技】 資産設計 提案業務	2020年9月	37,083	31,319	27,574	88.04%
	2020年5月	試験中止			
	2020年1月	30,825	24,237	19,257	79.45%
	2019年9月	25,576	20,332	16,159	79.48%
	2019年5月	21,536	16,771	14,493	86.42%
	2019年1月	28,508	21,950	18,303	83.38%
	平均	28,706	22,922	19,157	83%

「みん欲し」を使った効果的な学習の進め方

「みんなが欲しかった！FPシリーズ」で合格しよう！

学習の進め方

この「みんなが欲しかった！FPシリーズ」には、『教科書』と『問題集』があります。

学習するときは、『教科書』を読んだらそれに対応する『問題集』の問題を解く、を繰り返します。

✕ 教科書を**全部**読んでから問題を解く	『教科書』を全部読んだあとに、まとめて『問題集』の問題を解くんじゃないですよ。
○ 教科書を**ちょっと**読んだら、それに対応する問題を解く *いちいち解く！*	『教科書』をちょっと読んだら、それに対応する問題を解くんです。 すぐに問題を解くことで、知識が定着しやすくなります。

『教科書』は全6チャプターあり、そこから細かくセクションに分かれています。

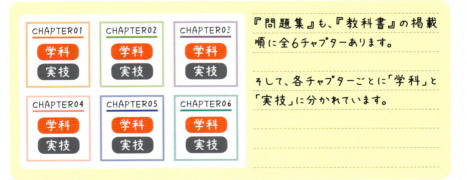

『問題集』も、『教科書』の掲載順に全6チャプターあります。

そして、各チャプターごとに「学科」と「実技」に分かれています。

(23)

『問題集』の「学科」の問題は、『教科書』のセクション順に掲載しています。

一方、「実技」の問題は、チャプター全体からの出題となっています。

だから、『教科書』の1セクションを読んだら、それに対応する『問題集』の「学科」のセクションの問題を解きます。

『教科書』の内容が頭に入っていれば問題は解けるはずですが、FPの学習範囲はとても広いので、全部の内容を頭に入れるのは難しいです。

だから、問題が解けなかったり、答えを間違えることもあります。
そういった場合には、『教科書』に戻って、該当箇所を確認してください。

1チャプターについて『教科書』→『問題集』を繰り返していき、学科の問題が解き終わったら、次は「実技」の問題を解きます。

「実技」の問題は、自分が受ける科目の問題のみ解けばOKです。

ここでも、間違えた問題は『教科書』の該当部分に戻ります。

以上のことを6チャプター分繰り返したら、次は『問題集』の問題を最初からばば〜っと解きます。

そして、問題を解いたあと、該当する『教科書』の部分を読んでおきます。

このとき、間違えたところや、知識があやふやな問題や内容についてはメモしておいて、あとでまた解いたり読み返すようにしましょう。

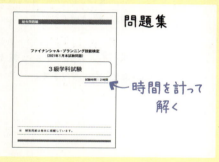

このような感じで、『教科書』『問題集』が2回転くらい終わったら、『問題集』の最後に掲載してある、総合問題編（1回分の本試験問題）を時間を計って解きます。

もちろん採点もして、自分の到達度や得意・不得意科目を把握して、不得意な科目は本試験までに克服しましょう。

また、できなかった問題は、必ず教科書に戻って復習しましょう。

3回分の
本試験形式の
予想問題を
収載

なお、総合問題をもっと解きたい方や時間に余裕がある方は、別売りの『●年●月試験をあてる TAC直前予想模試 FP技能士3級』をやっておくと安心です。

以上が基本的な学習の進め方になりますが…

どこから始める？

実は、FPの勉強は、『教科書』の1ページ目(CHAPTER01)から順に進める必要はないんです。

FP試験は大きく分けて6科目から出題されます。

だから、本書も科目ごとに6チャプターに分けて記載していますが、これらの科目は独立しているので、どの科目から…つまり、本書のどのチャプターから勉強をはじめてもいいんです。

(27)

だから、自分の得意な科目やなんとなく知っている科目…要するにとっつきやすいチャプターから学習をはじめてください。

たとえば、会計事務所に勤めたことがある人や、税務の勉強をしたことがある人、個人で確定申告をしたことがある人などは、CHAPTER04のタックスプランニングやCHAPTER06の相続・事業承継がとっつきやすいのではないでしょうか。

また、不動産会社に勤めたことがある人は、CHAPTER05の不動産から。

保険会社に勤めたことがある人なら、CHAPTER02のリスクマネジメントから。

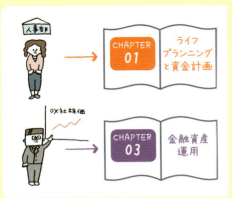

人事部や社労士事務所などで社会保険関連の業務についたことがある人なら、CHAPTER01のライフプランニングと資金計画から。

証券会社などに勤めたことがあったり、個人で株や投資信託、FXなどをやったことがある人なら、CHAPTER03の金融資産運用から。

「どの科目についてもよく知らないんだけど…」っていう人は、CHAPTER03の金融資産運用から始めるのはどうでしょうか。

預貯金の話や投資の話が出てくるので、興味を持って勉強できるかもしれません。

もちろん、科目の知識があったとしても、CHAPTER01から順番にやったってかまいません。

自分が気持ちよく、継続して勉強できる順番で勉強していってください。

(29)

各チャプターで学習する内容

各チャプターでどんなことを勉強するのか、最初にかる～く見ておきましょう。

CHAPTER01　ライフプランニングと資金計画

CHAPTER01で学習する主な内容
- FPと倫理 ← 当たり前のことを言っているので、難しくはない
- ライフプランニングの手法
- 社会保険（公的保険）など

医療保険　介護保険　年金保険
↑健康保険とか、国保とか…　　↑国民年金とか、厚生年金
労災保険　雇用保険

CHAPTER01では、「FPはこういうことをしてはいけない」とか、「FPはどのようにライフプランニングを行うか」といった、FPの基本的なことを学習します。

また、健康保険や雇用保険、公的年金といった社会保険の仕組みや内容について学習します。

CHAPTER02　リスクマネジメント

CHAPTER02で学習する主な内容
- 保険の基礎
- 生命保険
- 損害保険
- 第三分野の保険　など

えーと、ウチが加入してる保険は…

↑医療保険やがん保険など

CHAPTER02では、生命保険や損害保険、医療保険やがん保険等の仕組みや内容について学習します。

自分が加入している保険の内容を確認しながら学習すると、知識が定着すると思います。

(30)

CHAPTER03　金融資産運用

CHAPTER03で学習する主な内容
- 金融・経済の基本
- 貯蓄型金融商品　← 預貯金とか…
- 債券、株式、投資信託

  ここらへん、ちょっとやってみた（投資したことがある）人や、興味のある人が多いのでは…？

- 外貨建て金融商品　など

CHAPTER03では、金融・経済の基本から、貯蓄型金融商品、国債などの債券、株式、投資信託、外貨建て金融商品などについて学習します。

すでに投資をしている人は知識を確認しながら、そうでない人は、「もし自分が投資するなら…」と考えながら勉強を進めるといいでしょう。

CHAPTER04　タックスプランニング

CHAPTER04で学習する主な内容
- 所得税
- 個人住民税、個人事業税

CHAPTER04では、主に所得税について内容と仕組みを学習します。

確定申告をしたことがある人は、確定申告書の控えを見ながら学習してみるといいかもしれません。

また、会社員の方は、年末調整という便利な制度のために、自分の税額（税率）や控除額を知らない人が多いので、ここで自分の源泉徴収票を引っ張り出して、ながめてみましょう。

CHAPTER05　不動産

CHAPTER05で学習する主な内容
- 不動産の取引　← 不動産の売買契約に関するポイントなど
- 不動産に関する法令
  ← 借地借家法とか、区分所有法とか、建築基準法とか…
- 不動産に係る税金　など

CHAPTER05では、不動産について学習します。
不動産の売買契約や不動産に関する法令、不動産に係る税金などについて学習します。

不動産を買う前に知っておきたい内容ですね。

CHAPTER06　相続・事業承継

CHAPTER06で学習する主な内容
- 相続の基本　← 相続分とか、相続の放棄とか、遺言とか…
- 相続税
- 贈与税
- 財産の評価　など

自分のケースで考えてみよう

CHAPTER06では、相続に関する法律の基礎知識や、相続税、贈与税について学習します。

もし、自分の両親や自分自身が亡くなった場合、「法定相続人が誰で、相続分はいくつで、相続税の基礎控除額がいくらになるのか」などを考えながら教科書を読むと覚えやすいでしょう。

まとめ

FP試験の学習のコツは…

「自分の場合はどうなるのか？」を考えながら読み進めること！

要するに、「自分のケース」を思い浮かべながら教科書を読むと、理解しやすいし覚えやすい…ということです。

以上のことをふまえて、「どのチャプターからやっていくか」を決めて、本書を読み進めていってくださいね！

CHAPTER 01

ライフプランニング と資金計画

SECTION 01 FPと倫理

CHAPTER 01
ライフプランニングと資金計画

このSECTIONで学習すること

1 FPの基本
・ライフデザインとライフプランニング
・ファイナンシャル・プランニングとファイナンシャル・プランナー
・FPの職業的原則

ここは軽く読んでおけばOK

2 ファイナンシャル・プランニングと関連法規
・ファイナンシャル・プランニングと関連法規

簡単にいうと、「ほかの専門家の領域を侵したらダメ」ってこと

1 FPの基本

Ⅰ ライフデザインとライフプランニング

「一生独身でいたい」「子供はもたない」「子供を私立の学校に通わせたい」「退職後は海外で生活したい」など、個人の人生における価値観や生きがいを **ライフデザイン** といいますが、このライフデザインに応じて生涯の生活設計（**ライフプラン**）を立てることを **ライフプランニング** といいます。

2

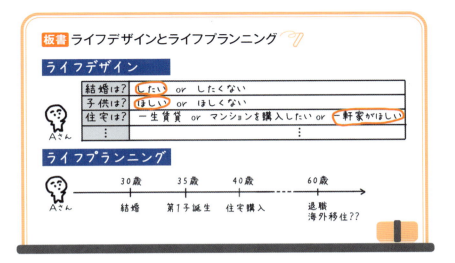

Ⅱ ファイナンシャル・プランニングとファイナンシャル・プランナー

ファイナンシャル・プランニングとは、ライフプランを実現すべく、資金計画を立てることをいいます。

また、ファイナンシャル・プランニングを行う専門家を**ファイナンシャル・プランナー（FP）**といいます。

Ⅲ FPの職業的原則

FPは、顧客に適切なプランニングを提案するため、収入や資産・負債の状況、家庭の事情など、顧客のプライベートな情報を正確に把握する必要があります。そのため、顧客の信頼を得ることがもっとも重要になります。

顧客の信頼を得るためにFPが守るべき原則には次のようなものがあります。

板書 FPが守るべき原則

1 顧客の利益優先
顧客の立場に立って、顧客の利益を優先するようなプランニングを行う
ただし、顧客の知識や判断が誤っていた場合には、それを修正する必要もアリ

2 秘密の保持
顧客から得た個人情報を顧客の許可なく、第三者に漏らしてはいけない
ただし、FPの業務を行うにあたって必要な場合には、顧客の許可を得れば、第三者に伝えてもOK
→ 別の専門家の判断をあおぐ場合など

2 ファイナンシャル・プランニングと関連法規

　FP業務は、保険分野や税務分野、法律分野など、さまざまな領域にわたりますが、保険募集人や税理士、弁護士など、資格を持った専門家でなければ行うことができない業務があるため、注意が必要です。

ひとこと
　どれだけよく知っていても、ほかの専門家の業務の領域を侵してはいけません、ということです。

　具体的には次のような禁止事項があります。

板書 ファイナンシャル・プランニングと関連法規

FP業務と弁護士法

弁護士資格を持たないFPは、個別具体的な<u>法律判断や法律事</u>
<u>務</u>を行ってはならない

↳ 遺言書の作成
指導など

FP業務と税理士法

税理士資格を持たないFPは、個別具体的な<u>税務相談や税務書</u>
<u>類の作成</u>を行ってはならない

↳ 税理士でなければ、たとえ無償でも、税務相談を受けたり、
他人の確定申告書を作成することはできない!

FP業務と金融商品取引法

☆ 金融商品取引法では、金融商品取引業を行う者は**内閣総**
理大臣の登録を必要としている

☆ 投資助言、代理業者としての登録をしていないFPは、<u>投資判断</u>
の助言を行ってはならない

↳ 「どの株をいつ、何株売買すればよい」などのアドバイスをしては
ダメ!

FP業務と保険業法

保険募集人の資格を持たないFPは、保険の募集や勧誘を
行ってはならない

要するに、資格がなければ、その分野の具体的な説明や判断
をしてはならないということ
だから、一般的な解説や仮の事例を用いた説明なら、それぞ
れの資格を持っていなくてもできる!

CHAPTER 01
SECTION 01 FPと倫理 基本問題

次の各記述のうち、正しいものには○を、誤っているものには×をつけなさい。

問 ファイナンシャル・プランニングと関連法規

(1) 税理士資格を持たないFPは、有償で顧客の確定申告書を作成することはできないが、無償なら顧客の確定申告書の作成等を行うことができる。

(2) 保険募集人の資格を持たないFPが、保険制度に関する一般的な解説を行うことは保険業法に抵触しない。

解答

(1) × 税理士資格を持たないFPは、有償・無償にかかわらず、顧客の確定申告書の作成、その他具体的な税務相談を行うことはできない。

(2) ○

SECTION 02 ライフプランニングの手法

CHAPTER 01 ライフプランニングと資金計画

このSECTIONで学習すること

1 ライフイベントと3大必要資金
・ライフイベントとは
・ライフイベントにおける3大必要資金

> 3大必要資金→教育資金、住宅取得資金、老後資金

2 ライフプランニングの手法
・ライフプランニングの手順
・ライフイベント表
・キャッシュフロー表
・個人バランスシート

> キャッシュフロー表の作成方法をしっかり確認！

3 資金計画を立てるさいの6つの係数
・終価係数　・減債基金係数
・現価係数　・資本回収係数
・年金終価係数　・年金現価係数

> それぞれの係数について、イメージでおさえておこう

1 ライフイベントと3大必要資金

　結婚、子供の教育、住宅の取得、退職など、人の一生における出来事を**ライフイベント**といい、各ライフイベントを迎えるにあたって、資金を準備しておく必要があります。

　ライフイベントの中でも、子供の教育、住宅の取得、老後にかかる資金の額は大きいため、**教育資金**（子供の教育にかかるお金）、**住宅取得資金**（住宅の取得にかかるお金）、**老後資金**（老後の生活にかかるお金）を**3大必要資金**といいます。

2 ライフプランニングの手法

Ⅰ ライフプランニングの手順
FPが顧客に対してライフプランニングを行う場合、次の手順で進めます。

> **ライフプランニングの手順**
> ❶ 顧客の希望や目的、現状を聞く
> ❷ ❶で顧客から収集した情報をもとに現状の問題点を分析する
> ❸ ❷で明らかになった問題点を解決するための対策とプランを立案する
> ❹ プランの実行を支援する

Ⅱ ライフプランニングを行うさいに利用するツール
ライフプランニングを行うさいに利用するツールには**ライフイベント表**、**キャッシュフロー表**、**個人バランスシート**があります。

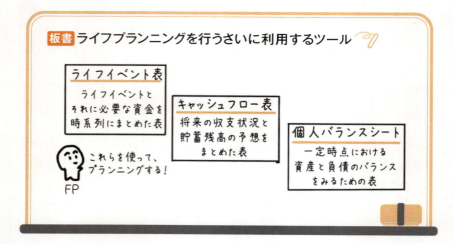

Ⅲ ライフイベント表

ライフイベント表とは、家族の将来のライフイベントと、それに必要な資金の額を時系列にまとめた表をいいます。

ライフイベント表を作成することによって、将来の夢や目標を明確にすることができます。

西暦	2021	2022	2023	2024	2025	2026	2027	2028	2029	2030	2031
家族の年齢											
佐藤太郎様	40	41	42	43	44	45	46	47	48	49	50
花子様	37	38	39	40	41	42	43	44	45	46	47
薫 様	6	7	8	9	10	11	12	13	14	15	16
家族のイベントと必要資金											
佐藤太郎様				車買換え					車買換え		独立・開業
花子様											
薫 様		小学校入学						中学校入学			高校入学

Ⅳ キャッシュフロー表

❶ キャッシュフロー表とは

キャッシュフロー表とは、ライフイベント表と現在の収支状況にもとづいて、将来の収支状況と貯蓄残高の予想をまとめた表をいいます。

キャッシュフロー表を作成することによって、ライフプランの問題点を明らかにすることができます。

（金額の単位：万円）

西暦	変動率	2021	2022	2023	2024	2025	2026	2027	2028	2029	2030	2031
家族の年齢												
佐藤太郎様		40	41	42	43	44	45	46	47	48	49	50
花子様		37	38	39	40	41	42	43	44	45	46	47
薫 様		6	7	8	9	10	11	12	13	14	15	16
家族のイベント												
佐藤太郎様						車買換え				車買換え		独立・開業
花子様												
薫 様			小学校入学						中学校入学			高校入学
収入												
給与収入	1%	600	606	612	618	624	631	637	643	650	656	663
その他	0%	0	0	0	0	0	0	0	0	0	0	0
合計		600	606	612	618	624	631	637	643	650	656	663
支出												
基本生活費	1%	300	303	306	309	312	315	318	322	325	328	331
住居費	0%	144	144	144	144	144	144	144	144	144	144	144
教育費	2%	36	12	12	12	13	13	49	119	94	94	120
保険料	0%	18	18	18	18	18	18	18	18	18	18	18
車の買換え	1%				206					217		
その他	1%	30	30	31	31	31	32	32	32	32	33	33
合計		528	507	511	720	518	522	561	635	830	617	646
年間収支		72	99	101	-102	106	109	76	8	-180	39	17
貯蓄残高	1%	500	604	711	616	728	844	928	945	774	821	846

ⓐ 収入欄には給与収入など、収入金額(可処分所得)を記入します。

ⓑ 支出欄には基本生活費など、支出金額を記入します。

ⓒ 変動率とは変化の割合をいい、給料であれば昇給率、基本生活費等であれば物価上昇率を用います。

n年目の収入額または支出額＝現在の金額×（1＋変動率)^n

> 　現在の給与収入を600万円、変動率（昇給率）を1％とした場合の1年後、2年後、3年後の給与収入の求め方
> ❶ 1年後：600万円×（1＋0.01）＝606万円
> ❷ 2年後：600万円×（1＋0.01）^{2}≒612万円
> ❸ 3年後：600万円×（1＋0.01）^{3}≒618万円

d 年間収支欄には収入合計から支出合計を差し引いた金額を記入します。

e 貯蓄残高欄にはその年の貯蓄残高を記入します。なお、その年の貯蓄残高は、次の計算式によって求めます。

その年の貯蓄残高＝前年の貯蓄残高×（1＋変動率）±年間収支

> 　現在の貯蓄残高を500万円、変動率を1％、1年後、2年後、3年後の年間収支額をそれぞれ99万円、101万円、−102万円とした場合の各貯蓄残高の求め方
> ❹ 1年後：500万円×（1＋0.01）＋99万円＝604万円
> ❺ 2年後：604万円×（1＋0.01）＋101万円≒711万円
> ❻ 3年後：711万円×（1＋0.01）−102万円≒616万円

ひとこと

　（1＋0.01）^{2}や（1＋0.01）^{3}といった累乗計算は、電卓を使って次のように簡単に計算することができます。

（1＋0.01）^{2}の場合

$\boxed{1}$ $\boxed{+}$ $\boxed{0.01}$ $\boxed{\times}$ $\boxed{\times}$ $\boxed{=}$ $\boxed{1.0201}$

2回$\boxed{\times}$を押して1回$\boxed{=}$を押す

（1＋0.01）^{3}の場合

$\boxed{1}$ $\boxed{+}$ $\boxed{0.01}$ $\boxed{\times}$ $\boxed{\times}$ $\boxed{=}$ $\boxed{=}$ $\boxed{1.030301}$

2回$\boxed{\times}$を押して2回$\boxed{=}$を押す

（1＋0.01）^{4}の場合

$\boxed{1}$ $\boxed{+}$ $\boxed{0.01}$ $\boxed{\times}$ $\boxed{\times}$ $\boxed{=}$ $\boxed{=}$ $\boxed{=}$ $\boxed{1.04060401}$

2回$\boxed{\times}$を押して3回$\boxed{=}$を押す

　したがって、たとえば「600万円×（1＋0.01）^{3}」を計算する場合は、

$\boxed{1}$ $\boxed{+}$ $\boxed{0.01}$ $\boxed{\times}$ $\boxed{\times}$ $\boxed{=}$ $\boxed{=}$ $\boxed{\times}$ $\boxed{6,000,000}$ $\boxed{=}$ $\boxed{6,181,806}$

となります。

❷ 可処分所得

キャッシュフロー表の収入欄には、一般的に、年収ではなく 可処分所得 で
記入します。

可処分所得は、年収から社会保険料(健康保険料、厚生年金保険料、雇用保険料な
ど)と所得税および住民税を差し引いた金額です。

> 可処分所得＝年収－（社会保険料＋所得税＋住民税）

Ⅴ 個人バランスシート

個人バランスシート とは、一定時点における資産と負債のバランスをみ
るための表をいいます。

個人バランスシート　　　　　　　　20××年1月1日時点

ⓐ [資　産]		ⓑ [負　債]	
普通預金	300万円	住宅ローン	2,800万円
定期預金	500万円	車ローン	90万円
株式等	100万円	負債合計	2,890万円
投資信託	100万円	ⓒ [純資産]	
生命保険(解約返戻金相当額)	80万円		1,790万円
自宅	3,500万円		
車	100万円		
資産合計	4,680万円	負債・純資産合計	4,680万円

ⓐ **資　産**…現金、預貯金、株式、投資信託、生命保険(解約返戻金相当額)、自宅(土
地、建物)、車など

ⓑ **負　債**…住宅ローン、車のローンなど

ⓒ **純資産**…資産合計から負債合計を差し引いた正味の資産額

ポイント

☆ 資産と負債の金額は時価で記入する！

いまの価値。たとえば2年前に150万円で車を買っていた
としても、その車をいま売却したら100万円であるという
場合には、個人バランスシートには100万円を記入する

3 資金計画を立てるさいの6つの係数

「現在の金額を複利で運用した場合の一定期間後の金額」や「数年後に一定金額に達するために、毎年積み立てるべき金額」などは、次の係数を用いて計算します。

資金計画を立てるさいの6つの係数

❶ 終価係数…現在の金額を複利で運用した場合の、一定期間後の金額を求める場合に用いる係数

> 例:100万円を年利2%で運用した場合の5年後の金額はいくらか?

❷ 現価係数…一定期間後に一定金額に達するために必要な元本を求める場合に用いる係数

> 例:年利2%で5年後に100万円を用意するためには、元本がいくら必要か?

❸ 年金終価係数…毎年一定金額を積み立てた場合の、一定期間後の元利合計を求める場合に用いる係数

> 例:年利2%、毎年20万円を5年間積み立てた場合の5年後の金額はいくらか?

❹ 減債基金係数…一定期間後に一定金額を用意するための、毎年の積立額を計算するための係数

> 例:年利2%、5年後に100万円を用意するためには、毎年いくら積み立てる必要があるか?

❺ 資本回収係数…現在の一定金額を一定期間で取り崩した場合の、毎年の受取額を計算するための係数

> 例:100万円を年利2%で運用しながら5年間で取り崩した場合の毎年の受取額はいくらか?

❻ 年金現価係数…将来の一定期間にわたって一定額を受け取るために必要な元本を計算するための係数

> 例:5年間にわたって20万円ずつ受け取る場合、年利が2%のとき、必要な元本はいくらか?

板書 資金計画を立てるさいの6つの係数

☆ 期間5年の場合の係数表

係数＼利率	1%	2%	3%	4%	5%
終価係数	1.0510	1.1041	1.1593	1.2167	1.2763
現価係数	0.9515	0.9057	0.8626	0.8219	0.7835
年金終価係数	5.1010	5.2040	5.3091	5.4163	5.5256
減債基金係数	0.1960	0.1922	0.1884	0.1846	0.1810
資本回収係数	0.2060	0.2122	0.2184	0.2246	0.2310
年金現価係数	4.8534	4.7135	4.5797	4.4518	4.3295

1 終価係数

例：100万円を年利2%で運用した場合の5年後の金額はいくらか？

最後の金額＝"終価"

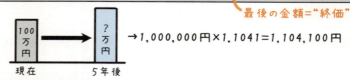

→1,000,000円×1.1041＝1,104,100円

2 現価係数

例：年利2%で5年後に100万円を用意するためには、元本がいくら必要か？

現在の金額＝"現価"

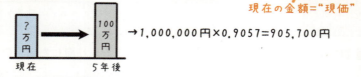

→1,000,000円×0.9057＝905,700円

3 年金終価係数

"年金"形式で

例：年利2%、毎年20万円を5年間積み立てた場合の5年後の金額はいくらか？

最後の金額＝"終価"

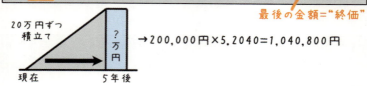

→200,000円×5.2040＝1,040,800円

4 減債基金係数

例：年利2%、5年後に100万円を用意するためには、毎年いくら積み立てる必要があるか？

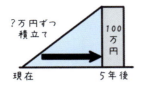

→ 1,000,000円×0.1922＝192,200円

5 資本回収係数

いまある元手＝"資本"　　　"回収"していく

例：100万円を年利2%で運用しながら5年間で取り崩した場合の毎年の受取額はいくらか？

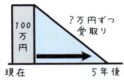

→ 1,000,000円×0.2122＝212,200円

6 年金現価係数

"年金"形式で

例：5年間にわたって20万円ずつ受け取る場合、年利が2%のとき、必要な元本はいくらか？

現在の金額＝"現価"

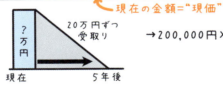

→ 200,000円×4.7135＝942,700円

CHAPTER 01
SECTION 02 ライフプランニングの手法 基本問題

次の各記述のうち、正しいものには○を、誤っているものには×をつけなさい。

問1 ライフプランニングを行うさいに利用するツール

(1) キャッシュフロー表とは、一定時点における顧客の資産と負債のバランスをみるための表をいう。

(2) キャッシュフロー表において、2020年度末の貯蓄残高が500万円、貯蓄残高の変動率(利子率)は2%、2021年度の年間収支が80万円であった場合の2021年度末の貯蓄残高は580万円である。

(3) Aさんの資産と負債の状況が次の[資料]のとおりであった場合、個人バランスシートにおける純資産は5,130万円である。

[資料1:Aさんの資産]
  普通預金　　200万円　　　生命保険　　80万円(解約返戻金相当額)
  定期預金　　500万円　　　自宅　　　4,000万円
  株式等　　　100万円　　　車　　　　　250万円

[資料2:Aさんの負債]
  住宅ローン 2,650万円　　 車ローン　　120万円

問2 資金計画を立てるさいの6つの係数

※ 計算に用いる係数は次の[資料]を参照すること。また、金額は万円未満を四捨五入すること。

[資料]期間5年、年利率3%の場合の係数表
終価係数…1.1593　　現価係数…0.8626　　年金終価係数…5.3091
減債基金係数…0.1884　　資本回収係数…0.2184
年金現価係数…4.5797

(1)　500万円を年利3%で運用した場合の5年後の金額は432万円である。

(2)　年利3%、毎年200万円を5年間積み立てた場合の5年後の金額は916万円である。

(3)　5年間にわたって200万円ずつ受け取りたい。年利を3%とした場合、必要な元本は916万円である。

(4)　年利3%、5年後に500万円を用意するためには、毎年110万円ずつ積み立てる必要がある。

(5)　400万円を年利3%で運用しながら5年間で取り崩した場合の毎年の受取額は75万円である。

(6)　年利3%で5年後に200万円を用意するために必要な元本は173万円である。

解答

問1

(1) ✗ 問題文は個人バランスシートの説明である。キャッシュフロー表とは、ライフイベント表と現在の収支状況にもとづいて、将来の収支状況と貯蓄残高の予想をまとめた表をいう。

(2) ✗ 2021年度末の貯蓄残高：500万円×（1 + 0.02）+ 80万円 = 590万円

(3) ✗ 資産合計：200万円 + 500万円 + 100万円 + 80万円 + 4,000万円 + 250万円 = 5,130万円
負債合計：2,650万円 + 120万円 = 2,770万円
純　資　産：5,130万円 − 2,770万円 = 2,360万円

問2

(1) ✗ 終価係数を用いる。
500万円× 1.1593 = 579.65万円→580万円

(2) ✗ 年金終価係数を用いる。
200万円× 5.3091 = 1,061.82万円→1,062万円

(3) ⭕ 年金現価係数を用いる。
200万円× 4.5797 = 915.94万円→916万円

(4) ✗ 減債基金係数を用いる。
500万円× 0.1884 = 94.2万円→94万円

(5) ✗ 資本回収係数を用いる。
400万円× 0.2184 = 87.36万円→87万円

(6) ⭕ 現価係数を用いる。
200万円× 0.8626 = 172.52万円→173万円

CHAPTER 01 ライフプランニングと資金計画

SECTION 03 ライフプラン策定上の資金計画

このSECTIONで学習すること

1 教育資金プランニング
・こども保険（学資保険）
・教育ローン
・日本学生支援機構の奨学金制度

第1種奨学金→無利息
第2種奨学金→利息付

2 住宅取得プランニング
・財形住宅貯蓄
・住宅ローン金利
・住宅ローンの返済方法
・住宅ローンの種類
・繰上げ返済
・借換え
・団体信用生命保険

住宅ローンに関する内容はイメージ図で理解しよう

3 老後資金プランニング（リタイアメントプランニング）
・老後生活費の計算

ここは軽く目を通しておけばOK

1 教育資金プランニング

子供の教育にかかる費用を準備する方法には、次のようなものがあります。

I こども保険（学資保険）

こども保険（学資保険）は、一般の生命保険会社や損害保険会社等から販売されています。

厳密にいうと、こども保険と学資保険は異なるのですが、近年では学資保険の名称でいろいろな特約を付けて販売しているため、こども保険と学資保険の線引きがあいまいになっています。

19

こども保険(学資保険)のポイントは次のとおりです。

板書 こども保険(学資保険)のポイント

☆ **貯蓄機能がある**

→ 決められた保険料を支払えば、満期時に満期保険金を受け取れたり、
入学時や進学時に祝金を受け取れる!

☆ **保障機能がある**

→ 親(契約者)が死亡した場合、以後の保険料の支払いが免除される!
→以後の保険料を支払わなくても満期保険金や祝金を受け取れる!
親の死亡後、保険期間終了時まで年金(育英年金)が支払われる
タイプもある

Ⅱ 教育ローン

教育ローンには、公的ローンと民間ローンがあり、公的ローンの主なもの
に **教育一般貸付**(国の教育ローン)などがあります。

教育一般貸付のポイントは次のとおりです。

板書 教育一般貸付のポイント

融資限度額	…学生1人につき最高**350万円**

(一定の場合には**450万円**)

金　　　利	…固定金利

返済期間	…最長**15**年

融　資　元	…日本政策金融公庫

☆ 世帯の年収制限(子供の数によって異なる)がある
☆ 入学金、授業料のほか、定期代やパソコン購入費にも使える

III 奨学金制度

代表的な奨学金制度に、日本学生支援機構(独立行政法人)が行う奨学金制度があります。

1 貸与型

同機構の奨学金制度(貸与型)には、**無**利息の **第一種奨学金** と利息**付**の **第二種奨学金** があります。なお、第二種奨学金のほうが、本人の学力や家計の収入等の基準がゆるく設定されています。

2 給付型

2018年度から実施されている返済不要の奨学金制度(給付型)です。

さらに、2020年4月より、「高等教育の修学支援新制度」がスタートしました。この新制度の概要は次のとおりです。

板書 高等教育の修学支援新制度

支援対象
大学、短期大学、高等専門学校、専門学校

支援内容
① 授業料と入学金の減額または免除
　→これは各大学等が行う
② 給付型奨学金の支給
　→これは日本学生支援機構が行う
　→大学等の種類、自宅生かどうかによって給付額が異なる

支援対象となる学生
☆ 世帯収入や資産の要件を満たしており、進学先で学ぶ意欲がある学生

2 住宅取得プランニング

I 住宅購入時に必要な自己資金の金額

住宅ローンの融資限度額は、基本的に物件価格の**8**割以下であるため、住宅購入時には頭金として物件価格の**2**割程度を準備する必要があります。

それ以外に登記費用や税金(不動産取得税、登録免許税、印紙税、消費税など)、引越費用等の諸経費がかかり、これらの諸経費は物件価格の約**1**割と考えます。

したがって、住宅購入時には物件価格の約**3**割(2割+1割)を自己資金で準備することになります。

II 自己資金の準備方法

住宅購入時に必要となる自己資金の準備方法には、**財形住宅貯蓄**などがあります。

板書 財形住宅貯蓄

財形住宅貯蓄

…財形貯蓄制度を導入している企業の従業員が給料から天引きという形で、住宅の取得や増改築を目的とした貯蓄を行うこと

ポイント

☆ 一定の要件を満たせば、財形年金貯蓄とあわせて元利合計が**550**万円に達するまで、利息に税金がかかることなく(非課税で)、貯蓄することができる

☆ 利用できるのは、勤労者財産形成促進法上の勤労者で、契約申込み時の年齢が**55**歳未満の人

☆ 利用にあたっては1人1契約

☆ 一定の要件を満たせば、住宅の増改築の場合でも払い出しをすることができる

Ⅲ 住宅ローン金利

　住宅ローンの金利には、**固定金利型**、**変動金利型**、**固定金利選択型**があります。それぞれの特徴は次のとおりです。

板書 住宅ローン金利 🖋

固定金利型

ローン申込み時（またはローン実行時）の金利が返済終了まで変わらず適用されるローン

金利一定 →

変動金利型

市場の金利の変動に応じて金利が変動するローン

金利変動
☆ 金利は半年ごとに見直される

固定金利選択型

返済期間のはじめのうちは固定金利で、固定金利期間が終了したあと、固定金利型か変動金利型かを選択できるローン。
固定金利期間が長いほど、（固定金利期間の）金利は高くなる

23

Ⅳ 住宅ローンの返済方法

住宅ローンの返済方法には、元利均等返済と元金均等返済があります。それぞれの特徴は次のとおりです。

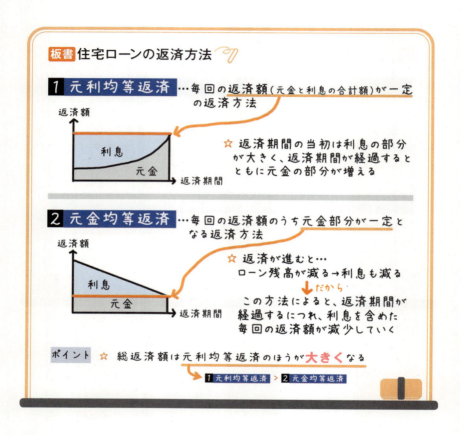

Ⅴ 住宅ローンの種類

主な住宅ローンには、財形住宅融資とフラット35があります。

板書 住宅ローンの種類 🖊

1 財形住宅融資

…財形貯蓄を行っている場合において、一定の条件を満たした
とき、購入価格の**90%以内**（貯蓄残高の**10**倍以内で最高**4,000**
万円まで）の融資を受けることができる公的ローン

> 財形貯蓄には、一般財形貯蓄、財形住宅貯蓄、財形年金貯蓄の
> 3つがあるが、どの財形貯蓄を行っている場合でも、財形住宅融資を
> 受けることができる

金　　利	**5**年**固定**金利
融資金額	財形貯蓄残高の**10**倍以内（最高**4,000**万円） 購入価格の**90%**以内
融資条件	**1**年以上継続して積立てをしており、財形貯蓄残 高が**50**万円以上あることなど

2 フラット35

…民間の金融機関と住宅金融支援機構が提携し、提供して
いる長期固定金利型の住宅ローン

金　　利	**固定**金利（融資実行日の金利を適用）
融資金額	最高 **8,000**万円 購入価格（または建設資金）の**100%** （ただし、融資割合が**90%**超のときは高い金利となる）
返済期間	最長**35**年（完済時の年齢は**80**歳以下でなければならない）
融資条件	☆　本人が住むための住宅であること ☆　申込日現在**70**歳未満であること

その他	☆ 保証人や保証料は不要 ☆ 繰上げ返済の手数料は無料 ☆ 繰上げ返済は $\begin{cases} 窓口の場合 → \textbf{100}万円以上 \\ インターネットの場合 → \textbf{10}万円以上 \end{cases}$ ☆ 親の住宅ローンを子(や孫)が引き継いで返済することもできる(親子リレー返済) 　　↑ 子(や孫)の年齢等が要件を満たしていれば、 　　　申込み本人の年齢が満70歳以上でも申込み可能 ☆ 2017年10月1日以後に申し込んだ人から、月々の支払いに、団体信用生命保険の加入に必要な費用が含まれるため、年払いでの団信特約料の支払いが不要になった

VI 住宅ローンの繰上げ返済

繰上げ返済とは、通常の返済以外に、元金の一部や全部を返済することをいいます。

繰上げ返済を行うことにより、ローンの元金が減るので、利息も減り、トータルの返済額を減らすことができます。

繰上げ返済の方法には **返済期間短縮型** と **返済額軽減型** があります。

板書 住宅ローンの繰上げ返済

1 返済期間短縮型 ← 返済額軽減型に比べて利息の軽減効果が**大きい**

…毎回の返済額を変えずに、返済期間を短縮する方法

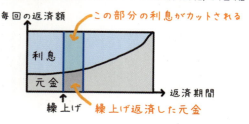

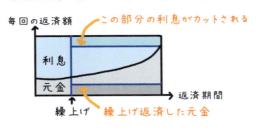

Ⅶ 住宅ローンの借換え

借換えとは、金利の高いローンを一括して返済し、金利の低いローンに換えることをいいます。

金利の高いローンから金利の低いローンに換えるので、借換えによって利息の軽減をはかることができますが、新規のローン（金利の低いローン）を組むことになるので、ローン手数料などの諸経費を考慮する必要があります。

なお、財形住宅融資などの公的ローンへの借換えはできません。

Ⅷ 団体信用生命保険

団体信用生命保険とは、住宅ローン返済中に債務者が死亡した場合、保険会社がその時点の住宅ローン残高を保険金として金融機関に支払うという契約の保険をいいます。

したがって、住宅ローンに団体信用生命保険を付した場合、住宅ローン債務者が死亡したあとは、遺族は残りの住宅ローンを支払う必要がなくなります。

3 老後資金プランニング(リタイアメントプランニング)

Ⅰ リタイアメントプランニングとは

退職後や老後の生活設計のことを リタイアメントプランニング といいます。

Ⅱ 老後生活資金

老後生活の主な資金は、 退職金 、 年金 (公的年金、企業年金)、 貯蓄 です。

リタイアメントプランニングでは、これらの老後生活資金(収入)と老後生活費(支出)を見積り、不足するようであれば、それを準備する方法を考えていきます。

ひとこと

不足額の準備方法には、たとえば退職後に5年間だけアルバイトをするとか、退職前に安全性の高い投資性商品(定期預金や国債の購入など)に投資するなどの方法があります。

Ⅲ 老後生活費の計算

老後に必要な生活費は、退職前の生活費を基準に次のように計算します。

夫婦とも健在の場合(月額):退職前の生活費×0.7

夫のみまたは妻のみの場合(月額):退職前の生活費×0.5

上記で計算した金額は月額のため、これを年額になおして、退職時から平均余命までの年数を掛けた金額が、老後に必要な生活費ということになります。

ひとこと

生命保険文化センターの調査では、最低生活費は夫婦2人で月額221,000円、ゆとりある生活では月額361,000円となっています(生活保障に関する調査、2019年度)。

CHAPTER 01
SECTION 03 ライフプラン策定上の資金計画 基本問題

次の各記述のうち、正しいものには○を、誤っているものには×をつけなさい。

問1 教育資金プランニング
(1) 教育一般貸付（国の教育ローン）の融資限度額は学生1人につき350万円（一定の場合には450万円）である。
(2) 日本学生支援機構が行う奨学金制度（貸与型）には、利息付の第二種奨学金と無利息の第二種奨学金がある。

問2 住宅ローン金利、住宅ローンの返済方法
(1) 住宅ローン金利のうち固定金利選択型は、返済期間のはじめのうちは変動金利で、変動金利期間が終了したあと、変動金利か固定金利かを選択できるローンである。
(2) 元金均等返済は、毎回の返済額が一定の返済方法をいう。
(3) 元金均等返済の場合、返済期間が経過するにつれ、利息を含めた毎回の返済額が減少していく。

問3 住宅ローンの繰上げ返済、住宅ローンの借換え
(1) 返済期間短縮型によって、住宅ローンの繰上げ返済を行った場合、毎回の返済額が減るが、返済期間は変わらない。
(2) 公的ローンから民間ローンに借換えをすることはできるが、民間ローンから公的ローンへの借換えはできない。

解答

問1

(1) ○

(2) ✕ 第一種奨学金は無利息、第二種奨学金は利息付である。

問2

(1) ✕ 固定金利選択型は、返済期間のはじめのうちは固定金利で、固定金利期間が終了したあと、変動金利か固定金利かを選択できるローンである。

(2) ✕ 問題文は元利均等返済の説明である。元金均等返済は、毎回の返済額のうち元金部分が一定となる返済方法である。

(3) ○

問3

(1) ✕ 問題文は返済額軽減型の説明である。返済期間短縮型の場合、毎回の返済額は変わらないが、返済期間は短縮する。

(2) ○

SECTION 04 社会保険

CHAPTER 01 ライフプランニングと資金計画

このSECTIONで学習すること

1 社会保険の種類
- 社会保険の種類
  （医療保険、介護保険、年金保険、労災保険、雇用保険）

ここはサラッとみておけばOK

2 公的医療保険の基本
- 公的医療保険
- 保険制度の基本用語

ここも軽く目を通しておけばOK

3 健康保険
- 健康保険の保険者
- 保険料→労使折半
- 給付内容
- 健康保険の任意継続被保険者

健康保険は、会社員等が加入する保険

4 国民健康保険（国保）
- 給付内容

国保は、自営業者等が加入する保険

5 後期高齢者医療制度
- 概要
- 保険料

対象者…75歳以上
自己負担額…原則1割

6 退職者向けの公的医療保険
- 退職者向けの公的医療保険

3つの方法がある！

7 公的介護保険
- 概要

第1号…65歳以上の人
第2号…40歳以上65歳未満の人

8 労働者災害補償保険（労災保険）
- 概要
- 特別加入制度

労災保険は、業務上、通勤途上の病気、ケガ等に対する給付

9 雇用保険
- 概要
- 各給付の内容
 (基本手当、就職促進給付、教育訓練給付、雇用継続給付、育児休業給付)

> 基本手当の待期期間と給付制限を確認して!

1 社会保険の種類

保険には **公的保険(社会保険)** と **私的保険(民間保険)** があり、社会保険には **医療保険**、**介護保険**、**年金保険**、**労災保険**、**雇用保険** があります。

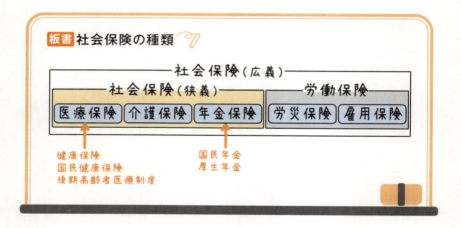

2 公的医療保険の基本

Ⅰ 公的医療保険

公的医療保険には、**健康保険**、**国民健康保険(国保)**、**後期高齢者医療制度** があります。

板書 公的医療保険

健康保険	国民健康保険	後期高齢者医療制度
会社員とその家族 が対象	自営業者等とその家族 が対象	75歳以上の人 が対象

II 保険制度の基本用語

はじめに、保険制度の基本用語をおさえておきましょう。

板書 保険制度の基本用語

保　険　者	保険制度の運用主体
被　保　険　者	保険の対象となっている人
被　扶　養　者	被保険者の扶養家族(一般的に国内に住所があり、年収**130**万円未満でかつ被保険者の年収の**2**分の1未満である人) ➡ **60**歳以上または障害者については**180**万円未満

3 健康保険

I 健康保険の概要

健康保険は、被保険者(会社員)とその被扶養者(会社員の家族)に対して、労災保険の給付対象とはならない病気やケガ、死亡、出産について保険給付を行う(保険金を支払う)制度です。

Ⅱ 健康保険の保険者

健康保険は、全国健康保険協会が保険者となる 全国健康保険協会管掌健康保険（協会けんぽ） と、健康保険組合が保険者となる 組合管掌健康保険（組合健保） があります。

健康保険の保険者

	保 険 者	被 保 険 者
協会けんぽ	全国健康保険協会	主に中小企業の会社員
組合健保	健康保険組合	主に大企業の会社員

Ⅲ 保険料

保険料は、被保険者（会社員）の標準報酬月額と標準賞与額に保険料率を掛けて計算し、その金額を会社と被保険者（会社員）で半分ずつ負担（労使折半）します。

協会けんぽの保険料率は都道府県ごとに異なります。また、組合健保の保険料率は一定の範囲内で組合が決めることができます。

Ⅳ 健康保険の給付内容

健康保険の主な給付は次のとおりです。

健康保険の給付内容
1 療養の給付、家族療養費
2 高額療養費
3 出産育児一時金、家族出産育児一時金
4 出産手当金
5 傷病手当金
6 埋葬料、家族埋葬料

1 療養の給付、家族療養費

日常生活（業務外）の病気やケガについて、診察や投薬等の医療行為を受けることができます。

ひとこと
被保険者（会社員）のほか、被扶養者（家族）も同様の給付を受けることができます。

なお、医療行為を受けるさいは、医療機関の窓口で一定の自己負担があります。

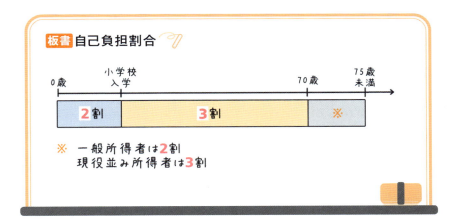

板書 自己負担割合

0歳 ― 小学校入学 ― 70歳 ― 75歳未満
2割 ／ 3割 ／ ※

※ 一般所得者は**2**割
　現役並み所得者は**3**割

2 高額療養費

月間の医療費の自己負担額が一定額を超えた場合、その超過額について請求をすれば、あとで返金を受けることができます。

なお、同一月・同一医療機関の窓口における支払額は、自己負担限度額までとなります。

70歳未満の自己負担限度額の計算は次のとおりです。

自己負担限度額

	所得区分	自己負担限度額
ア	標準報酬月額　83万円以上 （810,000円以上）	252,600円＋（総医療費－842,000円）×1％
イ	標準報酬月額　53万円～79万円 （515,000円以上810,000円未満）	167,400円＋（総医療費－558,000円）×1％
ウ	標準報酬月額　28万円～50万円 （270,000円以上515,000円未満）	**80,100**円＋（総医療費－267,000円）×**1**％
エ	標準報酬月額　26万円以下 （270,000円未満）	57,600円
オ	住民税非課税世帯（低所得者）	35,400円

※（　）内は報酬月額をあらわす

ひとこと

　標準報酬月額とは、1カ月の給与（報酬等）を一定の幅で区分した場合の金額をいい、社会保険料の算定のさいに用いる基準です。たとえば、1カ月の報酬等が25万円以上27万円未満の場合、20等級に分類され、標準報酬月額26万円として社会保険料を計算します。
　なお、計算問題（実技）で出題されるときは、問題文に計算式が記載されるため、上記の計算式をおぼえる必要はありません。

板書　高額療養費の計算

たとえば、次の場合に高額療養費として返金される金額は…

・医療費が150万円かかった
・年齢は40歳（所得区分は上記 ウ）
※ ウ の自己負担限度額：80,100円＋（総医療費－267,000円）×1％

① 病院に支払った金額：1,500,000円×3割＝450,000円
② 自己負担限度額：
　　80,100円＋（1,500,000円－267,000円）×1％＝92,430円
③ 高額療養費として返金される金額：①－②＝357,570円

3 出産育児一時金、家族出産育児一時金

被保険者(会社員)または被扶養者(会社員の妻)が出産した場合、1児につき **42**万円(産科医療補償制度に加入している病院等で出産した場合)が支給されます。

4 出産手当金

被保険者(会社員)が、出産のため仕事を休み、給与が支給されない場合に、出産前の42日間、出産後の56日間のうちで仕事を休んだ日数分の金額が支給されます。この場合の支給額は次のとおりです。

$$1日あたりの支給額 = \frac{支給開始日以前12カ月間の各月の標準報酬月額を平均した額}{30日} \times \frac{2}{3}$$

5 傷病手当金

被保険者(会社員)が、病気やケガを理由に会社を**3**日以上続けて休み、給料が支給されない場合に、**4**日目から最長**1**年**6**カ月間支給されます。この場合の支給額は次のとおりです。

$$1日あたりの支給額 = \frac{支給開始日以前12カ月間の各月の標準報酬月額を平均した額}{30日} \times \frac{2}{3}$$

板書 傷病手当金の計算

たとえば、支給開始日以前12カ月間の各月の標準報酬月額を平均した額が36万円の人が、病気のため連続して10日間仕事を休んだという場合は…

① 支給対象期間内の休業日数:10日 − 3日 = 7日
② 1日あたり支給額:360,000円 ÷ 30日 × $\frac{2}{3}$ = 8,000円
③ 傷病手当金:8,000円 × 7日 = 56,000円

---

6 埋葬料、家族埋葬料

被保険者(会社員)が死亡したとき、葬儀をした家族に対し、**5**万円が支給さ

れます。また、被扶養者(家族)が死亡したときは、被保険者(会社員)に**5万円**が支給されます。

Ⅴ 健康保険の任意継続被保険者

　被保険者(会社員)が会社を退職した場合、健康保険の被保険者の資格はなくなりますが、一定の要件を満たせば、退職後**2年間**、退職前の健康保険に加入することができます。この場合の保険料は被保険者(退職者)が全額自己負担します。

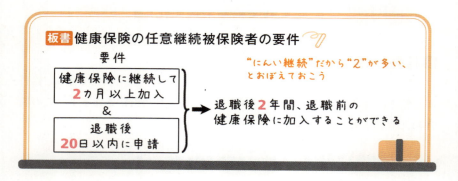

4　国民健康保険(国保)

Ⅰ 国民健康保険の概要

　国民健康保険は、健康保険や共済組合などの適用を受けない自営業者や未就業者など、市区町村に住所があるすべての人を対象とした保険です。

Ⅱ 国民健康保険の保険者

　国民健康保険には、都道府県と市区町村が共同で保険者となるものと、国民健康保険組合が保険者となるものがあります。

Ⅲ 保険料

保険料は市区町村によって異なり、前年の所得等によって計算されます。

Ⅳ 国民健康保険の給付内容

国民健康保険の給付内容は健康保険とほぼ同じですが、一般に<u>出産手当金や傷病手当金はありません。</u>

板書 国民健康保険の給付内容(健康保険との違い)

	"国民健康保険"	健康保険
療養の給付 (家族療養費)	○	労災保険の給付対象と ならない病気やケガが…○
高額療養費	○	○
出産育児一時金 (家族出産育児一時金)	○	○
出産手当金	×	○
傷病手当金	×	○
埋葬料／葬祭費 (家族埋葬料)	○	○

5 後期高齢者医療制度

Ⅰ 後期高齢者医療制度の概要

後期高齢者医療制度は**75**歳以上の人(または65歳以上75歳未満の障害認定を受けた人)が対象となります。

自己負担額は医療費の**1**割(現役並み所得者は**3**割)です。

Ⅱ 保険料

保険料は、各都道府県の後期高齢者医療広域連合で決定され、原則として年金からの天引きで徴収されます。なお、保険料の徴収は**市区町村**が行います。

6 退職者向けの公的医療保険

退職後、再就職をしない場合もなんらかの保険に加入しなければなりません。退職者向け(再就職をしない場合)の公的医療保険には次の3つがあります。

板書 退職者向けの公的医療保険

1 健康保険の任意継続被保険者となる

【条件】
- ☆ 健康保険の被保険者期間が継続して**2**カ月以上
- ☆ 退職日の翌日(=資格喪失日)から**20**日以内に申請する

【加入期間】
最長**2**年間

【保険料】
全額自己負担

2 国民健康保険に加入する

【手続き】
退職日の翌日(=資格喪失日)から**14**日以内に市区町村に申請する

【保険料】
全額自己負担

3 家族の被扶養者となる

…健康保険の被保険者である家族(親や子、配偶者)の被扶養者となる

【保険料】
負担なし

7 公的介護保険

介護保険とは、介護が必要と認定された場合に、必要な給付がされる制度です。

公的介護保険の保険者は市区町村です。

被保険者は**40**歳以上の人で、65歳以上の人を第**1**号被保険者、40歳以上65歳未満の人を第**2**号被保険者といいます。

公的介護保険の主な内容は次のとおりです。

板書 公的介護保険の概要

	第1号被保険者	第2号被保険者
対象者	**65**歳以上の人	**40**歳以上65歳未満の人
保険料	市区町村が所得に応じて決定 年額**18**万円以上の年金を受け取っている人は年金から天引きで納付(それ以外の人は個別に市区町村に納付)	【健康保険の場合】 　協会けんぽの介護保険料率は1.80% 【国民健康保険の場合】 　前年の所得等に応じて決定
受給者	要介護者、要支援者※	老化に起因するもの(特定疾病)によって要介護者、要支援者※になった場合のみ → 初老期認知症、脳血管疾患など。交通事故で要介護になった場合は給付を受けられない!
自己負担	原則**1**割(支給限度額を超えた場合、超過分は全額自己負担) ☆ 第1号被保険者について合計所得金額が160万円以上(年金収入とあわせて280万円以上)の人は**2**割負担。また、特に所得の高い人(合計所得金額が220万円以上、年金収入とあわせて340万円以上)は**3**割負担 ☆ ケアプランの作成費は全額無料	

※ 程度に応じて要介護は5段階(要介護1～5)、要支援は2段階(要支援1、2)に分かれる

CH 01 ライフプランニングと資金計画

SEC 04 社会保険

公的介護保険

8 労働者災害補償保険（労災保険）

I 労災保険の概要

労災保険は、業務上や通勤途上（労働者が家⇔会社間を合理的な経路および方法で往復した場合）における労働者の病気、ケガ、障害、死亡等に対して給付が行われる制度です。

　通勤の途中で寄り道をした場合には、寄り道をしたあとに正規のルートに戻ったとしても通勤とは認められません。ただし、日常生活を送るにあたって必要な寄り道については、正規のルートに戻ったあとは通勤と認められます。
　したがって、会社から家に帰る途中にゴルフ練習場に寄った場合は通勤と認められませんが、夕食の買い物のためにスーパーに寄った場合は通勤と認められます。

　業務上における病気、ケガ、障害、死亡等を**業務災害**、2以上の会社の業務を要因とする病気、ケガ、障害、死亡等を**複数業務要因災害**、通勤途上における病気、ケガ、障害、死亡等を**通勤災害**といいます。
　労災保険の主な内容は次のとおりです。

板書 労災保険の概要

対象者	すべての**労働者**（アルバイト、パートタイマー、日雇い労働者、外国人労働者などを含む）→ 経営者である社長や役員（取締役）は労災保険の対象外。ただし、使用人兼務役員（取締役だけど使用人の職務も兼ねている人）は労災保険の対象となる！ → 原則として1人以上の労働者を使用する事業所は加入しなければならない（強制加入）
保険料	☆ 事業の内容ごとに保険料率が決められている ☆ 保険料は全額事業主が負担

給付内容		業務災害の場合
病気・ケガ		療養補償給付
		休業補償給付
		傷病補償年金
障害		障害補償給付
介護		介護補償給付
死亡		遺族補償給付
		葬祭料

→ 休業補償給付：労働者が病気などで休業した場合、**4**日目から給付基礎日額の**60**%が支給される

Ⅱ 特別加入制度

社長や役員、自営業者などは、労働者ではないため労災保険の対象となりませんが、一定の場合には労災保険に任意加入できる制度があります。これを **特別加入制度** といいます。

ひとこと

労災保険の適用を受けない中小事業主や、労働者としての側面が強い個人タクシー業者や大工さんなど(いわゆる一人親方)は任意加入できます。

9 雇用保険

I 雇用保険の概要

雇用保険は、労働者が失業した場合などに必要な給付を行ったり、再就職を援助する制度です。

雇用保険の主な内容は次のとおりです。

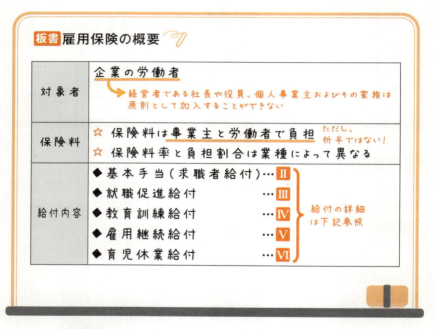

ひとこと

2016年までは、65歳になった日以降に新たに雇用保険に加入することはできませんでしたが、2017年1月1日以降は、65歳以上の労働者についても、雇用保険の適用対象となりました。

II 基本手当(求職者給付)の内容

基本手当(求職者給付)とは、失業者(働く意思と能力はあるが、失業している人)に対する給付で、一般に失業保険とよばれています。

1 基本手当の給付額と給付日数

基本手当は、労働者が失業した場合に離職前6カ月間の賃金日額（離職前の6カ月間に支払われた賃金総額÷180日）の45～80％が支給されます。

基本手当の給付日数は、失業の理由（自己都合、倒産・解雇等）や被保険者期間、年齢によって異なります。

基本手当の給付日数

① 自己都合、定年退職の場合

年齢＼被保険者期間	10年未満	10年以上20年未満	20年以上
全年齢	**90日**	120日	**150日**

② 倒産、会社都合の解雇等の場合

年齢＼被保険者期間	1年未満	1年以上5年未満	5年以上10年未満	10年以上20年未満	20年以上
30歳未満	90日	**90日**	120日	180日	—
30歳以上35歳未満	90日	120日	180日	210日	240日
35歳以上45歳未満	90日	150日	180日	240日	270日
45歳以上60歳未満	90日	180日	240日	270日	**330日**
60歳以上65歳未満	90日	150日	180日	210日	240日

ひとこと
最短日数と最長日数だけ、おさえておきましょう。

2 受給要件

受給要件は、離職前の **2** 年間に被保険者期間が通算 **12** カ月以上あることです。ただし、倒産、解雇等の場合には、離職前の **1** 年間に被保険者期間が通算 **6** カ月以上あれば受給できます。

3 待期期間と給付制限

基本手当を受けるには、居住地のハローワークに離職票を提出し、求職の申込みをします。

求職の申込みを行った日（最初の受給資格決定日）から **7** 日間は支給されません。これを 待期期間 といいます。

なお、自己都合退職の場合には、待期期間7日間に加え、原則 **2** カ月間は支給されません（ 給付制限 ）。

板書 雇用保険～基本手当のポイント～

☆ 給付日数…自己都合の場合：90日〜150日
　　　　　　倒産、解雇等の場合：90日〜330日

☆ 受給要件…離職前の **2** 年間に、被保険者期間が通算 **12** カ月以上（倒産、解雇等の場合は、離職前の **1** 年間に被保険者期間が通算 **6** カ月以上）

☆ 待期期間…7日間
　　　　ただし、自己都合退職の場合には、
　　　　7日間の待期期間 ＋ 2カ月間（原則）の 給付制限 ※

※ 2020年10月1日以降の離職から、離職日からさかのぼって5年間のうち2回までは2カ月間の給付制限、3回目以降の離職は3カ月間の給付制限となる。ただし、自己の責めに帰すべき重大な理由で退職した人の給付制限期間は3カ月間

Ⅲ 就職促進給付の内容

就職促進給付 は、再就職の促進と支援を目的とした給付で、一定の要件を満たした基本手当の受給者が再就職した場合や、アルバイト等に就業した場合に支給されます。

再就職した場合の給付を 再就職手当 といいます。また、アルバイト等（再就職手当の対象にならない職業）に就業した場合の給付を 就業手当 といいます。

Ⅳ 教育訓練給付

　教育訓練給付は、労働者等が自分で費用を負担して、厚生労働大臣が指定する講座を受講し、修了した場合にその費用の一部が支給される、雇用保険の制度です。教育訓練給付には、**一般教育訓練給付金**、**特定一般教育訓練給付金**、**専門実践教育訓練給付金** があります。

板書 教育訓練給付のポイント

1 一般教育訓練給付金

給付を受けられる人

雇用保険の被保険者期間が **3年以上** の被保険者が、厚生労働大臣指定の一般教育訓練を受講し、修了した場合

初めての受給の場合は **1年以上**

給　付　額

受講料等の **20%相当額** ← ただし！ 上限は **10万円**

2 特定一般教育訓練給付金

給付を受けられる人

雇用保険の被保険者期間が **3年以上** の被保険者が、厚生労働大臣指定の特定一般教育訓練（速やかな再就職および早期のキャリア形成に資する教育訓練）を受講し、修了した場合

初めての受給の場合は **1年以上**

給　付　額

受講料等の **40%相当額**

ただし！ 上限は年間 **20万円**

47

3 専門実践教育訓練給付金

給付を受けられる人

初めての受給の場合は **2年以上**

雇用保険の被保険者期間が **3年以上**の被保険者が、
厚生労働大臣指定の専門実践教育訓練を受講し、
修了した場合

給　付　額

☆ 受講料等の**50**％相当額 ➡ ただし! 上限は年間**40万円**
給付期間は最長**3年**

☆ 資格取得の上、就職につながったらプラス**20**％
ただし! 上限は年間**56万円**

教育訓練支援給付金

給付を受けられる人

➡ **3**の教育訓練給付金を受給できる人で、**45歳未満**の離職者など
→教育訓練期間中に、この給付金を受けることができる

給　付　額

受講期間中、雇用保険の基本手当相当額の**80**％が支給される

V 雇用継続給付

雇用継続給付 は、高齢者や介護をしている人に対して必要な給付を行い、雇用の継続を促すための制度です。

雇用継続給付には、**高年齢雇用継続給付** と **介護休業給付** があります。

> **板書** 雇用保険～雇用継続給付のポイント～

> **1 高年齢雇用継続給付**
>
> 被保険者期間が**5**年以上の60歳以上65歳未満の被保険者で、60歳到達時の賃金月額に比べ、**75**％未満の賃金月額で働いている人に対して、各月の賃金の最大**15**％相当額が支給される
>
> | 高年齢雇用継続基本給付金 | …60歳以降も雇用されている人に支給 |
> | 高年齢再就職給付金 | …基本手当を受給後、再就職した場合に支給 |
>
> **2 介護休業給付**
>
> 家族を介護するために休業した場合で、一定の条件を満たしたときに支給される

VI 育児休業給付

満**1**歳未満の子(**パパ・ママ育休プラス制度**を利用する場合には1歳2カ月未満の子。また、一定の場合は1歳6カ月または2歳未満の子)を養育するために育児休業を取得した場合、休業前賃金の**67**％相当額(6カ月経過後は**50**％相当額)が支給されます。

> **ひとこと**
>
> パパ・ママ育休プラス制度は、父母が同時または交代で育児休業を取得した場合、子が1歳2カ月になる前日まで育児休業を取得することができる制度です。

CHAPTER 01
SECTION 04 社会保険 基本問題

次の各記述のうち、正しいものには○を、誤っているものには×をつけなさい。

問1 健康保険、国民健康保険
(1) 健康保険の保険料は、会社と労働者が折半で負担する。
(2) 被保険者が出産した場合の出産育児一時金は50万円である。
(3) 傷病手当金の支給期間は最長1年である。
(4) 任意継続被保険者として健康保険に加入できる期間は一般に最長1年である。
(5) 健康保険には出産手当金があるが、国民健康保険には一般に出産手当金はない。

問2 公的介護保険
(1) 公的介護保険の保険者は国である。
(2) 介護保険の被保険者は40歳以上の人で、40歳以上65歳未満の人を第1号被保険者、65歳以上の人を第2号被保険者という。
(3) 介護保険の自己負担額は原則3割である。

問3 労災保険、雇用保険
(1) 労災保険は、業務災害については給付の対象となるが、通勤災害については給付の対象とならない。
(2) 労災保険の保険料は、全額事業主が負担する。
(3) 法人の役員は原則として雇用保険に加入することはできない。
(4) 雇用保険の保険料は事業主と労働者で半分ずつ負担する。

解答

問1

(1) ○

(2) ✕　出産育児一時金は**42万円**である。

(3) ✕　傷病手当金の支給期間は最長**1年6カ月**である。

(4) ✕　任意継続被保険者として健康保険に加入できる期間は最長**2年**である。

(5) ○

問2

(1) ✕　公的介護保険の保険者は**市区町村**である。

(2) ✕　40歳以上65歳未満の人を第2号被保険者、65歳以上の人を第1号被保険者という。

(3) ✕　介護保険の自己負担額は原則**1割**(一定の場合は2割または3割)である。

問3

(1) ✕　通勤災害についても給付の対象となる。

(2) ○

(3) ○

(4) ✕　雇用保険の保険料は事業主と労働者で負担するが、折半ではない。

CHAPTER 01
ライフプランニングと資金計画

SECTION 05 公的年金の全体像

このSECTIONで学習すること

1 年金制度の全体像
・公的年金と私的年金
・公的年金制度の全体像

> 公的年金は2階建ての制度

2 国民年金の全体像
・国民年金の被保険者
・保険料の納付
・保険料の免除と猶予
・追納

> 追納期間は10年

3 公的年金の給付（全体像）
・老齢給付、障害給付、遺族給付
・公的年金の請求手続き
・年金の支給期間

> 年金は偶数月の15日に2カ月分が支給される！

4 マクロ経済スライド
・概要

> 概要をおさえておこう

1 年金制度の全体像

Ⅰ 公的年金と私的年金
年金制度には、強制加入の **公的年金** と、任意加入の **私的年金** があります。

Ⅱ 公的年金制度の全体像
我が国の公的年金制度は、国民年金を基礎年金とした2階建ての構造です。
1階は **国民年金**（20歳以上60歳未満のすべての人が加入）、2階は **厚生年金保**

52

険（会社員や公務員等が加入）となっています。

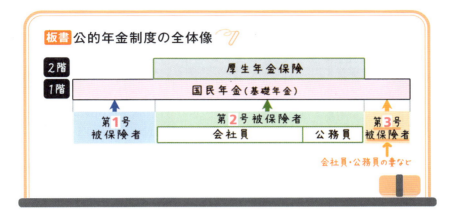

2 国民年金の全体像

I 国民年金の被保険者

　国内に住所を有する**20**歳以上**60**歳未満の人は、国民年金に加入しなければなりません（強制加入被保険者）。

　上記以外の人は国民年金の加入義務はありませんが、たとえば60歳以上65歳未満の人が年金受給額を満額に近づけるために国民年金に任意で加入するということもできます。任意で国民年金に加入している人を**任意加入被保険者**といいます。

　強制加入被保険者は第1号から第3号の3種類に分けられます。

板書 国民年金の被保険者

第1号被保険者	第2号被保険者	第3号被保険者
自営業者、学生、無職など 【年齢】 **20**歳以上**60**歳未満	会社員や公務員 (厚生年金保険に加入している人) 【年齢】16歳でも会社員なら加入 要件なし ただし、老齢年金の受給権者となった場合には第2号被保険者の資格を失う	第2号被保険者に扶養されている配偶者 【年齢】 **20**歳以上**60**歳未満

Ⅱ 保険料の納付

❶ 保険料

国民年金および厚生年金の保険料(2021年度)は、次のとおりです。

板書 保険料

第1号被保険者	第2号被保険者	第3号被保険者
国民年金保険料 16,610円／月	厚生年金保険料 標準報酬月額 標準賞与額 ×18.30% ポイント ☆保険料は事業主と従業員が半分ずつ負担 (労使折半)	保険料の負担はなし

2 保険料の納付期限

保険料の納付期限は、原則として**翌月**末日ですが、例外があります。

> **板書** 保険料の納付期限 /
>
> 原則 … **翌月**末日
>
> 例外 … ① 口座振替（当月末日引落とし）　┐ 保険料の
> 　　　　② 前納（6カ月前納、1年前納、2年前納）┘ 割引がある！
>
> ポイント
> ☆ 保険料を滞納した場合、あとから**2**年以内の分しか支払うことができない
> 　　　　　　　　　　　　　　　　　→時効は2年

III 保険料の免除と猶予（第1号被保険者のみ）

1 保険料を免除または猶予する制度

第1号被保険者については、以下のような保険料の免除または猶予の制度があります。

> **板書** 保険料の免除と猶予 /
>
> ### 1 法定免除
>
> | 障害基礎年金を受給している人や生活保護法の生活扶助を受けている人 | | 届出によって、保険料の**全額**が免除される |

2 申請免除

経済的な理由（失業など）で、保険料を納付することが困難な人（所得が一定以下の人） **は** 申請し、認められた場合には、保険料の全額または一部が免除される

- **全額**免除
- **3/4**免除
- **半額**免除
- **1/4**免除

の4段階

3 産前産後期間の免除制度

第1号被保険者で、出産した（する）人 **は** 出産予定日または出産日が属する月の **前月** から **4**カ月間の国民年金保険料が免除される※

※ 多胎妊娠の場合は、出産予定日または出産日が属する月の **3**カ月前から **6** カ月間の国民年金保険料が免除される

4 学生納付特例制度

第1号被保険者で、本人の所得が一定以下の学生 **は** 申請によって、保険料の納付が猶予される

5 納付猶予制度

50歳未満の第1号被保険者で本人および配偶者の所得が一定以下の人 **は** 申請によって、保険料の納付が猶予される

2 追納

保険料の免除または猶予を受けた期間については、**10**年以内なら **追納**（あとからその期間の保険料を支払うこと）ができます。

ひとこと

保険料を滞納した場合（納め忘れた場合）、原則として2年以内の分しかあとから支払うことができませんが、免除または猶予を受けた場合（納めたいけど納められない事情がある場合）には10年となります。
　保険料の納付期間が老齢基礎年金額に反映されるので、年金を多く（満額で）受け取りたい場合には、免除や猶予を受けた期間について、追納したほうがよいのです。

　なお、保険料の免除または猶予を受けた期間の保険料は10年以内であれば追納することができますが、免除または猶予を受けた期間の翌年度から起算して**3**年度目以降に保険料を追納する場合には、承認を受けた当時の保険料額に経過期間に応じた加算額が上乗せされます。

3 免除期間の年金額への反映

　法定免除と申請免除の期間（保険料が免除された期間）については、老齢基礎年金額に反映（免除期間の $\frac{1}{2}$ や $\frac{5}{8}$ など）されます。
　また、産前産後免除期間は、保険料納付済期間とされます。

ひとこと

産前産後免除期間は追納しなくても老齢基礎年金額に反映されます。

　一方、学生納付特例期間と納付猶予期間（かつ、追納しなかった期間）については、老齢基礎年金額に反映されません。

ひとこと

たとえば、法定免除で2年間、保険料の納付を免除された（法定免除では、免除期間の $\frac{1}{2}$ が老齢基礎年金に反映される）という場合、老齢基礎年金の年金額を計算するさいには、1年分（2年× $\frac{1}{2}$ ）は保険料を支払ったものとされます。
　一方、学生納付特例制度で2年間、保険料の納付を猶予されたという場合には、老齢基礎年金を計算するさいは、この2年については全く保険料を支払わなかったものとされます。

3 公的年金の給付（全体像）

Ⅰ 公的年金の給付内容

公的年金の給付には、 老齢給付 、 障害給付 、 遺族給付 の3つがあります。

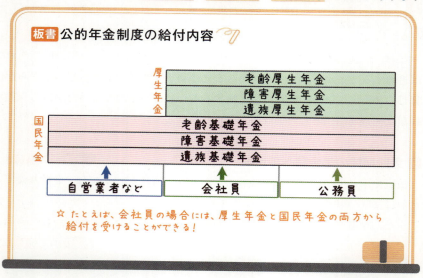

Ⅱ 公的年金の請求手続き

公的年金を受給するには、受給者（受給する権利のある人）が自ら、受給権があるかどうかを国に確認（これを 裁定 といいます）したあと、年金の給付を請求します。

Ⅲ 年金の支給期間

年金は受給権が発生した月の翌月（通常は誕生月の翌月）から受給権が消滅した月（受給者が死亡した月）まで支給されます。

年金は原則として、**偶数**月の**15**日に、前月までの**2**カ月分が支払われます。

板書 年金の支給

たとえば、9月18日が誕生日の人は…

→ 受給権の発生…**9月**
→ 支給開始…翌月**10月**から
→ 支給日…**12月15日**に10月・11月分（2カ月分）、
　　　　　2月15日に12月・1月分（2カ月分）、
　　　　　以後、偶数月の15日に2カ月分

4 マクロ経済スライド

　年金額は原則として、物価や賃金の変動に合わせて改定されます。しかし、物価や賃金の変動にかかわらず、公的年金の被保険者の減少や平均余命の伸びが予想され、これらは年金財政にマイナスの影響を与えます。これらのマイナス要因を考慮して、年金給付額を自動的に調整するしくみが導入されています。このしくみを マクロ経済スライド といいます。

CHAPTER 01
SECTION 05 公的年金の全体像 基本問題

次の各記述のうち、正しいものには○を、誤っているものには×をつけなさい。

問 国民年金の被保険者、保険料

(1) 16歳で会社員のAさんは、国民年金の第2号被保険者となる。
(2) 厚生年金保険料は、全額従業員が負担する。
(3) 第1号被保険者が保険料の免除または猶予を受けた場合、2年以内に限り追納ができる。

解答

(1) ○
(2) × 厚生年金保険料は労使折半で負担する。
(3) × 保険料の免除または猶予を受けた場合の追納期間は10年である。

SECTION 06 公的年金の給付

CHAPTER 01 ライフプランニングと資金計画

このSECTIONで学習すること

1 老齢給付① 老齢基礎年金
- 老齢基礎年金
- 受給資格期間
- 年金額
- 繰上げ受給と繰下げ受給
- 付加年金

老齢基礎年金は65歳から支給される

2 老齢給付② 老齢厚生年金
- 特別支給の老齢厚生年金と65歳からの老齢厚生年金
- 特別支給の老齢厚生年金の支給開始年齢の引上げ
- 年金額
- 在職老齢年金
- 離婚時の年金分割制度

ここは非常にややこしいので、概要だけつかんで、ササッと問題集を解いておこう

3 障害給付
- 障害基礎年金
- 障害厚生年金

障害基礎年金は1級と2級、障害厚生年金は1～3級と障害手当金がある

4 遺族給付
- 遺族基礎年金
- 寡婦年金と死亡一時金
- 遺族厚生年金
- 中高齢寡婦加算と経過的寡婦加算

遺族基礎年金は「子のない配偶者」には支給されない

1 老齢給付① 老齢基礎年金

Ⅰ 老齢基礎年金

老齢基礎年金は、**受給資格期間**が**10**年以上の人が**65**歳になったときから受け取ることができます。

Ⅱ 受給資格期間

受給資格期間とは、老齢基礎年金を受け取るために満たさなければならない期間をいい、**保険料納付済期間**、**保険料免除期間**、**合算対象期間(カラ期間)** を合計した期間のことをいいます。

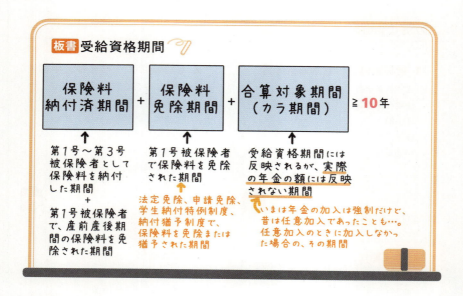

Ⅲ 老齢基礎年金の年金額

老齢基礎年金の年金額(年額)は **780,900** 円(2021年度)です。

> 老齢基礎年金： 780,900円 × 1.000 ＝ 780,900円
> 　　　　(満額)　　　　　　　　　　(改定率)

ただし、免除期間等がある人はこの金額よりも少なくなります。
年金額の計算式は次のとおりです。

老齢基礎年金額＝①＋②

① 2009年3月までの期間分

$$780,900円 \times \frac{保険料納付済月数 + A \times \frac{1}{3} + B \times \frac{1}{2} + C \times \frac{2}{3} + D \times \frac{5}{6}}{480月（40年 \times 12ヵ月）}$$

② 2009年4月以降の期間分

$$780,900円 \times \frac{保険料納付済月数 + A \times \frac{1}{2} + B \times \frac{5}{8} + C \times \frac{3}{4} + D \times \frac{7}{8}}{480月（40年 \times 12ヵ月）}$$

A：全額免除月数　　B：$\frac{3}{4}$免除月数　　C：半額免除月数　　D：$\frac{1}{4}$免除月数

　上記の免除期間（免除月数）は、法定免除期間と申請免除期間のことです。合算対象期間（カラ期間）、学生納付特例期間、納付猶予期間は年金額の計算には反映されません。

【年金計算の端数処理】

年金額（年額）の端数処理は1円未満四捨五入です。

> なお、満額の老齢基礎年金などについては、1円単位での算出はせず、100円単位（50円以上切上げ、50円未満切捨て）となります。

　そのため、基礎年金が満額でない人の年金額や厚生年金の年金額については、多少の増減が生じます。

> **板書** 老齢基礎年金の年金額
>
> たとえば、Aさん（下記）が65歳から受け取れる年金額は…
>
> [Aさんの資料]
> ① 保険料納付済期間　38年　← 38年×12カ月＝456月
> ② 学生納付特例期間（追納していない）2年　← 年金額に反映されない
>
> $$780,900円 \times \frac{456月}{480月} = 741,855円$$

Ⅳ 老齢基礎年金の繰上げ受給と繰下げ受給

　繰上げ受給とは、65歳よりも早く（60歳から64歳までに）年金の受取りを開始することをいい、**繰下げ受給**は65歳よりも遅く（66歳から70歳までに）年金の受取りを開始することをいいます。

　繰上げ受給を行った場合には、**繰り上げた月数×0.5％**が年金額から減額されます。

　また、繰下げ受給を行った場合には、**繰り下げた月数×0.7％**が年金額に加算されます。

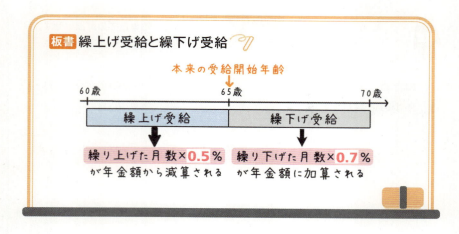

V 付加年金

付加年金とは、第1号被保険者のみの制度で、任意で月額**400**円を国民年金保険料に上乗せして納付することによって、「付加年金の納付月数×**200**円」が老齢基礎年金に加算されます。

なお、付加年金と国民年金基金(後述)との併用はできません。

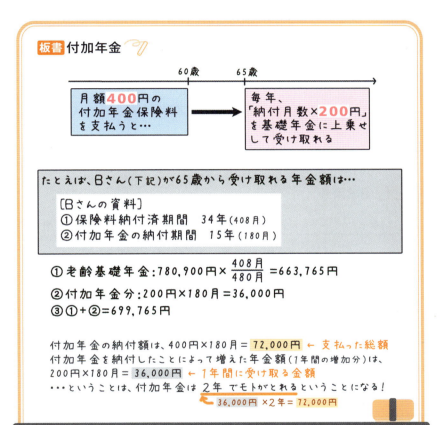

2 老齢給付②　老齢厚生年金

Ⅰ 老齢厚生年金

　厚生年金から支給される老齢給付のうち、60歳から64歳までに支給される老齢給付を **特別支給の老齢厚生年金**、65歳以上に支給される老齢給付を **老齢厚生年金** といいます。
　特別支給の老齢厚生年金は、**定額部分**（加入期間に応じた金額）と **報酬比例部分**（在職時の報酬に比例した金額）とに分かれます。

Ⅱ 受給要件

　特別支給の老齢厚生年金と、65歳からの老齢厚生年金の受給要件は次のとおりです。

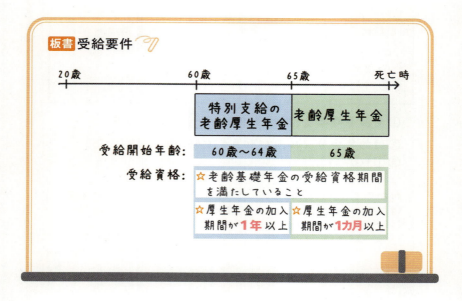

Ⅲ 特別支給の老齢厚生年金の支給開始年齢の引上げ

特別支給の老齢厚生年金は、厚生年金保険の支給開始年齢が60歳から65歳に引き上げられたことによる当面の混乱をさけるために、本来は65歳から支給すべき老齢厚生年金を、当面の間、65歳より前から支給することとしたものです。

そのため、支給開始年齢は生年月日によって段階的に引き上げられ（次ページの 板書 参照）、最終的には65歳からの老齢厚生年金のみになります。

なお、支給開始年齢は男性と女性で異なり、女性は男性よりも **5**年遅れで引き上げられます。

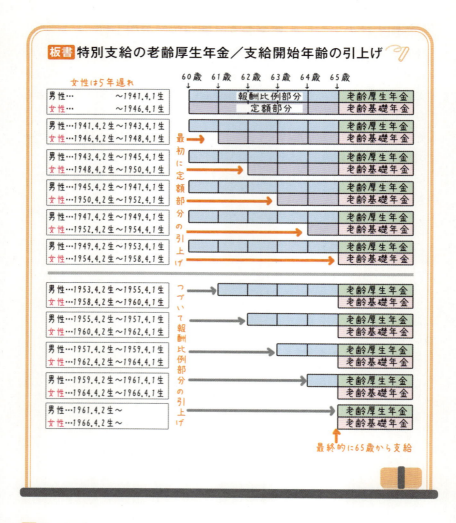

Ⅳ 年金額

特別支給の老齢厚生年金と、65歳からの老齢厚生年金の年金額は以下のようにして算出します。

❶ 特別支給の老齢厚生年金の年金額

特別支給の老齢厚生年金の年金額は、**定額部分** と **報酬比例部分** を合算し

た金額となります。

なお、年金受給者に、一定の要件を満たした配偶者(65歳未満)または子(18歳以下)がいる場合には、**加給年金**が加算されます。

ひとこと
加給年金は家族手当に相当するものです。詳しくは❹を参照してください。

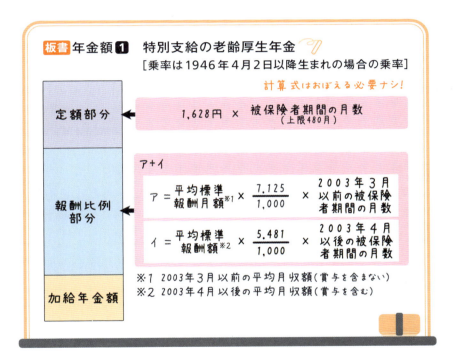

❷ 65歳以上の老齢厚生年金の年金額

65歳に達すると、それまでの定額部分が老齢基礎年金に、報酬比例部分が老齢厚生年金に切り替わります。しかし、当面の間、定額部分の額のほうが老齢基礎年金の額よりも大きいため、その減少分が**経過的加算**として補われます。

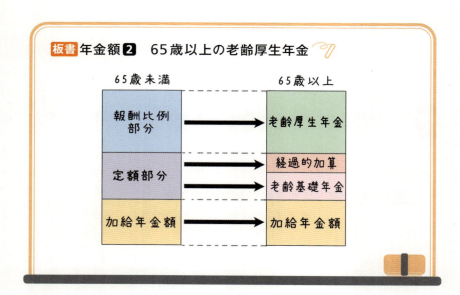

3 老齢厚生年金の繰上げ受給と繰下げ受給

老齢厚生年金の受給開始年齢は原則として65歳（老齢基礎年金と同様）ですが、繰上げ受給（60歳から64歳のうちに年金の受取りを開始すること）や繰下げ受給（66歳から70歳までに年金の受取りを開始すること）もできます。

> **老齢厚生年金の繰上げ受給と繰下げ受給のポイント**
> ☆ 繰上げ受給の場合は、「繰り上げた月数×**0.5**％」が老齢厚生年金額から減算される
> ☆ 繰下げ受給の場合は、「繰り下げた月数×**0.7**％」が老齢厚生年金額に加算される
> ☆ 老齢厚生年金の繰上げは老齢基礎年金の繰上げと同時に行わなければならない
> ☆ 老齢厚生年金の繰下げは老齢基礎年金の繰下げと別々に行うことができる

4 加給年金

加給年金とは、年金の家族手当のようなもので、厚生年金の加入期間が20年以上の人に、配偶者(65歳未満)または子(18歳に到達した直後の3月31日までの間)がある場合に、65歳以降の老齢厚生年金(または特別支給の定額部分)の支給開始時から支給される年金をいいます。

板書 加給年金（2021年度）

【受給要件】

☆ 厚生年金保険の加入期間が**20**年以上あり、その人によって生計を維持されている
 65歳未満の配偶者 または **18歳到達年度の末日までの子**
 18歳になって最初の3月31日
 （もしくは**20**歳未満で障害等級1級または2級の未婚の子）
 がいること

【加給年金額】

配偶者　224,700円（受給権者の生年月日によって加算あり）
子　　　第1子と第2子は各224,700円
　　　　第3子以降は各74,900円

☆ 細かい金額はおぼえなくてOK
「第1子と第2子は同額、第3子以降は減額」ということだけおさえておこう

5 振替加算

上記の加給年金は、配偶者が65歳に到達すると支給が停止し、その代わりに配偶者の生年月日に応じた金額が配偶者の老齢基礎年金に加算されます（ただし、配偶者が1966年4月1日以前生まれの場合に限ります）。これを**振替加算**といいます。

V 在職老齢年金

在職老齢年金とは、60歳以降も企業(厚生年金の適用事業所)で働く場合の老

齢厚生年金をいい、60歳以降に会社等から受け取る給与等の金額に応じて老齢厚生年金の額が減額(支給停止)されます。

減額される年金額は年齢によって異なります。

板書 在職老齢年金～年金額の減額調整～

【60歳台前半(60～64歳)】
給与等 + 年金月額 > 28万円 のとき
→ 年金額が減額調整される

【60歳台後半(65～69歳)】
給与等 + 年金月額 > 47万円 のとき
→ 年金額(老齢厚生年金)が減額調整される
☆ 老齢基礎年金は減額されない

【70歳以降】
60歳台後半と同じ。
ただし、年金保険料の納付はなし

VI 離婚時の年金分割制度

2007年4月以降に離婚した場合、夫婦間の合意(または裁判所の決定)により、婚姻期間中の厚生年金(夫婦の報酬比例部分の合計)を分割することができます。

分割割合は夫婦で決めることができますが、上限は**2**分の1となります。

また、2008年5月以降に離婚した場合、夫婦間の合意がなくても、2008年4月以降の第3号被保険者期間について、第2号被保険者の厚生年金の**2分の1**を分割することができます。

第3号被保険者期間中に第2号被保険者が負担した保険料は、夫婦で負担したものとみなされるからです。

3 障害給付

病気やケガが原因で障害者となった場合で、一定の要件を満たしたときは障害年金や障害手当金を受け取ることができます。

障害給付には、国民年金の **障害基礎年金** と厚生年金の **障害厚生年金** があります。

I 障害基礎年金

障害基礎年金は **1級** と **2級** があります。

受給要件および年金額(2021年度)は次のとおりです。

板書 障害基礎年金の受給要件と年金額(2021年度)

【受給要件】

☆ 初診日に国民年金の被保険者であること(または国民年金の被保険者であった人で60歳以上65歳未満で、国内に住んでいること)

☆ 障害認定日に障害等級1級、2級に該当すること
　→ 初診日から1年6カ月以内で傷病が治った日
　　(治らない場合は1年6カ月を経過した日)

【保険料納付要件】

【原則】
保険料納付済期間 + 保険料免除期間 が全被保険者期間の $\frac{2}{3}$ 以上

【特例】
原則の要件を満たさない人は、直近1年間に保険料の滞納がなければOK

> **障害基礎年金額**
> 1級　780,900円×**1.25**倍（976,125円）+子の加算額※
> 2級　780,900円+子の加算額※
> 　　　※　子の加算額…第1子、第2子は各224,700円
> 　　　　　　　　　　 第3子以降は各74,900円

Ⅱ 障害厚生年金

障害厚生年金には 1級 、 2級 、 3級 と 障害手当金 があります。
受給要件および年金額は次のとおりです。

> **板書 障害厚生年金の受給要件と年金額**
>
> **受　給　要　件**
> ☆ 初診日に厚生年金保険の被保険者であること
> ☆ 障害認定日に障害等級1級、2級、3級に該当すること
>
> **保険料納付要件**
> 障害基礎年金の場合と同じ
>
> **障害厚生年金額**
> ← A=報酬比例部分の計算式と同じ
> 1級　A×**1.25**倍+配偶者加給年金額
> 2級　A+配偶者加給年金額
> 3級　A
>
> **障害手当金**　A×**2**倍　←障害手当金は一時金で支給

「年金」とは、毎年支給される金額をいいます。
「一時金」とは、一時に支給される金額をいいます。

4 遺族給付

被保険者(年金加入者)または被保険者であった人(年金受給者)が死亡した場合の、遺族の生活保障として遺族給付があります。

遺族給付には、国民年金の**遺族基礎年金**と厚生年金の**遺族厚生年金**があります。

I 遺族基礎年金

国民年金に加入している被保険者等が亡くなった場合で、一定の要件を満たしているときは、遺族に遺族基礎年金が支給されます。

受給できる遺族の範囲、年金額(2021年度)は次のとおりです。

板書 遺族基礎年金(2021年度)

【受給できる遺族の範囲】

☆ 死亡した人に生計を維持されていた**子**または**子のある配偶者**
（従来は"妻"のみだったが "夫"も認められた!）

【子の要件】① 18歳到達年度の末日までの子（18歳になって最初の3月31日）
　　　　　　または
　　　　　　② 20歳未満で障害等級1級または2級に該当する子

【保険料納付要件】

【原則】
保険料納付済期間 + 保険料免除期間 が全被保険者期間の $\frac{2}{3}$ 以上

【特例】
原則の要件を満たさない人は、直近1年間に保険料の滞納がなければOK

```
遺族基礎年金額
```
780,900円＋子の加算額※
　　　　※　子の加算額…第1子、第2子は各224,700円
　　　　　　　　　　　　第3子以降は各74,900円

ひとこと
父子家庭（妻が死亡した場合）でも支給されます。

また、国民年金の第1号被保険者の独自給付として、**寡婦年金**（かふ）や**死亡一時金**を受け取ることができる制度があります。

寡婦年金と死亡一時金は、いずれか一方しか受け取れません。

板書 寡婦年金と死亡一時金

1 寡婦年金

老齢基礎年金の受給資格期間（10年以上）を満たしているにもかかわらず、夫（第1号被保険者）が年金を受け取らずに死亡した場合に、妻に支給される年金

　年金保険料を払うだけ払って（10年以上も支払って）、年金を受け取らずに亡くなってしまったというのではあんまりだ！
　…だから、このような場合には残された妻に寡婦年金が支給される！

ポイント

☆ 寡婦年金は夫が亡くなった場合に、妻に支給される年金
　　　→妻が亡くなった場合、夫には寡婦年金は支給されない！
☆ 寡婦年金を受け取れるのは、10年以上の婚姻期間があった妻
☆ 寡婦年金の受給期間は、妻が60歳から65歳に達するまで

2 死亡一時金

第1号被保険者として保険料を納付した期間が、合計**3年**以上ある人が年金を受け取らずに死亡し、遺族が遺族基礎年金を受け取ることができない場合に、遺族に支給される給付

> 子のない妻は死亡一時金を受け取ることができる。
> ただし、寡婦年金も受け取れる場合には、いずれか一方を選択しなければならない

Ⅱ 遺族厚生年金

第2号被保険者が亡くなった場合で、一定の要件を満たしているときは、遺族は遺族基礎年金に遺族厚生年金を上乗せして受け取ることができます。

受給できる遺族の範囲、年金額は次のとおりです。

板書 遺族厚生年金

【受給できる遺族の範囲】

☆ 死亡した人に生計を維持されていた
　①妻・夫・子※、②父母、③孫※、④祖父母の順

　　これらの人が受給権者の場合、55歳以上であることが要件。また、年金を受け取るのは60歳から
　※ 18歳到達年度末までの子、孫（または障害等級1、2級で20歳未満の子、孫）

【遺族厚生年金額】

老齢厚生年金の報酬比例部分の $\frac{3}{4}$ 相当額

なお、一定の遺族には**中高齢寡婦加算**や**経過的寡婦加算**があります。

板書 中高齢寡婦加算と経過的寡婦加算

1 中高齢寡婦加算

夫の死亡当時40歳以上65歳未満の子のない妻、または子があっても40歳以上65歳未満で遺族基礎年金を受け取ることができない妻に対して、遺族厚生年金に一定額が加算される

☆ 妻が65歳になると支給が打ち切られる！

← 妻が老齢基礎年金を受給できるため

2 経過的寡婦加算

中高齢寡婦加算の打切りにより、年金が減少する分を補うための制度

たとえば、会社員のAさんが死亡した場合は…
（死亡当時、妻は45歳、子は15歳）

妻45歳 48歳 65歳
子15歳 18歳

遺族厚生年金		
遺族基礎年金 子のある妻	中高齢寡婦加算	経過的寡婦加算 老齢基礎年金

子が18歳になると、遺族基礎年金が打ち切られる

妻が65歳になると、中高齢寡婦加算が打ち切られる

Ⅲ 遺族基礎年金と遺族厚生年金のまとめ

遺族基礎年金と遺族厚生年金の違いについてまとめると、次のようになります。

78

板書 遺族基礎年金と遺族厚生年金の違い

☆ 受給できる遺族の範囲が違う！
　→遺族基礎年金は子のない配偶者には支給されない

☆ 国民年金の第1号被保険者の独自給付として、
　寡婦年金と死亡一時金がある
　　　　　　　　　いずれか選択

☆ 遺族厚生年金には、中高齢寡婦加算がある
　　　　　　　　　　　　妻が65歳に達したら、
　　　　　　　　　　　　経過的寡婦加算に変わる

CHAPTER 01
SECTION 06 公的年金の給付 基本問題

次の各記述のうち、正しいものには○を、誤っているものには×をつけなさい。

問1 老齢基礎年金

(1) 老齢基礎年金は、受給資格期間が20年以上の人が60歳になったときに受け取ることができる。

(2) 学生納付特例期間は、老齢基礎年金の年金額の計算には反映されない。

(3) 老齢基礎年金の繰上げ受給を行った場合には、「繰り上げた月数×0.5％」が年金額から減額され、繰下げ受給を行った場合には、「繰り下げた月数×0.5％」が年金額に加算される。

(4) 第1号被保険者が任意で月額200円を国民年金保険料に上乗せして納付することによって、「付加年金の納付期間×200円」が老齢基礎年金の額に加算される。

問2 老齢厚生年金

(1) 加給年金は、一定の要件を満たした配偶者がある場合にのみ、支給される年金である。

(2) 60歳台前半の在職老齢年金は、給与等と年金月額の合計が28万円を超えない場合には、全額が支給される。

問3 障害給付、遺族給付

(1) 障害基礎年金には、保険料納付要件はない。

(2) 障害等級3級の人は障害厚生年金を受給することはできない。

(3) 遺族基礎年金および遺族厚生年金は、子のない妻には支給されない。

(4) 寡婦年金と死亡一時金はいずれか一方しか受給することができない。

解答

問1

(1) ✗ 老齢基礎年金は、受給資格期間が**10年**以上の人が**65歳**になったときに受け取ることができる。

(2) ○

(3) ✗ 繰下げ受給を行った場合には、「繰り下げた月数×0.7%」が年金額に加算される（繰上げ受給の記述は正しい）。

(4) ✗ 付加年金の保険料支払額は月額**400円**である。

問2

(1) ✗ 加給年金は、一定の要件を満たした配偶者または18歳未満の子がある場合に支給される年金である。

(2) ○

問3

(1) ✗ 障害基礎年金には、保険料納付要件がある。

(2) ✗ 障害等級3級の人は、障害基礎年金は受給できないが、障害厚生年金は受給できる。

(3) ✗ 遺族厚生年金は子のない妻にも支給される。

(4) ○

SECTION 07 企業年金等

CHAPTER 01 ライフプランニングと資金計画

このSECTIONで学習すること

1 企業年金
・確定給付型
・確定拠出型

年金の受給額が「確定」か、保険料の支払額が「確定」かの違い

2 確定拠出年金のポイント
・確定拠出年金のポイント

個人型（iDeCo）をおさえておこう！

3 自営業者等のための年金制度
・付加年金
・国民年金基金
・小規模企業共済

付加年金と国民年金基金の両方に加入することはできない

1 企業年金

　企業年金は、公的年金を補完することを目的として、企業が任意に設けている年金制度です。
　企業年金のタイプには、**確定給付型** と **確定拠出型** があります。

Ⅰ 確定給付型

　確定給付型 とは、将来支払われる年金の額があらかじめ決まっているタイプの年金制度をいいます。
　確定給付型には、**厚生年金基金** や **確定給付企業年金** があります。

Ⅱ 確定拠出型

　確定拠出型 とは、一定の掛金を加入者が拠出・運用し、その運用結果によって、将来の年金額が決まるタイプの年金制度をいいます。
　確定拠出型には **確定拠出年金（企業型、個人型）** があります。

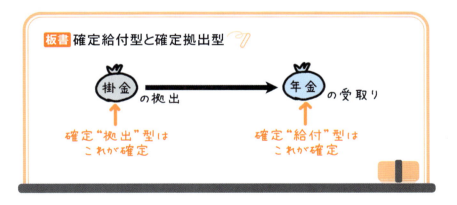

板書 確定給付型と確定拠出型

掛金の拠出 → 年金の受取り

確定"拠出"型はこれが確定　　確定"給付"型はこれが確定

ひとこと
確定拠出年金は一般に「DC（Defined Contribution Plan）」といいます。

2　確定拠出年金のポイント

確定拠出年金のポイントは次のとおりです。

板書 確定拠出年金のポイント

		企業型	個人型（iDeCo）
加入対象者		**60**歳未満（規約で65歳まで延長可）の第2号被保険者	**60**歳未満の者 ❶ 自営業者等 ❷ 厚生年金保険の被保険者 ❸ 専業主婦等
		確定拠出年金導入企業の従業員	
掛金の拠出限度度※		■確定給付型の年金を実施していない場合■ →**660,000**円／年 （**55,000**円／月） 規約において個人型年金への加入を認める場合は**420,000**円／年（**35,000**円／月） ■確定給付型の年金を実施している場合■ →**330,000**円／年 （**27,500**円／月） 規約において個人型年金への加入を認める場合は**186,000**円／年（**15,500**円／月）	❶ 自営業者等 →**816,000**円／年 （**68,000**円／月） 付加保険料や国民年金基金の掛金との合算額 ❷ 厚生年金の被保険者のうち、 ■企業型DCも確定給付型の年金も実施していない場合■ →**276,000**円／年 （**23,000**円／月） ■企業型DCを実施している場合■ →**240,000**円／年 （**20,000**円／月） ■確定給付型の年金を実施している場合■ →**144,000**円／年 （**12,000**円／月） ■公務員等■ →**144,000**円／年 （**12,000**円／月） ❸ 専業主婦等 →**276,000**円／年 （**23,000**円／月）

※ 掛金は「月払い」のほか、「年払い」や「半年払い」などまとめて拠出することもできる

ポイント

☆ 個人で運用・管理するため、転職や退職のさいに年金資産（すでに拠出し、運用している資産）を**移換**することができる

→「ポータビリティ」という

☆ 年金資産の運用商品は加入者が選択する。また、運用リスクも加入者が負担する

☆ 通算の加入期間が**10**年以上ある人は、**60**歳以降老齢給付を受給できる。ただし、**70**歳までに受給を開始しなければならない

☆ 加入者が支払った掛金は全額、**小規模企業共済等掛金控除**の対象となる

3 自営業者等のための年金制度

自営業者等のための年金制度には、**付加年金**、**国民年金基金**、**小規模企業共済**があります。

板書 自営業者等のための年金制度

1 付加年金　　Review SEC06 1 V

…第1号被保険者（自営業者等）が国民年金に上乗せして受給するための年金制度

☆ 毎月の国民年金保険料に月額**400**円を加算して支払うことによって、将来、国民年金（老齢基礎年金）に**付加年金**を加算した金額を受け取ることができる

付加年金の額（年額）＝ 付加年金保険料を支払った月数 × **200**円

2 国民年金基金

…第1号被保険者（自営業者等）が国民年金に上乗せして受給するための年金制度

☆ 掛金の拠出限度額は、確定拠出年金の掛金と合算して月額 **68,000**円
☆ 付加年金と国民年金基金の両方に加入することはできない
☆ 2019年4月1日以降、47都道府県の地域型基金と22の職能型基金が合併し、**全国国民年金基金**となった

合併により、都道府県を越えた住所移転や職業変更で必要だった脱退・加入手続等が住所変更届だけで済むなど、手続きが簡素化された

3 小規模企業共済

…従業員が20人以下（サービス業等は5人以下）の個人事業主や会社の役員のための退職金制度

☆ 掛金は月額1,000〜**70,000**円
☆ 掛金の全額が**小規模企業共済等掛金**控除の対象となる

ひとこと
いずれも、将来支給される年金額は掛金に応じて決まっています。

CHAPTER 01
SECTION 07 企業年金等 基本問題

次の各記述のうち、正しいものには○を、誤っているものには×をつけなさい。

問 企業年金、確定拠出年金

(1) 将来支払われる年金の額があらかじめ決まっているタイプの年金制度を確定拠出型という。

(2) 自営業者が確定拠出年金(個人型)に加入した場合の拠出限度額は、国民年金保険料と合算して月額68,000円である。

(3) 確定拠出年金においては、運用リスクは加入者が負担する。

解答

(1) ✗ 将来支払われる年金の額があらかじめ決まっているタイプの年金制度は確定給付型という。

(2) ✗ 「国民年金保険料と合算して」ではなく、「国民年金基金の掛金または国民年金の付加保険料と合算して」である。

(3) ○

SECTION 08 年金と税金

このSECTIONで学習すること

1 公的年金等にかかる税金
・年金保険料を支払ったとき→社会保険料控除の対象
・年金を受け取ったとき→雑所得として課税

障害給付や遺族給付は非課税！

1 公的年金等にかかる税金　→参照 CH04 タックスプランニング

　国民年金、厚生年金、国民年金基金などの公的年金等について、保険料を支払ったときと、年金給付を受けたときの税務上の取扱いは次のとおりです。

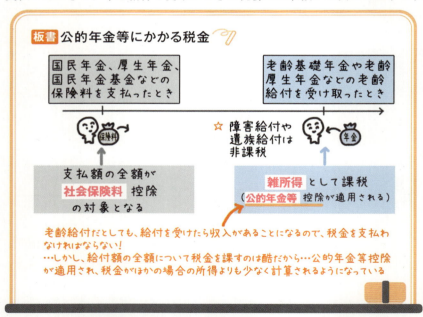

CHAPTER 01
SECTION 08 年金と税金 基本問題

次の各記述のうち、正しいものには○を、誤っているものには×をつけなさい。

問 公的年金にかかる税金

(1) 当年に支払った国民年金保険料は全額が社会保険料控除の対象となるが、国民年金基金の掛金支払額は社会保険料控除の対象とならない。

(2) 老齢基礎年金および老齢厚生年金の受取額については、所得税は課税されない。

解答
(1) ×　国民年金基金の掛金支払額も、全額が社会保険料控除の対象となる。
(2) ×　老齢基礎年金および老齢厚生年金の受取額は、雑所得として課税される。

SECTION 09 カード

CHAPTER 01 ライフプランニングと資金計画

このSECTIONで学習すること

1 クレジットカード
・クレジットカードの支払方法→一括払い、分割払い、リボルビング払い
・カードローン、キャッシング

> クレジットカードの一括払いは手数料がかからない！

1 クレジットカード

I クレジットカード

クレジットカードは、利用者の信用にもとづいて、代金後払いで商品を購入したり、サービスを受けることができるものです。

クレジットカードの支払方法には、次のようなものがあります。

クレジットカードの支払方法

一括払い	1カ月分の利用額を一括して支払う方法 **ポイント** ☆ 手数料がかからない ☆ ボーナス時に一括して支払う**ボーナス一括払い**という方法もある
分割払い	代金を何回かに分けて支払う方法 **ポイント** ☆ 手数料がかかる
リボルビング払い	一定の利用限度額を設定し、毎月一定額を支払う方法 **ポイント** ☆ 手数料がかかる

Ⅱ カードローン、キャッシング

　総量規制により、貸金業者からの借入れは、合計で年収の**3**分の**1**以内となっています。ただし、住宅ローンや自動車ローンの残高は対象外となります。

CHAPTER 01
SECTION 09 カード 基本問題

次の各記述のうち、正しいものには○を、誤っているものには×をつけなさい。

問 クレジットカード

(1) クレジットカードの支払方法のうち、一括払いは手数料がかからない。

(2) クレジットカードを使用したキャッシング(無担保借入)は、総量規制の対象となり、合計で年収の3分の2以内となっている。

解答

(1) ○

(2) ×　「3分の2以内」ではなく、「**3分の1以内**」である。

CHAPTER 02

リスクマネジメント

SECTION 01 保険の基本

CHAPTER 02 リスクマネジメント

このSECTIONで学習すること

1 リスクと保険
・私的保険━生命保険（第一分野）
　　　　　　損害保険（第二分野）
　　　　　　第三分野の保険
・保険法と保険業法

> 生命保険でも損害保険でもない保険が第三分野の保険です

2 保険の原則
・大数の法則
・収支相等の原則

> それぞれの内容を確認しておこう！

3 契約者等の保護
・保険契約者保護機構
・クーリングオフ制度
・ソルベンシー・マージン比率

> ソルベンシー・マージン比率の目安は200％！

1 リスクと保険

Ⅰ リスクマネジメントとは

日常生活には、事故や病気などのリスクがつきものです。**リスクマネジメント**とは、これらのリスクが生じたときに、そのダメージを回避・軽減するよう対策を立てることをいいます。

Ⅱ リスクと保険

日常生活におけるリスクには、次のようなものがあります。

日常生活におけるリスク		
人に関するリスク	物に関するリスク	損害賠償に関するリスク
・死亡リスク ・長生きによるリスク ・病気やケガに関するリスク	・住まいのリスク ・自動車のリスク ・動産(現金、商品など)のリスク	・他人の物に対するリスク ・他人のケガや死亡に対するリスク

これらのリスクに備える役割を果たすのが保険です。

Ⅲ 公的保険と私的保険

保険には、国や地方公共団体が運営している **公的保険**（CHAPTER01で学習）と、今回学ぶ民間の保険会社が運営している **私的保険** があります。

私的保険は大きく、**生命保険** と **損害保険** に分かれます。なお、どちらにも属さない保険を **第三分野の保険** といいます。

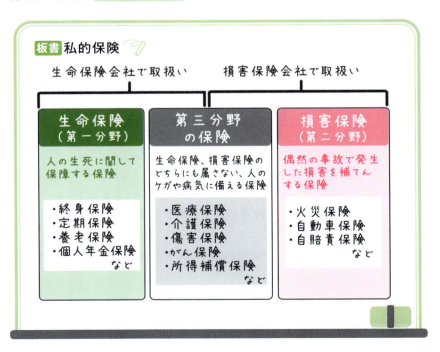

Ⅳ 保険法と保険業法

1 保険法

保険法は、保険契約に関するルールを定めた法律です。

保険法の主な内容は次のとおりです。

板書 **保険法の主な内容** 🖊

☆ **保険契約だけでなく、共済契約についても適用される**
→ 共済組合(JA共済、こくみん共済coop、CO・OP共済)についても適用される

第一分野　　　　　第二分野　　　　　　　第三分野
☆ **生命保険契約、損害保険契約のほか、傷害疾病保険契約に関する規定が設けられた**

人の死に関して保障する保険
・終身保険
・個人年金保険など

偶然の事故で発生した損害をてん補する保険
・火災保険
・自動車保険など

生命保険、損害保険のどちらにも属さない、人のケガや病気に備える保険
◆ 傷害疾病定額保険契約
・医療保険
・がん保険 など
◆ 傷害疾病損害保険契約
・所得補償保険 など

☆ **保険契約者の保護のため、以下の規定が設けられている**

① 契約締結時の告知に関する規定
② 保険金の支払時期に関する規定 など

☆ **保険契約の終了(解除)に関する規定が定められている**

☆ **原則として契約者に不利な内容は無効とする**

☆ **時効(保険給付請求権は3年、保険料請求権は1年)を定めている**

☆ **被保険者と保険契約者が異なる場合には、原則として被保険者の同意が必要**

2 保険業法

保険業法は、保険会社の健全かつ適切な運営、公正な保険募集の確保により、保険契約者等の保護を図ることを目的とした法律です。

保険業法は、保険会社や保険募集人など、保険業を行う者に対する規制を定めていますが、**共済**は適用除外とされています。

板書 保険業法の主な内容 📝

☆ **共済**（制度共済）は**適用除外** → ほかの法律に規定があるから

☆ 保険業を行う者は、**内閣総理大臣**の**登録**を受ける必要がある

☆ 保険契約の締結・保険募集に関して、保険契約者等に対し、**以下の行為**を行うことを禁止している

　① 保険契約者等に対して、虚偽のことを告げ、または保険契約のうち、重要事項を告げない行為

　② 保険契約者等に対して、不利益となる事実をいわずに、既存の保険契約を消滅させて、新たな保険契約の申込みをさせる等の行為

　③ 保険契約者等に対して、保険料の割引など、特別な利益の提供をする行為

　④ 保険契約者等に対して、資産運用の結果によって配当等の金額が変わる保険について、利益が生じることが確実であると誤解させるおそれのあることを告げる行為（断定的判断の提供の禁止） など

☆ 保険会社等は、顧客の意向を把握し、これに沿った保険商品を販売しなければならない（意向把握義務）

☆ 保険募集のさい、顧客が保険に加入するかどうかを判断するのに必要な情報の提供をしなければならない（情報提供義務）

2 保険の原則

保険制度は、大数の法則 と 収支相等の原則 の２つの原則を基盤として成り立っています。

Ⅰ 大数の法則

大数の法則 とは、少数では何の法則も見出せないことでも、大数でみると一定の法則があることをいいます。

> ひとこと
>
> たとえばサイコロを１回振って、たまたま「６」が出たのは偶然にすぎませんが、1,000回、１万回と振れば「１」から「６」まで、ほぼ均等に出ます。このように大数でみると一定の法則があることを 大数の法則 といいます。

Ⅱ 収支相等の原則

保険料は、保険契約者全体でみると、保険契約者が払い込む保険料(および運用収益)が、保険会社が支払う保険金(および経費)と等しくなるように算定されます。これを 収支相等の原則 といいます。

> ひとこと
>
> 保険会社の収入(保険料総額＋運用収益) ＝ 保険会社の支出(保険金総額＋経費)
> となるように保険料が算定されていて、この原則を 収支相等の原則 といいます。

3 契約者等の保護

Ⅰ 保険契約者保護機構

保険契約者保護機構 は、保険会社が破綻した場合に契約者を保護するために設立された法人です。

国内で営業する生命保険会社・損害保険会社は、それぞれ生命保険契約者保護機構・損害保険契約者保護機構への加入が義務づけられていますが、**少**

額短期保険業者や共済は加入対象外です。

> **板書 保険契約者保護機構の保護内容**
>
> **生命保険契約者保護機構**
> 破綻時点の責任準備金の **90%** まで補償
> ← 保険会社が将来、支払う保険金等のために積み立てておく金額
>
> **損害保険契約者保護機構**
> 保険金の **80%** から **100%** を補償（保険の種類によって異なる）
> ← 自賠責保険、地震保険
>
> **ポイント**
> ☆ **少額短期保険業者**や共済は加入対象外
> ← 保険金額が少額、保険期間が1年（損害保険では2年）以内の商品のみ取り扱うことができる。1人の被保険者から引き受ける保険金額の総額は、原則 **1,000万円** 以内
>
> ☆ 銀行の窓口で加入した保険も補償の対象となる

ひとこと

❶保険法の適用、❷保険業法の適用、❸保険契約者保護機構の加入義務の有無についてまとめると、次のようになります。

	❶保険法の適用	❷保険業法の適用	❸保険契約者保護機構の加入義務
保険会社等	●	●	●
少額短期保険業者	●	●	×
共済	●	×	×

●…適用または義務あり　×…適用または義務なし

Ⅱ クーリングオフ制度

クーリングオフ制度とは、一度契約をしたあとでも一定の要件を満たせば消費者側から契約を取り消すことができる制度をいいます。

99

> **板書** クーリングオフ制度(保険契約の場合)
>
> 手続き
>
> 契約の申込日 または クーリングオフについて記載された書面を受け取った日 のいずれか
>
> 遅い日から8日以内に、申込みの撤回または解除を書面で行う
>
> クーリングオフができない場合
> ☆ 保険会社の営業所に出向いて契約をした場合
> ☆ 保険期間が1年以内の保険の場合
> ☆ 契約にあたって医師の診査を受けた場合 など

Ⅲ ソルベンシー・マージン比率

ソルベンシー・マージン比率は、通常予測できないリスクが発生した場合に、保険会社が対応できるかどうか(支払い能力があるかどうか)を判断する指標です。

ソルベンシー・マージン比率は、数値が高いほど安全性が高く、**200**％以上が健全性の目安となります。また、**200**％を下回ると、金融庁から早期是正措置が発動されます。

> **ひとこと**
> 早期是正措置とは、経営の健全性を回復するための措置をいいます。

CHAPTER 02
SECTION 01 保険の基本 基本問題

次の各記述のうち、正しいものには○を、誤っているものには×をつけなさい。

問1 保険の原則
(1) 大数の法則とは、保険契約者が払い込む保険料および運用収益の合計が、保険会社が支払う保険金および経費の合計と等しくなるように保険料が算定されることをいう。
(2) 保険制度は大数の法則と収支相等の原則の2つの原則を基盤として成り立っている。

問2 契約者等の保護
(1) 保険会社が破綻した場合に契約者を保護するための法人である保険契約者保護機構には、生命保険契約者保護機構と損害保険契約者保護機構がある。
(2) 少額短期保険業者も保険契約者保護機構に加入しなければならない。
(3) 保険契約におけるクーリングオフは、契約の申込日から8日以内に書面で行う。
(4) ソルベンシー・マージン比率の目安は200％以上である。

解答

問1

(1) ✕　問題文は収支相等の原則の説明である。大数の法則とは、少数では何の法則も見出せないことでも、大数でみると一定の法則があることをいう。

(2) 〇

問2

(1) 〇

(2) ✕　少額短期保険業者は保険契約者保護機構の加入対象となっていない。

(3) ✕　契約の申込日またはクーリングオフについて記載された書面を受け取った日のいずれか遅い日から8日以内に書面で行う。

(4) 〇

CHAPTER 02
リスクマネジメント

SECTION 02 生命保険

このSECTIONで学習すること

1 生命保険のしくみ
・生命保険の基本用語
・生命保険の種類

ここは軽くみておこう

2 保険料のしくみ
・保険料算定の基礎
・保険料の構成

3つの比率に注目！

3 配当金のしくみ
・剰余金が発生する原因
・配当金の支払いがある保険とない保険

ここはざっと目を通す程度でOK

4 契約の手続き ～ポイント～
・告知義務
・責任開始日

責任開始日はしっかり内容を確認！

5 保険料の払込み
・猶予期間
・契約の失効と復活

保険料の支払いがなくても、すぐに失効とはならない！

6 必要保障額の計算
・概要

生命保険等でカバーする必要がある金額は…？

7 主な生命保険 ～基本的なもの～
・定期保険
・終身保険
・養老保険

定期保険はよく出題される！

8 主な生命保険～その他～
・定期保険特約付終身保険
・アカウント型保険
・団体保険
・こども保険
・変額保険

特定疾病保障保険の内容を確認しておこう

103

9　個人年金保険と変額個人年金保険

・個人年金保険
・変額個人年金保険

> 個人年金保険の
> イメージ図を
> おさえておこう！

10　主な特約

・特定疾病保障保険特約
・リビングニーズ特約
など

> 「リビングニーズ」
> ときたら、
> 「余命6カ月以内」

11　契約を継続させるための制度、方法

・自動振替貸付制度と契約者貸付制度
・払済保険と延長保険

> 払済保険→保険
> 金が少なくなる
> 延長保険→保険期間
> が短くなる

12　契約の見直し

・契約転換制度

> 契約転換制度は
> 保険の下取りの
> ようなもの！

13　生命保険と税金

・生命保険料控除
・死亡保険金と税金
・満期保険金と税金
・非課税となる保険金や給付金

> 契約者、被保険
> 者、受取人が誰か
> によって、かかる
> 税金が違う！

14　法人契約の保険

・事業必要資金の準備
・法人が支払った生命保険料の経理処理
・法人が受け取った保険金等の経理処理

> 「金財」の「保
> 険顧客資産相談業
> 務」を受ける人だけ
> 読んでおいて！

1　生命保険のしくみ

Ⅰ　生命保険の基本用語

はじめに、生命保険の基本用語をおさえておきましょう。

板書 生命保険の基本用語

契 約 者	保険会社と契約を結ぶ人（契約上の権利と義務がある人）
被 保 険 者	保険の対象となっている人
受 取 人	保険金等の支払いを受ける人
保 険 料	契約者が保険会社に払い込むお金
保 険 金	被保険者が死亡、高度障害のときまたは満期まで生存した場合に、保険会社から受取人に支払われるお金
給 付 金	被保険者が入院や手術をしたさいに保険会社から支払われるお金
解約返戻金	保険契約を途中で解約した場合に、契約者に払い戻されるお金
主 契 約	生命保険の基本となる部分
特 約	主契約に付加して契約するもの（単独では契約できない）

Ⅱ 生命保険の種類

生命保険には、**死亡保険**、**生存保険**、**生死混合保険** の3種類があります。

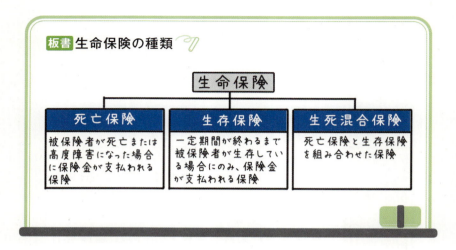

2 保険料のしくみ

Ⅰ 保険料算定の基礎

保険料は、次の3つの 予定基礎率 にもとづいて算定されます。

> **板書 保険料算定の基礎**
>
> **1 予定死亡率**
>
> 統計にもとづいて、性別・年齢ごとに算出した死亡率
> ☆ 予定死亡率が低ければ（死亡する人が少なければ）、
> 　保険料は下がる↓
>
> **2 予定利率**
>
> 保険会社があらかじめ見込んでいる運用利回り
> ☆ 予定利率が上がれば（運用がうまくいって収益が上がれば）、
> 　保険料は下がる↓

3 予定事業費率

保険会社が事業を運営するうえで必要な費用

☆ 予定事業費率が低ければ（事業経費があまりかからなければ）、保険料は下がる↓

II 保険料の構成

保険料は、**純保険料** と **付加保険料** で構成されています。また、純保険料は **死亡保険料** と **生存保険料** に分かれます。

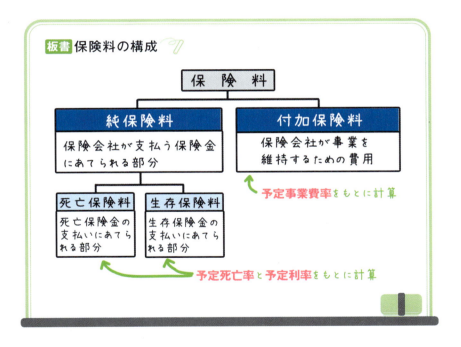

3 配当金のしくみ

Ⅰ 剰余金と配当金

　3つの予定基礎率をもとに算出された保険料と、実際にかかった費用では差額が生じます。予定基礎率は余裕をもたせた値で設定しているため、通常、保険料(保険会社が受け取った金額)のほうが、実際にかかった費用よりも多くなります。この場合の差益を **剰余金** といいます。
　剰余金が発生する原因には、次の3つがあります。

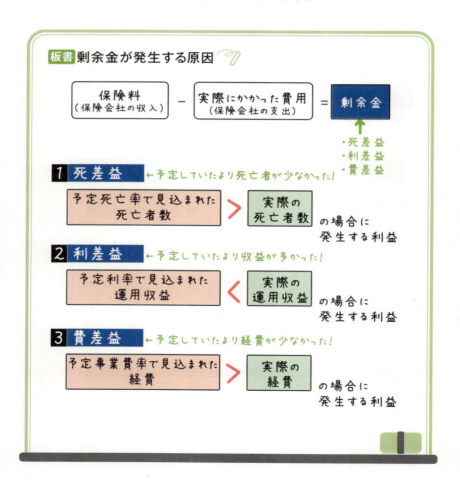

保険会社は剰余金を財源として、契約者に配当金を支払います。

II 配当金の支払いがある保険とない保険

配当金の支払いのある保険を **有配当保険** といい、配当金の支払いのない保険を **無配当保険** といいます。また、有配当保険のうち、利差益のみを配当金として支払う保険を **準有配当保険（利差配当付保険）** といいます。

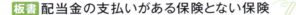

板書 配当金の支払いがある保険とない保険

1 有配当保険（3利源配当型）
死差益、利差益、費差益の3つから配当金が支払われる保険

2 準有配当保険（利差配当付保険）
利差益のみから配当金が支払われる保険

3 無配当保険
配当金が支払われない保険

一般的に、配当金の支払いがある保険のほうが、配当金の支払いがない保険よりも、保険料が**高く**なる！

4 契約の手続き～ポイント～

I 告知義務

保険契約を申し込むとき、契約者または被保険者は、保険会社が申込みを承諾するかどうかを判断するための材料となる重要事項（健康状態や過去の病歴など）について、保険会社が定めた質問に答えなければなりません。これを **告知義務** といいます。

告知義務違反があった場合には、保険会社は契約を解除することができま

す。この解除権は、保険法の規定によると、❶保険会社が解除の原因があることを知った時から**1**カ月間行使しないとき、または❷保険契約の締結の時から**5**年を経過したときに消滅します。

> **ひとこと**
> また、生命保険募集人が告知義務違反を勧めた場合や保険会社が契約締結時に告知義務違反を知っていた場合等にも、保険会社は保険契約を解除できません。

Ⅱ 契約の責任開始日

 責任開始日 とは、保険会社が契約上の責任（保険金等の支払い）を開始する日をいいます。

> **ひとこと**
> 要するに、契約した保険の保障が始まる日のことです。

保険契約の責任開始日は、（保険会社の承諾を前提として）①**申込み**、②**告知**、③**第1回の保険料払込み**がすべてそろった日となります。

5 保険料の払込み

Ⅰ 保険料の払込方法

保険料の払込方法には、一時払い、年払い、半年払い、月払いなどがあります。

Ⅱ 保険料を支払わなかった場合の猶予期間

保険料を支払わなかった場合、すぐに契約が失効するわけではなく、一定の猶予期間が設けられています。

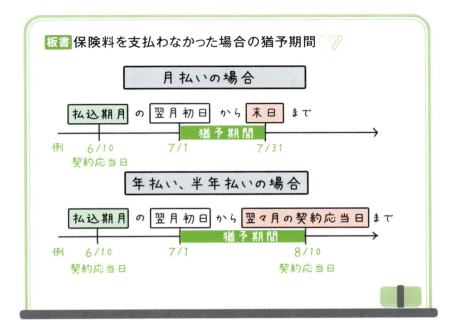

III 契約の失効と復活

1 失効
猶予期間を過ぎても保険料を支払わなかった場合、保険契約は効力を失います。これを **失効** といいます。

2 復活
いったん失効した契約でも、一定期間内に所定の手続きを行うことにより、契約を元の状態に戻すことができます。これを **復活** といいます。

復活の場合、未払いの保険料（復活時の保険料は **失効前** の保険料率が適用されます）を支払う必要があります。また、健康状態によっては復活できないこともあります。

6　必要保障額の計算

必要保障額とは、世帯主が死亡した場合に、遺族保障のために必要な金額のことで、死亡後の支出総額から総収入を差し引いて求めます。

板書　必要保障額の計算

※　割合は仮定

支出総額	末子独立までの遺族生活費 現在の生活費の70%※	末子独立後の配偶者生活費 現在の生活費の50%※	その他必要資金 ・葬儀費用 ・子供の教育費 ・住居費 ・緊急予備費　など

総収入	社会保障、企業保障 ・遺族年金 ・死亡退職金　など	保有金融資産 ・預貯金 ・株式　など	必要保障額

生命保険等でカバーする必要がある金額。
この金額をもとに保険の内容を検討する！

たとえば、次の条件において、Aさんが死亡した場合の必要保障額は…

［条件］
① 現在の毎月の生活費は20万円であり、Aさん死亡後の妻Bさんの生活費は現在の生活費の50%とする。
② Aさん死亡時の妻Bさんの余命は35年とする。
③ Aさんの葬儀費用等は200万円とする。
④ 緊急予備資金は100万円とする。
⑤ Aさん死亡時の住宅ローンの残高は500万円とする。ただし、<u>団体信用生命保険</u>に加入している。
　　↳住宅ローンの債務者が住宅ローンの返済途中で死亡した場合、生命保険会社が残りの住宅ローンを（保険金として）支払うという契約の保険
⑥ 死亡退職金と保有金融資産の合計は1,000万円とする。
⑦ 妻Bさんが受け取る公的年金等は2,000万円とする。

■**支出総額**■
生活費:20万円×50%×12カ月×35年＝4,200万円
　　　　　　　　　　　　　　　　余命

葬儀費用等:200万円
緊急予備資金:100万円
住居費:0円 ← 住宅ローンは、団体信用生命保険の死亡保険金で
　　　　　　　弁済されるから…

支出総額:4,200万円＋200万円＋100万円＋0円＝4,500万円

■**総収入**■
死亡退職金と保有金融資産の合計:1,000万円
妻Bさんが受け取る公的年金等:2,000万円
総収入:1,000万円＋2,000万円＝3,000万円

■**必要保障額**■
4,500万円－3,000万円＝1,500万円

7 主な生命保険～基本的なもの～

　基本的な生命保険のタイプには、**定期保険**、**終身保険**、**養老保険** があります。

Ⅰ 定期保険

　定期保険 は、一定の期間内に死亡または高度障害状態となった場合に、保険金が支払われるというタイプの保険です。

　保険料は**掛捨て**で、満期保険金はないため、ほかのタイプに比べて保険料が**安く**なっています。

　定期保険には、**平準定期保険**、**逓減定期保険**、**逓増定期保険**、**収入保障保険** があります。

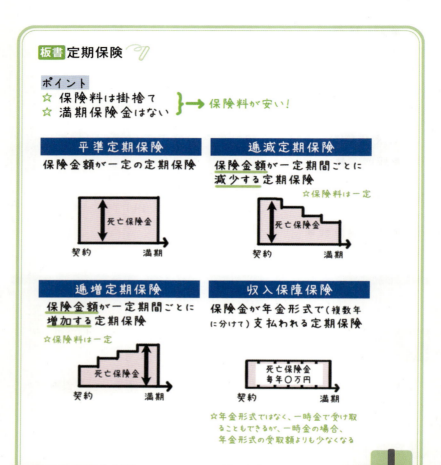

II 終身保険

終身保険は、保障が一生涯続くタイプの保険です。

満期保険金はありませんが、解約時の解約返戻金が多く、貯蓄性の高い商品です。

ただし、一時払終身保険の場合、早期に解約すると解約返戻金が払込保険料を下回るため、注意が必要です。

Ⅲ 養老保険

養老保険は、一定の期間内に死亡した場合には**死亡保険金**を受け取ることができ、満期時に生存していた場合には**満期保険金**(死亡保険金と同額)を受け取ることができるタイプの保険(生死混合保険)です。

8 主な生命保険～その他～

定期保険、終身保険、養老保険以外の生命保険のタイプには、以下のようなものがあります。

Ⅰ 定期保険特約付終身保険

定期保険特約付終身保険は、終身保険を主契約とし、これに定期保険特約を付けることによって、一定期間の死亡保障を厚くした保険です。

定期保険の期間を、終身保険(主契約)の保険料支払期間と同じ期間で設定した**全期型**と、定期保険の期間を、終身保険(主契約)の保険料支払期間よりも短く設定した**更新型**の2つのタイプがあります。

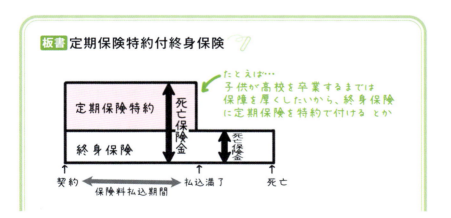

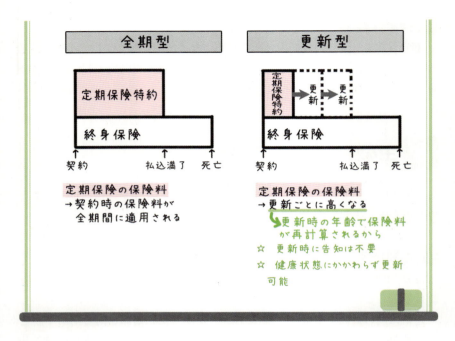

Ⅱ 利率変動型積立終身保険（アカウント型保険）

アカウント型保険は、支払った保険料を積立部分と保障部分に、一定の範囲内で自由に設定できる保険です。

ひとこと

アカウントとは口座のことです。保険に、銀行口座と同じ役割を果たす積立部分がくっついているので、アカウント型保険といいます。

保険料払込期間が満了したあとは、積立金を終身保険や年金に移行することができます。

Ⅲ 団体保険

団体保険は、団体（企業や組合など）が契約するタイプの保険です。集団で加入するため、保険料は割安となります。

1 総合福祉団体定期保険

総合福祉団体定期保険とは、従業員等の遺族保障を目的とした、法人を保険契約者、役員・従業員を被保険者とする保険期間1年の定期保険をいいます。

保険金の受取人は、被保険者(役員・従業員)の遺族または法人となりますが、法人の場合には、被保険者の承諾が必要です。

2 ヒューマンヴァリュー特約

役員・従業員が死亡等した場合、法人は、その役員・従業員が生み出していた利益を喪失してしまいます。また、他の従業員等を雇用する費用が必要となります。そのような事態に備えて、**ヒューマンヴァリュー特約**(役員・従業員が死亡等した場合に、法人に死亡保険金等が支払われる特約)があります。

IV こども保険(学資保険)   🎧 Review CH01.SEC03 1 1

こども保険(学資保険)は、子供の進学に合わせた祝い金や、満期に満期保険金を受け取ることができる保険です。

原則として、親が契約者、子供が被保険者となります。

親が死亡した場合は、それ以降の保険料は免除され、進学祝い金や満期保険金は当初の契約どおり支払われる点が、この保険の特徴です。

V 変額保険

1 変額保険とは

変額保険とは、保険会社が株式や債券等を運用し、その運用成果に応じて保険金や解約返戻金の額が変動する保険をいいます。

変額保険の資産は、定額保険(保険金や解約返戻金が一定の保険)の資産(**一般勘定**)とは別の口座(**特別**勘定)で運用されます。

2 変額保険の種類

変額保険には、一生涯保障が続く**終身**型と、保険期間が一定の**有期**型があります。

いずれも、死亡保険金と高度障害保険金には最低保証(**基本保険金**といいます)がありますが、解約返戻金や満期保険金には、最低保証はありません。

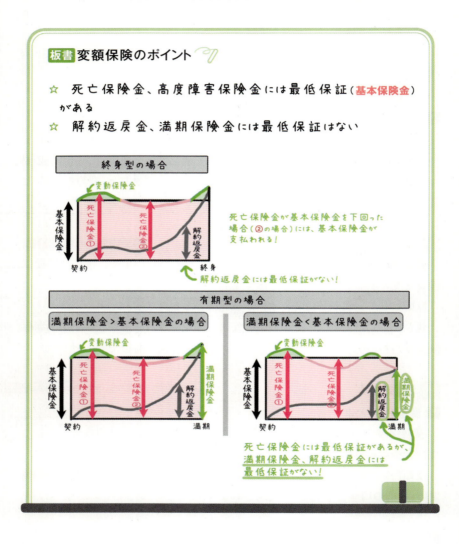

9 個人年金保険と変額個人年金保険

I 個人年金保険

個人年金保険は、契約時に決めた一定の年齢に達すると年金を受け取ることができるという保険で、年金の受取り方によって次のように分類されます。

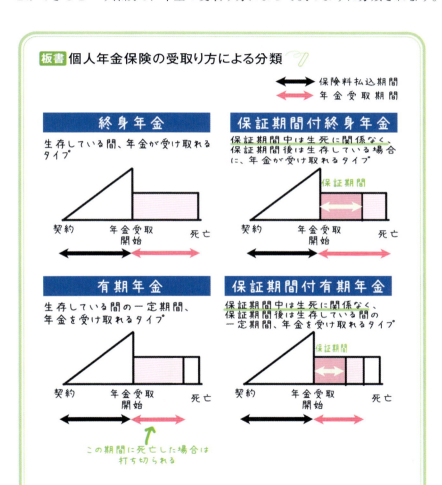

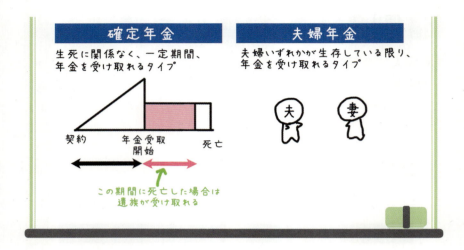

Ⅱ 変額個人年金保険

変額個人年金保険とは、保険会社が株式や債券等を運用し、その運用成果に応じて年金や解約返戻金の額が変動する保険をいいます。

年金支払開始前に死亡した場合に受け取る死亡給付金には、一般的に最低保証がありますが、解約返戻金には最低保証がありません。

> **ひとこと**
> 最低保証の内容等は変額保険（ 8 Ⅴ 参照）と同様です。

10 主な特約

病気やケガをしたときの保障として、生命保険に特約を付加することができます。

なお、特約は単独で契約することはできず、主契約に付加して契約します。したがって、主契約を解約すると、特約も解約されることになります。

生命保険の主な特約には、次のようなものがあります。

主な特約

傷害・死亡	災害割増特約	不慮の事故が原因で、180日以内に死亡または高度障害になったとき等に、保険金が支払われる
	傷害特約	不慮の事故が原因で、180日以内に死亡または所定の身体障害状態になったとき等に、保険金または給付金が支払われる
入院 通院	災害入院特約	災害や事故によるケガで180日以内に入院したとき、給付金が支払われる
	疾病入院特約	病気で入院したとき、給付金が支払われる
	通院特約	病気やケガで入院し、退院後も治療のために通院をした場合に給付金が支払われる
その他	特定疾病保障保険特約 (三大疾病保障保険特約)	**がん、急性心筋梗塞、脳卒中**(三大疾病)の診断があり、所定の状態になった場合に、生存中に死亡保険金と同額の保険金(特定疾病保険金)が支払われる ☆ 特定疾病保険金を受け取った時点で契約が終了し、その後死亡しても死亡保険金は支払われない ☆ 特定疾病保険金を受け取らずに死亡した場合には、死亡原因にかかわらず死亡保険金が支払われる
	リビングニーズ特約	被保険者が余命**6**カ月以内と診断された場合、生前に死亡保険金が(前倒しで)支払われる ☆ 特約保険料は不要
	先進医療特約	療養時において、公的医療保険の対象となっていない先進的な医療技術のうち、厚生労働大臣が定める施設で、厚生労働大臣の定める先進医療を受けたとき、給付金が支払われる

11 契約を継続させるための制度、方法

保険料の払込みが困難となった場合でも、契約を継続させるために、いくつかの方法があります。

I 自動振替貸付制度と契約者貸付制度

解約返戻金がある保険契約で、保険料の支払いが困難になった場合、**自動振替貸付制度**や**契約者貸付制度**があります。

自動振替貸付制度と契約者貸付制度

◆ **自動振替貸付制度**…保険料の払込みがなかった場合に、保険会社が解約返戻金を限度として、自動的に保険料を立て替えてくれる制度

◆ **契約者貸付制度**…解約返戻金のうち一定範囲内で、保険会社から資金の貸付けを受けられる制度

II 払済保険と延長保険

保険料の払込みが全くできなくなった場合には、以後の保険料の支払いを中止して契約を継続する制度（**払済保険**や**延長保険**）があります。

払済保険や延長保険は、保険の見直しのさいにも利用されます。

1 払済保険

払済保険とは、保険料の払込みを中止して、その時点の解約返戻金をもとに、一時払いで元の契約と同じ種類の保険（または養老保険等）に変更することをいいます。

この場合、**保険期間**は元の契約と同じですが、保険金額は元の契約よりも**少なく**なります。また、**特約**部分は消滅します。

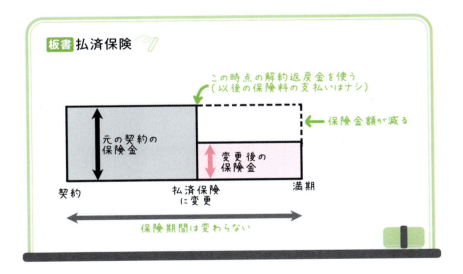

2 延長保険

延長保険とは、保険料の払込みを中止して、その時点の解約返戻金をもとに、元の契約の**保険金額**を変えないで、一時払いの定期保険に変更することをいいます。

この場合、**保険金額**は元の契約と同じですが、保険期間は元の契約よりも**短く**なります。また、**特約**部分は消滅します。

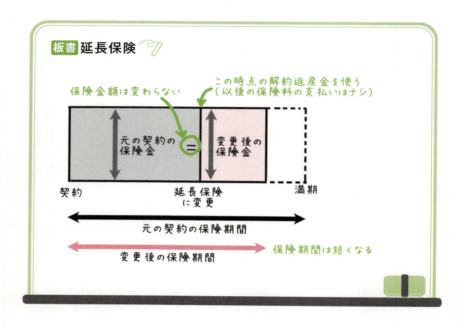

12 契約の見直し

保険契約の見直しのさい、次のような制度を利用できます。

I 契約転換制度

契約転換制度は、現在契約している保険の責任準備金や配当金を利用して、新しい保険に加入する方法です(元の契約は消滅します)。

保険の下取りのようなものです。なお、払済保険や延長保険は、契約自体は変えない制度であったのに対し、契約転換制度は契約自体を変える制度です。

転換のさいには、告知または医師による診査が必要です。また、保険料は転換時の年齢、保険料率により計算されます。

II 増額・減額

現在の保険金額を増額(特約を付加)したり、減額することもできます。特約を付加する場合、特約の保険料は付加時の年齢で計算されます。

13 生命保険と税金

I 生命保険料を支払ったときの税金(生命保険料控除)

1年間(1月1日から12月31日)に支払った保険料は、金額に応じて**生命保険料控除**として、その年の所得から控除することができます。

1 生命保険料控除額

2011年12月31日以前に締結した契約と2012年1月1日以降に締結した契約では、区分および控除額が異なります。

板書 生命保険料控除額(最高額) →参照 CH04.SEC04 2 X

		一般の生命保険料控除	個人年金保険料控除	介護医療保険料控除	合計
2011年以前の契約(旧契約)	所得税	最高50,000円	最高50,000円	ー	最高100,000円
	住民税	最高35,000円	最高35,000円	ー	最高70,000円
2012年以降の契約(新契約)	所得税	最高40,000円	最高40,000円	最高40,000円	最高120,000円
	住民税	最高28,000円	最高28,000円	最高28,000円	最高70,000円

☆ 旧契約の場合、保険料の年間支払額が**10万円超**だと5万円(所得税の場合)の控除となる
☆ 新契約の場合、保険料の年間支払額が**8万円超**だと4万円(所得税の場合)の控除となる
☆ 新契約では、身体の傷害のみに基因して保険金が支払われる契約(災害割増特約、**傷害**特約など)に係る保険料は生命保険料控除の**対象外**である

2 個人年金保険料控除が受けられる保険契約

　一定の要件を満たした個人年金保険(個人年金保険料税制適格特約が付加された個人年金保険)に加入している場合には、一般の生命保険料控除と別枠で、同額の控除が受けられます。

個人年金保険料控除が受けられる保険契約の要件

✓ 下記の要件をすべて満たしていること ← 要件を満たさない場合は一般の生命保険料控除の対象となる!
❶ 年金受取人が契約者または配偶者のどちらかであること
❷ 年金受取人＝被保険者であること
❸ 保険料の払込期間が**10年以上**あること ← 一時払いは✕
❹ 確定年金・有期年金の場合は、年金受給開始日の被保険者の年齢が**60歳以上**で、年金受取期間が**10年以上**であること

Ⅱ 生命保険金を受け取ったときの税金

保険金を受け取った場合、契約者、被保険者、受取人が誰かによって、課される税金(所得税、相続税、贈与税)が異なります。

1 死亡保険金の課税関係

死亡保険金の課税関係は次のとおりです。

板書 死亡保険金と税金

契約者	被保険者	受取人	税金
A	A	B	**相続**税
Aさん(自身が被保険者)が亡くなって、ほかの人が死亡保険金を受け取る場合			
A	B	A	**所得**税(**一時**所得)、**住民**税
Aさんが保険料を支払っていた保険契約の保険金を自分(Aさん)が受け取る場合			
A	B	C	**贈与**税「Aさんからもらった」というイメージ
Aさんが保険料を支払っていた保険契約(被保険者はAさんではない)の保険金を他人(Cさん)が受け取る場合			

2 満期保険金の課税関係

満期保険金の課税関係は次のとおりです。

板書 満期保険金と税金

契約者	被保険者	受取人	税　金
A	誰でも	A	**所得**税（一時所得）、**住民**税

Aさんが保険料を支払っていた保険契約の保険金を自分（Aさん）が受け取る場合

契約者	被保険者	受取人	税　金
A	誰でも	B	**贈与**税 「Aさんからもらった」というイメージ

Aさんが保険料を支払っていた保険契約の保険金を他人（Bさん）が受け取る場合

【一時払養老保険等の満期保険金、解約返戻金】

契約者＝受取人で、保険期間が**5**年以下の一時払い養老保険等の満期保険金（または保険期間が5年超の一時払養老保険等を5年以内に解約した場合の解約返戻金）は、金融類似商品として利子所得と同様、**20.315**％（所得税20％、復興特別所得税0.315％、住民税5％）の源泉分離課税となります。

> **ひとこと**
> 金融類似商品として取り扱われる保険契約は、保険期間が5年以下（保険期間が5年超で、5年以内に解約した場合を含む）や、保険料の払込方法が一時払いであることなどの要件を満たしたものでなければなりません。

3 非課税となる保険金や給付金

保険金や給付金のうち、下記のものについて、受取人が本人、配偶者、直系血族、あるいは生計を一にする親族の場合には、非課税となります。

板書 非課税となる保険金や給付金

☆ **入院**給付金 ┐
☆ **高度障害**保険金 │ 治療等にお金がかかるのに、
☆ 手術給付金 │ 税金を課してしまうのは酷
☆ **特定疾病**保険金 ┘ →非課税
☆ <u>**リビングニーズ特約**</u>保険金（被保険者が受け取る） など

←「余命わずか」と診断されているのに、
税金を課してしまうのはあんまりだ！→非課税

14 法人契約の保険

法人（会社）が契約者、従業員や役員が被保険者となる保険を**法人契約の保険**といいます。

> ひとこと
>
> 「金財」の実技試験「保険顧客資産相談業務」では、生命保険に関する仕訳問題がよく出題されているので、「保険顧客資産相談業務」を受検する人は仕訳を確認しておきましょう。
> それ以外の実技試験（「金財」の「個人資産相談業務」や「日本FP協会」の「資産設計提案業務」）を受検する人は、ここは読み飛ばしましょう。

I 事業必要資金の準備

中小企業は、経営者（社長）の個人的な信用等で成り立っていることが多いので、経営者が死亡すると、会社の信用力が低下し、経営の存続が困難になる場合があります。

そのため、経営者の死亡によって会社が倒産してしまうことを防ぐために、当面必要となる資金（事業必要資金）を準備しておく必要があります。

この事業必要資金は、次の計算式によって求めます。

$$事業必要資金 = \underset{（短期借入金＋買掛金＋支払手形）}{短期債務額} + \underset{1年分の給料}{全従業員の}$$

Ⅱ 法人が支払った生命保険料の経理処理

法人が支払った生命保険料は、保険の種類および契約形態によって経理処理が異なります。

板書 **法人が支払った保険料の経理処理**（基本的な考え方）

損金…経費のこと

保険の種類等	保険金の受取人	
	法人	被保険者または その遺族
定期保険※など 貯蓄性のない商品	原則として 損金算入	原則として 損金算入
養老保険、**終身**保険、 **年金**保険など 貯蓄性の高い商品	資産計上	損金算入
特　約	特約の内容に応じる	

※ 定期保険等の保険料に相当多額の前払部分の保険料が含まれている 場合（下記❷）を除く

130

ひとこと

たとえば、終身保険（死亡保険金の受取人＝法人）の保険料を支払ったときの仕訳を示すと、次のとおりです。

例：終身保険の年間保険料が50万円の場合

借　　方	貸　　方
保険料積立金［資産］　　50万円	現金・預金　　　　　　　50万円

「仕訳ってなに？」という人もいるかと思いますが、仕訳のしくみを知らなくても、「**資産計上か、損金算入か**」といったことを知っていれば問題は解けるので、本書では仕訳の説明は省略します。結論だけおさえておいてください。

ひとこと

ちなみに、個人事業主が支払った保険料については、以下の取扱いとなります。

被保険者が事業主本人やその親族**以外**の人である場合	支払った保険料を必要経費とすることができる
被保険者が事業主本人やその親族である場合	支払った保険料を必要経費とすることができない →事業主本人の生命保険料控除として処理する

1 1/2養老保険(ハーフタックスプラン、福利厚生プラン)

「契約者＝法人、被保険者＝役員・従業員」とする養老保険のうち、一定の要件を満たしたものは、支払保険料の2分の1を損金(福利厚生費)とすることが認められます。これを <mark>1/2養老保険(ハーフタックスプラン、福利厚生プラン)</mark> といいます。

板書 1/2養老保険(ハーフタックスプラン、福利厚生プラン)

契約者	被保険者	満期保険金の受取人	死亡保険金の受取人	経理処理
法人	役員・従業員の**全員**	法人	役員・従業員の遺族	$\frac{1}{2}$は**資産**計上「保険料積立金」 $\frac{1}{2}$は**損金**算入「福利厚生費」

 という契約の**養老**保険

- 役員・従業員が死亡しなかった場合は、(満期)保険金が法人に入る
  → 保険料に資産性がある
- 役員・従業員が死亡した場合は、(死亡)保険金が法人に入らない
  → 保険料に資産性がない

だから、支払保険料の半分は資産計上し、半分は損金算入する！
→ ハーフタックスプラン

ひとこと

1/2養老保険の保険料を支払ったときの仕訳を示すと、次のとおりです。

例：1/2養老保険の支払保険料が100万円の場合

借　方		貸　方	
保険料積立金［資産］	50万円	現金・預金	100万円
福利厚生費［損金］	50万円		

2 定期保険等の保険料に相当多額の前払部分の保険料が含まれている場合（2019年7月8日以後の契約分）

　法人が、「契約者＝法人、被保険者＝役員・従業員」とする保険期間が**3**年以上の定期保険（または第三分野保険）で、最高解約返戻率が**50**％超であるものの保険料を支払った場合は、当期分の支払保険料の額について、下記の区分に応じて処理します。

保険期間3年以上の定期保険で最高解約返戻率が50％を超えるものの処理

❶資産計上期間の処理

最高解約返戻率	資産計上期間	資産計上期間の処理
50％超**70**％以下	保険期間の当初**4**割相当期間	・支払保険料の**40**％を資産計上 ・**60**％を損金算入
70％超**85**％以下	保険期間の当初**4**割相当期間	・支払保険料の**60**％を資産計上 ・**40**％を損金算入
85％超	原則として保険期間開始日から最高解約返戻率となる期間の終了日まで	保険期間開始日から**10**年間 ・「支払保険料×最高解約返戻率×**90**％」を資産計上 ・残りは損金算入 それ以降 ・「支払保険料×最高解約返戻率×**70**％」を資産計上 ・残りは損金算入

❷取崩期間の処理

最高解約返戻率	取崩期間	取崩期間の処理
50％超**70**％以下	保険期間の**7.5**割相当期間経過後から保険期間終了日まで	・資産計上期間で資産計上した金額を取崩期間で均等に取り崩して損金算入 ・取崩期間に支払った保険料は全額損金算入
70％超**85**％以下		
85％超	解約返戻金相当額が最も高い金額となる期間経過後から保険期間終了日まで	

❸資産計上期間および取崩期間以外の期間は、支払保険料の全額を損金算入

> **ひとこと**
> 2019年7月7日以前に契約した長期平準定期保険（一定の要件を満たした期間の長い保険）の保険料などは、ひきつづき従来の処理（通常の定期保険とは異なる処理）が適用されます。

III 法人が受け取った保険金等の経理処理

　法人が保険金を受け取った場合は、全額、「雑収入」として**益金**(収益のこと)に算入され、**法人**税の課税対象となります。

　ただし、その保険料が資産計上されている場合には、保険金から資産計上されている保険料を差し引くことができます。

> **ひとこと**
> たとえば、終身保険（保険金の受取人＝法人、既払込保険料の総額は200万円）を解約して解約返戻金220万円を受け取った場合の仕訳は次のとおりです。
>
> | 借　　方 | 貸　　方 |
> |---|---|
> | 現金・預金　　　　　　　220万円 | 保険料積立金[資産]　　200万円※1
雑　収　入[益金]　　 20万円※2 |
>
> ※1　保険料積立金として資産計上されている（借方に計上されている）既払込保険料を取り崩す
> ※2　受け取った解約返戻金220万円と、取り崩した保険料積立金200万円の差額20万円は雑収入として益金に算入する

CHAPTER 02
SECTION 02 生命保険 基本問題

次の各記述のうち、正しいものには○を、誤っているものには×をつけなさい。

問1 保険料のしくみ
(1) 保険料は、予定死亡率と予定利率をもとに算定される。
(2) 保険料は純保険料と付加保険料から構成されているが、このうち純保険料は予定死亡率をもとに計算される。

問2 主な生命保険
(1) 定期保険は一定の期間内に死亡した場合は死亡保険金が支払われ、満期まで生存していた場合は満期保険金が支払われるというタイプの保険である。
(2) 終身保険には満期保険金はない。
(3) 特定疾病保障保険に加入していた場合で、糖尿病を患ったときは、特定疾病保険金を受け取ることができる。

問3 個人年金と変額個人年金
(1) 終身年金は生存している間の一定期間、年金が支払われる。
(2) 保証期間付有期年金は保証期間中は生死に関係なく、年金が支払われる。
(3) 変額個人年金保険における死亡給付金および解約返戻金には最低保証がある。

問4 **主な特約**

(1)　疾病入院特約を生命保険に付加した場合、病気で入院し、退院後も治療のために通院をしたときに給付金が支払われる。

(2)　リビングニーズ特約を生命保険に付加した場合、余命3カ月以内と診断されたときに所定の保険金が支払われる。

問5 **契約を継続させるための制度、方法**

(1)　払済保険とした場合、保険金額は元の契約の保険金額と変わらないが、保険期間は元の契約より短くなる。

(2)　延長保険とは、保険料の払込みを中止して、その時点の解約返戻金をもとに、一時払いで元の契約と同じ種類の保険または養老保険に変更することをいう。

問6 **生命保険と税金**

(1)　2021年中に保険契約を締結した場合の、一般の生命保険料控除額は最高50,000円である。

(2)　契約者および被保険者がAさん、受取人がAさんの妻（Bさん）である生命保険契約において、Aさんが死亡した場合、妻（Bさん）が受け取る死亡保険金は所得税の対象となる。

(3)　契約者および受取人がAさん、被保険者がAさんの妻（Bさん）である生命保険契約において、妻（Bさん）が死亡した場合、Aさんが受け取る死亡保険金は所得税の対象となる。

解答

問1

(1) ✕　保険料は予定死亡率、予定利率、予定事業費率の3つをもとに算定される。

(2) ✕　純保険料は予定死亡率と予定利率をもとに計算される。

問2

(1) ✕　定期保険には満期保険金はない。

(2) ◯

(3) ✕　糖尿病は保障の対象になっていない。

問3

(1) ✕　終身年金は死亡するまで年金が支払われる。問題文は有期年金の説明である。

(2) ◯

(3) ✕　死亡給付金には最低保証があるが、解約返戻金には最低保証はない。

問4

(1) ✕　疾病入院特約は、病気で入院したとき、給付金が支払われる。

(2) ✕　「余命3カ月以内」ではなく、「余命6カ月以内」である。

問5

(1) ✕　問題文は延長保険の説明である。

(2) ✕　問題文は払済保険の説明である。

問6

(1) ✕　「最高50,000円」ではなく、「最高40,000円」である。

(2) ✕　この場合、相続税の対象となる。

(3) ◯

SECTION 03 損害保険

CHAPTER 02
リスクマネジメント

このSECTIONで学習すること

1 損害保険の基本用語
・損害保険の基本用語

まずは用語を軽くチェック！

2 損害保険料のしくみ
・損害保険独自の基本原則
・損害保険料の構成

損害保険独自の基本原則は2つ！

3 超過保険、全部保険、一部保険
・超過保険
・全部保険
・一部保険

保険価額よりも保険金額のほうが大きければ「超過」、小さければ「一部」

4 火災保険
・住宅火災保険と住宅総合保険
・保険金の支払額
・失火責任法

地震による損害は火災保険では補てんされない！

5 地震保険
・地震保険のポイント

地震保険は単独では加入できない！

6 自動車保険
・自賠責保険
・任意加入の自動車保険

自賠責保険の内容をしっかりおさえよう！

7 傷害保険
・普通傷害保険
・交通事故傷害保険
・国内旅行傷害保険
・海外旅行傷害保険

細菌性食中毒が補償の対象となるかどうかをチェック！

8 賠償責任保険
・個人賠償責任保険
・PL保険

特にPL保険の内容をおさえておこう！

9 損害保険と税金
・地震保険料控除
・保険金を受け取ったときの税金

受け取った損害保険金は原則として非課税！

1 損害保険の基本用語

Ⅰ 損害保険とは

損害保険は、偶然のリスク（事故、災害等）で発生した損害を補てんするための保険です。

Ⅱ 損害保険の基本用語

損害保険の基本用語をおさえておきましょう。

板書 損害保険の基本用語 🖊

保 険 契 約 者	保険会社と契約を結ぶ人（契約上の権利と義務がある）
被 保 険 者	保険事故（保険の対象となる事故）が発生したときに、補償を受ける人または保険の対象となる人
保 険 の 目 的	保険を掛ける対象
保 険 価 額	保険事故が発生した場合に被るであろう損害の最高見積額
保 険 金 額	契約時に決める契約金額（保険事故が発生したときに保険会社が支払う最高限度額となる）
保 険 金	保険事故が発生したときに、保険会社から被保険者に支払われるお金
告 知 義 務	契約時に契約者が保険会社に事実を告げる義務
通 知 義 務	契約後に変更が生じた場合に保険会社にその事実を通知する義務

2 損害保険料のしくみ

Ⅰ 損害保険独自の基本原則

損害保険も生命保険と同様、大数の法則と収支相等の原則で成り立っていますが、これに加えて次の２つの基本原則があります。

1 給付・反対給付均等の原則（レクシスの原則）

給付・反対給付均等の原則（レクシスの原則）とは、それぞれの危険度に応じた保険料を負担しなければならないという原則をいいます。

2 利得禁止の原則

損害保険では、保険金の受取りによって儲けを得ることを禁止しています。これを利得禁止の原則といいます。

そのため、実際の損失額を限度に保険金が支払われることになっています（実損払い）。

Ⅱ 損害保険料の構成

損害保険料の構成は次のとおりです。

3 超過保険、全部保険、一部保険

損害保険の保険金額と保険価額の関係によって、**超過保険**、**全部保険**、**一部保険**に分けられます。

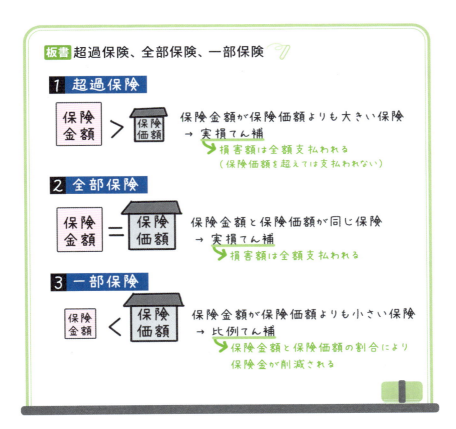

4 火災保険

I 火災保険とは

火災保険は、火災によって生じた建物や家財の損害を補てんするための

保険です。

　火災以外にも、落雷や台風などの災害による損害も補てんします。

Ⅱ 火災保険の種類（住宅物件の火災保険）

　火災保険の種類にはいくつかありますが、ここでは住宅物件の火災保険（主なもの）について説明します。

1 住宅火災保険

　住宅火災保険 は、火災・落雷・風災等による損害を補償したもっとも一般的な火災保険で、居住用の建物とその建物内の家財を対象とした保険です。

2 住宅総合保険

　住宅総合保険 は、住宅火災保険よりも補償範囲を広げた保険です（水災や盗難なども補償）。

板書 **住宅火災保険と住宅総合保険の補償の範囲**

損害	住宅火災保険	住宅総合保険
火災、落雷、爆発、破裂、風災、ひょう災、雪災	○	○
水害（水災）	×	○
給排水設備事故による水漏れ	×	○
盗難	×	○
外部からの落下、飛来、衝突	×	○
持出家財の損害	×	○
地震、噴火、津波	×	×

Ⅲ 保険金の支払額

火災保険では、契約時の保険金額が保険価額の**80**％以上であるかどうかによって支払額の算定方法が異なります。

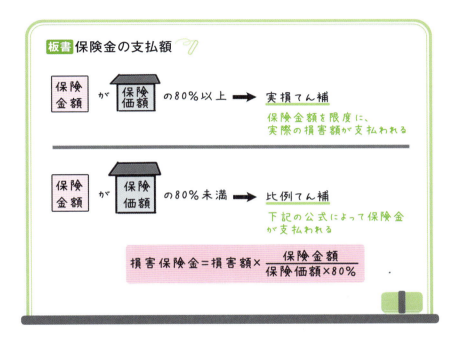

Ⅳ 失火責任法

失火責任法により、軽過失によって火災を起こして隣家に損害を与えたとしても、賠償責任を負わなくてよいことが定められています。

> **ひとこと**
> あくまでも「軽過失の場合」なので、重過失や故意によって火災を起こした場合には損害賠償責任が生じます。

ただし、借家人が借家(賃貸住宅)を焼失させた場合、家主に対しては損害賠償責任を負います。

5　地震保険

　火災保険では、地震、噴火、津波によって生じた火災については補償の対象外なので、これを補てんするためには地震保険に加入しなければなりません。

　地震保険のポイントは次のとおりです。

板書 地震保険のポイント ✐

☆ <u>単独では加入できず、火災保険とセットで契約する</u>
　　↳ 火災保険の加入が前提。

☆ 住宅（居住用建物）と住宅内の家財が補償の対象となる
　　↳ ただし、1個または1組の価格が**30万**円を
　　　 超える貴金属や宝石などは補償の対象外

☆ 保険金額は火災保険（主契約）の**30〜50**%の範囲で設定
　　できる。ただし、上限あり（建物**5,000**万円、家財**1,000**万円）

☆ <u>損害の程度</u>に応じて保険金が支払われる
　　↳ 全損、大半損、小半損、一部損の4段階

☆ 保険料の割引制度がある。ただし、重複適用はできない
　　↳ ①免震建築物割引、②耐震診断割引、
　　　 ③耐震等級割引、④建築年割引の4つ

6　自動車保険

　自動車保険には、強制加入の自動車保険（自賠責保険）と、任意加入の自動車保険（民間の保険）があります。

Ⅰ　自賠責保険（自動車損害賠償責任保険）

　自賠責保険は、すべての自動車（原動機付自転車を含む）の所有者と運転者が、必ず加入しなければならない保険です。

自賠責保険のポイントは次のとおりです。

板書 自賠責保険のポイント

補償対象

対人賠償事故のみ

　↳ 死傷した相手側の運転者とその同乗者、あるいは歩行者など

☆　被害者のみ補償。加害者のケガや自動車の破損は対象外

保険金の限度額（死傷者1人あたり）

死亡事故…最高**3,000**万円

傷害事故…最高**120**万円

　　　　　後遺障害の場合→75万～**4,000**万円

　　　　　　　（障害の程度によって決まる）

Ⅱ 任意加入の自動車保険

任意加入の自動車保険には次のようなものがあります。

板書 任意加入の自動車保険

1 対人賠償保険

自動車事故で他人を死傷させ、法律上の損害賠償責任を負った場合に自賠責保険の支払額を超える部分の金額が支払われる

2 対物賠償保険

自動車事故で他人のもの(財物)に損害を与え、法律上の損害賠償責任を負った場合に保険金が支払われる

3 搭乗者傷害保険

被保険自動車に乗車中の人(運転者や同乗者)が死傷した場合などに保険金が支払われる

4 自損事故保険

運転者が自賠責保険では補償されない単独事故などを起こしたときに保険金が支払われる

5 無保険車傷害保険

自動車事故により乗車中の人(運転者や同乗者)が死亡したり、後遺障害を被った場合に、事故の相手方(加害者)が無保険であったり、十分な賠償ができないとき、保険金が支払われる

6 車両保険

自分の自動車が偶然の事故により損害を受けたときや盗難にあった場合に保険金が支払われる

7 人身傷害補償保険

自動車事故により被保険者が死傷した場合に、過失の有無にかかわらず、実際の損害額が支払われる

← 示談を待たずに支払われる

7 傷害保険

I 傷害保険とは

傷害保険は、日常生活におけるさまざまなケガ(急激かつ偶然な外来の事故により、身体に傷害を被った状態)に対して保険金が支払われます。

II 主な傷害保険

主な傷害保険には次のようなものがあります。

板書 **主な傷害保険**

1 普通傷害保険 → 1つの契約で家族全員が補償される「家族傷害保険」もある

国内外を問わず、日常生活で起こる傷害を補償する保険

☆ 病気、細菌性食中毒、
自殺、地震、噴火、津波を原因とする傷害は対象外 ✕

2 交通事故傷害保険 → 1つの契約で家族全員が補償される「ファミリー交通傷害保険」もある

国内外で起きた交通事故、建物や乗り物の火災などによる
傷害を補償する保険

3 国内旅行傷害保険

国内旅行中の傷害を補償する保険
☆ 細菌性食中毒は補償の対象だが、地震などによる傷害は対象外 ◯

4 海外旅行傷害保険

海外旅行中(家を出てから帰宅するまで)の傷害を補償する保険
☆ 細菌性食中毒、地震、噴火、津波による傷害も補償の対象となる ◯

8 賠償責任保険

Ⅰ 賠償責任保険とは

賠償責任保険 は、偶然の事故によって、損害賠償責任を負ったときに補償される保険です。

Ⅱ 主な賠償責任保険

主な賠償責任保険には次のようなものがあります。

板書 主な賠償責任保険

1 個人賠償責任保険

日常生活における事故によって、他人にケガをさせたり、他人のものを壊したことにより、損害賠償責任を負ったときに備える保険

- ☆ 1つの契約で家族全員（配偶者、生計を一にする同居親族・別居の未婚の子）が補償対象となる
- ☆ 業務遂行中の賠償事故は対象外
- ☆ 自動車の運転による事故は対象外
- ☆ 地震、噴火、津波によって生じた損害は対象外

2 PL保険（生産物賠償責任保険） ←企業を対象とした保険

製造、販売した製品の欠陥によって、他人に損害を与え、損害賠償責任を負ったときに備える保険

- 例：ホテルの食事で食中毒を出した場合
  扇風機から出火し、やけどを負わせた場合　など

3 施設所有（管理）者賠償責任保険 ←企業を対象とした保険

施設の不備による事故または施設内外で業務遂行中に生じた事故の賠償責任に備える保険

- 例：店内に積んであった商品が崩れ、客にケガを負わせた場合など

148

4 受託者賠償責任保険 ←主に企業を対象とした保険

他人から預かった物を壊したり、なくしてしまった場合等の賠償責任に備える保険

9 損害保険と税金

I 地震保険料を支払ったときの税金（地震保険料控除）

1年間（1月1日から12月31日）に支払った地震保険料は、**地震保険料控除**として、その年の所得から控除することができます。

控除額は次のとおりです。

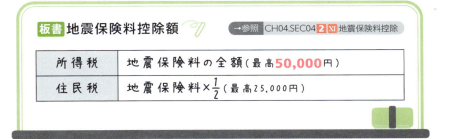

板書 地震保険料控除額　→参照 CH04.SEC04 2 XI 地震保険料控除

所得税	地震保険料の全額（最高**50,000**円）
住民税	地震保険料×$\frac{1}{2}$（最高25,000円）

II 保険金を受け取ったときの税金

損害保険の場合、保険金は損失補てんを目的としている（実損払い）ため、原則として**非課税**です。

ただし、死亡保険金（傷害保険など）、満期返戻金、年金として受け取る場合の保険金については、生命保険と同様の扱いとなります。

Review SEC02 13 II

CHAPTER 02
SECTION 03 損害保険 基本問題

次の各記述のうち、正しいものには○を、誤っているものには×をつけなさい。

問1 損害保険料のしくみ
(1) 損害保険では、利得禁止の原則のもと、損失額を限度に保険金が支払われる。
(2) 生命保険料は純保険料と付加保険料から構成されているが、損害保険料は純保険料のみで構成される。

問2 超過保険、全部保険、一部保険
(1) 超過保険とは、保険金額が保険価額よりも小さい保険をいう。
(2) 一部保険の場合、保険金額と保険価額の割合によって保険金が支払われる。これを実損てん補という。

問3 火災保険
(1) 火災保険は、火災以外にも地震や落雷などの災害による損害も補てんする。
(2) 住宅総合保険では、家財の盗難による損害についても補てんする。

問4 地震保険
(1) 地震保険は、火災保険の特約として加入することも、単独で加入することもできる。
(2) 地震保険における保険金額の上限は建物5,000万円、家財2,000万円である。

問5 自動車保険

(1) 自賠責保険の補償対象は対人賠償事故のみである。

(2) 自賠責保険の保険金の限度額は、死亡事故の場合、死亡者1人につき5,000万円である。

(3) 人身傷害補償保険に加入していた場合、過失の有無にかかわらず、実際の損害額が示談を待たずに支払われる。

問6 傷害保険

(1) 普通傷害保険は、細菌性食中毒によって通院した場合も補償する。

(2) 国内旅行傷害保険は、地震による傷害についても補償する。

(3) 海外旅行傷害保険は、細菌性食中毒、地震による傷害についても補償する。

問7 賠償責任保険

(1) 個人賠償責任保険では、業務遂行中の賠償事故についても補償する。

(2) レストランの食事で食中毒が発生した場合、PL保険が適用される。

解答

問1

(1) ◯

(2) ✕ 　損害保険料も純保険料と付加保険料から構成される。

問2

(1) ✕ 　超過保険とは、保険金額が保険価額よりも大きい保険をいう。

(2) ✕ 　一部保険において、保険金額と保険価額の割合によって保険金が支払われることを比例てん補という。

問3

(1) ✕ 　火災保険は地震による損害については補てんしない。

(2) ◯

問4

(1) ✕ 　地震保険は単独では加入できない。

(2) ✕ 　地震保険における保険金額の上限は建物5,000万円、家財1,000万円である。

問5

(1) ◯

(2) ✕ 　死亡者1人につき3,000万円である。

(3) ◯

問6

(1) ✕ 　普通傷害保険は、細菌性食中毒は補償の対象外である。

(2) ✕ 　国内旅行傷害保険は、地震などによる傷害は補償の対象外である。

(3) ◯

問7

(1) ✕ 　業務遂行中の賠償事故については補償されない。

(2) ◯

SECTION 04 第三分野の保険

このSECTIONで学習すること

1 第三分野の保険
- 第三分野の保険とは
- 主な保険の種類

試験での出題実績がほとんどない分野です

1 第三分野の保険

I 第三分野の保険とは

　生命保険（第一分野の保険）、損害保険（第二分野の保険）のいずれのカテゴリーにも属さない種類の保険を **第三分野の保険** といいます。

　第三分野の保険は、病気、ケガ、介護などに備えるための保険です。医療保障は、生命保険の特約としてつける場合と医療保険として単体で契約する場合があります。

II 主な保険の種類

1 医療保険

　医療保険 は、病気やケガによる入院、手術などに備える保険です。

　医療保険は、1回の入院について支払日数の限度（60日、120日など）があります。また、通算しての支払日数の限度もあります。

2 がん保険

がん保険 は、保障の対象をがんに限定した保険です。

がんと診断されたときに支払われる がん診断給付金 や がん入院給付金 、がん手術給付金 などがあります。

なお、がん保険には、一般的に責任開始日から**90**日間（**3**ヵ月間）程度の免責期間（待機期間）が設けられています。

3 介護保障保険

介護保障保険 は、寝たきりや認知症の症状が一定期間続く場合に給付金が支払われる保険です。

（民間の）介護保険には、公的介護保険（社会保険の介護保険）の要介護度に連動して給付されるもの（連動型）と、各保険会社が独自で基準を定めて給付されるもの（非連動型）があります。

4 所得補償保険

所得補償保険 は、病気やケガによって仕事ができなくなった場合に、喪失する所得に対して保険金が支払われる保険です。

CHAPTER 02
SECTION 04 第三分野の保険 基本問題

次の各記述のうち、正しいものには○を、誤っているものには×をつけなさい。

問 第三分野の保険

(1) 医療保障は、生命保険の特約としてつける場合と医療保険として単体で契約する場合がある。

(2) 医療保険は、病気による入院や手術は保障の対象であるが、ケガによる入院や手術は保障の対象外である。

解答
(1) ○
(2) ×　ケガによる入院や手術なども保障の対象となる。

CHAPTER 03

金融資産運用

CHAPTER 03 金融資産運用

SECTION 01 金融・経済の基本

このSECTIONで学習すること

1 主な経済・景気の指標
・GDP
・経済成長率
・景気動向指数
・日銀短観
・マネーストック
・物価指数

＞GDPの内容はしっかりおさえておこう

2 景気とその影響
・インフレとデフレ
・景気、金利、物価、為替、株価の関係

＞景気が良くなると金利や物価は上がる？下がる？

3 金融の基本
・金融市場（インターバンク市場、オープン市場）
・新発10年国債利回り
・金融政策（公開市場操作、預金準備率操作）
・財政政策

＞仲間内で→インターバンク市場
だれでも→オープン市場

1 主な経済・景気の指標

　景気が良い（好況）か、悪い（不況）かを判断するための指標には、次のようなものがあります。

代表的な経済・景気の指標
◆ 国内総生産(GDP)…Ⅰ
◆ 経済成長率…Ⅱ
◆ 景気動向指数…Ⅲ
◆ 日銀短観…Ⅳ
◆ マネーストック…Ⅴ
◆ 物価指数…Ⅵ

Ⅰ 国内総生産(GDP)

❶ GDPとは

GDPとは、国内の経済活動によって新たに生み出された財・サービスの付加価値の合計をいいます。

> ひとこと
> 付加価値とは、経済活動を通じて新たに付け加えられた価値のことをいいます。

なお、GDPは**内閣府**が年**4**回発表します。

❷ GDPと三面等価の原則

経済活動は、生産→分配→支出という流れを繰り返しますが、生産・分配・支出は同一の価値の流れを異なる面からみただけにすぎません。そのため、生産＝分配＝支出となり、これを**三面等価の原則**といいます。

> 板書 GDP（国内総生産）
>
> ☆ GDP：国内の経済活動によって新たに生み出された財・サービスの付加価値の合計
> 　　〈ひっかけ注意！〉
> 　　…だから、企業が海外で生産した財・サービスの付加価値はGDPには含まれない！
>
> ☆ **内閣府**が年**4**回発表する
>
> ☆ 三面等価の原則：生産＝分配＝支出

II 経済成長率

経済成長率とは、一国の経済規模の1年間における成長率をいい、一般的にはGDP（実質GDP）の伸び率をいいます。

> **ひとこと**
>
> **実質GDP**とは、**名目GDP**（GDPを時価で評価したもの）から物価変動の影響を取り除いたものをいいます。

III 景気動向指数

景気動向指数とは、景気の状況を総合的にみるために、複数の指標を統合した景気指標です。

景気動向指数のポイントは次のとおりです。

板書 景気動向指数のポイント 🖐

☆ **内閣府**が**毎月**発表する

☆ 景気動向指数には、景気に先行して動く**先行**指数、ほぼ一致して動く**一致**指数、遅れて動く**遅行**指数がある

	景気動向指数に使われる主な指標
先行指数	◆新規求人数 　↳求人が増える→これから 景気が良くなる 見込み ◆新設住宅着工床面積 　↳新設住宅が増える→これから 景気が良くなる 見込み ◆実質機械受注　など 　↳これから製品をたくさん作るから 機械受注が増える 　→ 景気が良くなる 見込み
一致指数	◆鉱工業生産指数 　↳いま生産している→いまの景気を表す ◆有効求人倍率　など 　↳いまの求職者1人あたりの求人数→いまの景気を表す
遅行指数	◆法人税収入 　↳ 景気が良くなる →モノが売れる→企業の収益が増える 　→法人税が増える…だから遅行指数 ◆家計消費支出 　↳ 景気が良くなる →企業の収益が増える→給料が増える 　→消費者がモノを買う→ 家計消費が増える …だから遅行指数 ◆完全失業率　など 　↳ 景気が良くなる →企業が人を雇う→ 失業率が減る 　…だから遅行指数

☆ 景気動向の判断には、**一致**指数が使われる

☆ 景気動向指数には、CI（コンポジット・インデックス：景気変動のテンポや大きさを把握するための指標。一致指数が上昇しているときは、景気の拡張局面）とDI（ディフュージョン・インデックス：景気の各経済部門への波及度合いを表す指標）がある（景気の転換点はヒストリカルDIを用いる）

☆ 従来は**DI**を中心に発表されていたが、現在は**CI**を中心に発表されている

Ⅳ 日銀短観（全国企業短期経済観測調査）

日銀短観とは、日本銀行が年4回、上場企業や中小企業に対して現状と3カ月後の景気動向に関する調査（アンケート）を行い、それを集計したものをいいます。

特に注目されるのが業況判断DIです。

> 　　　　　　　（現状よりも3カ月後の）　　　　（現状よりも3カ月後の）
> 業況判断DI = 業況が「良い（であろう）」ー業況が「悪い（であろう）」
> 　　　　　　　と答えた企業の割合　　　　　と答えた企業の割合

Ⅴ マネーストック

マネーストックとは、個人や法人（金融機関以外）、地方公共団体などが保有する通貨の総量をいいます。なお、国や金融機関が保有する通貨は含みません。

マネーストックは日本銀行が毎月発表しています。

Ⅵ 物価指数

物価指数とは、ある分野についての総合的な物価水準を指数によって表したものをいいます。

物価指数には、企業物価指数と消費者物価指数があります。

板書 企業物価指数と消費者物価指数

1 企業物価指数

☆ 企業間で取引される商品などの価格変動を表す指数

☆ 日本銀行が毎月発表

☆ 原油価格や為替相場の変動の影響を受けるため、消費者物価指数より変動が激しい

2 消費者物価指数

☆ 全国の一般消費者が購入する商品やサービスの価格変動を表す指数

☆ 総務省が毎月発表

---

2 景気とその影響

I 景気のサイクル

景気は「不景気→景気の拡大→好景気→景気の下降→不景気」というサイクルを繰り返しています。

II インフレとデフレ

インフレとは、物価が継続的に上昇し、その分、貨幣価値が下がった状態をいいます。

ひとこと
いままで100円だったモノが150円になったということは、お金の価値が下がった（貨幣価値が下がった）から、お金がたくさん必要になった、ということになるのです。

デフレとは、物価が継続的に下落し、その分、貨幣価値が上がった状態をいいます。

ひとこと
いままで100円だったモノが80円になったということは、お金の価値が上がった（貨幣価値が上がった）から、少しのお金で買えるようになった、ということになるのです。

III 景気、金利、物価、為替、株価の関係

景気、金利、物価、為替、株価は関連しながら動きます。

1 景気と金利

景気が良くなると、モノを買うためにお金を借りる人が増える（資金需要が増える）ので、金利は**上昇**（↑）します。反対に、景気が悪くなると、金利は**下落**（↓）します。

163

> **ひとこと**
> 資金需要が増えると、借り手が増えるため、金利が高くなります。
> 金利が高くなると、「じゃあ、借りるのをやめようか」という人も出てくるので、資金需要をおさえることができるのです。

2 物価と金利

物価が上がる（インフレになる）と、モノを買うためにお金がたくさん必要になる（資金需要が増える）ので、金利は**上昇**（↗）します。反対に、物価が下がる（デフレになる）と、金利は**下落**（↘）します。

3 為替と金利

為替が円高になると、輸入製品の価格が下がる（物価が下がる）ので、結果として金利は**下落**（↘）します。

> **ひとこと**
> たとえば、1ドル100円から1ドル90円になった（円高になった）とすると、20ドルの商品は国内価格が2,000円（20ドル×100円）から1,800円（20ドル×90円）に下落します。
> ❷で説明したとおり、国内価格が下落する（物価が下がる）と金利が下落するので、円高になると金利が下落するのです。

反対に、円安になると、輸入製品の価格が上がる（物価が上がる）ので、金利は**上昇**（↗）します。

4 景気と株価

景気が良くなると、企業の業績が良くなるので、株価は**上昇**（↗）します。反対に、景気が悪くなると、企業の業績が悪くなるので、株価は**下落**（↘）します。

3 金融の基本

I 金融市場

金融市場とは、お金の貸し借りをしている場をいいます。

金融市場は、取引期間が1年未満の**短期金融市場**と、取引期間が1年以上の**長期金融市場**があります。短期金融市場はさらに**インターバンク市場**（金融機関のみ参加できる市場。**手形市場**や**コール市場**などがある）と**オープン市場**（一般企業も参加できる市場）に分かれます。

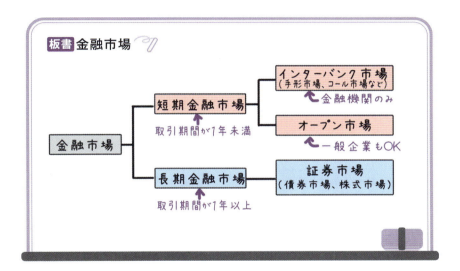

II 新発10年国債利回り

新発10年国債利回りとは、新規に発行された、償還期間10年の国債の流通利回りのことをいいます。

新発10年国債利回りは、長期金利の指標として利用されており、住宅ローン金利や企業の長期資金借入利率の基準となります。

III 金融政策

 金融政策 とは、物価の安定などを目的として、日本銀行が行う政策をいいます。主な金融政策には次のようなものがあります。

1 公開市場操作

 公開市場操作 とは、日本銀行が短期金融市場において、手形や国債などの売買を行い、金融市場の資金量を調整することをいいます。公開市場操作には、 売りオペレーション と 買いオペレーション があります。

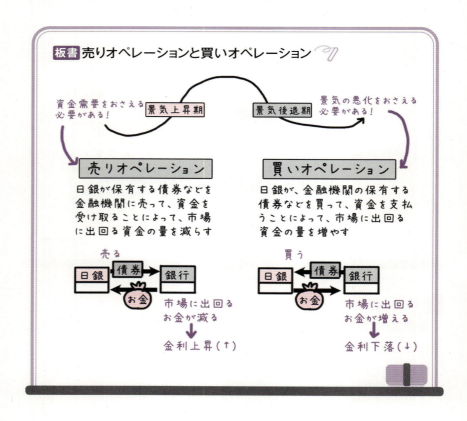

2 預金準備率操作

金融機関は、準備預金として一定割合の預金を日本銀行に預けることが義務づけられています。この一定割合を **預金準備率** といいます。預金準備率を引き上げたり、引き下げたりすることによって、金融市場の資金量を調整することを **預金準備率操作**(支払準備率操作、法定準備率操作)といいます。

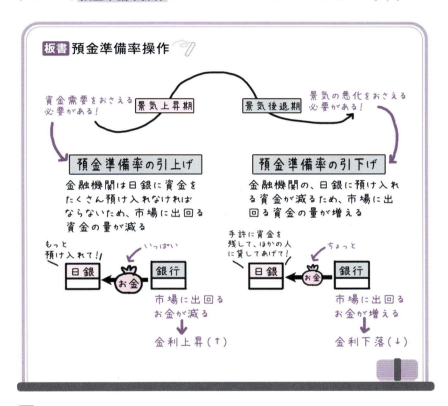

IV 財政政策

財政 とは、国や地方公共団体が行う経済活動をいい、財政には資源配分(消防や警察などのサービスを行ったり、道路や公園などを作るために投資すること)、所得再分配(徴収した税金を再分配すること)、経済の安定化の3つの機能があります。

財政政策 とは、国や地方公共団体が行う政策をいい、財政政策には、たとえば不景気のときに行う公共投資や減税などがあります。

CHAPTER 03
SECTION 01 金融・経済の基本 基本問題

次の各記述のうち、正しいものには○を、誤っているものには×をつけなさい。

問1 国内総生産（GDP）
(1) GDPとは、国内の経済活動によって新たに生み出された財・サービスの付加価値の合計をいい、企業が海外で生産した財・サービスの付加価値も含まれる。
(2) GDPは内閣府が毎月発表する。

問2 インフレとデフレ、景気、金利、物価、為替、株価の関係
(1) デフレとは、物価が継続的に下落し、その分、貨幣価値が下がった状態をいう。
(2) 為替が円高になると金利は上昇し、円安になると金利は下落する。

問3 金融の基本
(1) 短期金融市場のうち、インターバンク市場は金融機関だけでなく、一般企業も参加できる市場である。
(2) 日銀が買いオペレーションをすると、金利は下落する。

解答

問1

(1) ✗ GDPには、企業が海外で生産した財・サービスの付加価値は含まれない。

(2) ✗ GDPは内閣府が年4回発表する。

問2

(1) ✗ デフレとは、物価が継続的に下落し、その分、貨幣価値が上がった状態をいう。

(2) ✗ 為替が円高になると金利は下落し、円安になると金利は上昇する。

問3

(1) ✗ インターバンク市場には一般企業は参加できない。

(2) ○

SECTION 02 セーフティネットと関連法規

CHAPTER 03
金融資産運用

このSECTIONで学習すること

1 預金保険制度
・預金保険制度の対象となる預金等とならない預金等
・保護の範囲

> 元本1,000万円のほか、その利息も保護の対象となる！

2 日本投資者保護基金
・概要

> 1人あたりの最大補償額は1,000万円

3 金融商品販売法
・金融商品販売法のポイント

> 金融商品販売業者には、重要事項を説明する義務がある

4 消費者契約法
・消費者契約法のポイント

> 消費者契約法で保護されるのは、個人のみ。企業は保護されない！

5 金融商品取引法
・金融商品取引法のポイント

> 適合性の原則
> …顧客の投資経験や目的等に照らして不適切な勧誘は行ってはダメ、という原則

1 預金保険制度

Ⅰ セーフティネットとは

金融商品における **セーフティネット**（安全網）とは、顧客の資産を守るしくみのことをいい、代表的なものに **預金保険制度** があります。

II 預金保険制度の概要

預金保険制度は、金融機関が破綻した場合に預金者を保護する制度です。

日本国内に本店がある銀行、信用金庫、信用組合などの金融機関（ゆうちょ銀行も含む）に預け入れた預金等は保護の対象となります。

> **ひとこと**
> 上記の金融機関の海外支店や、外国銀行の日本支店に預け入れた預金は保護の対象外となります。

III 預金保険制度の対象となる預金等とならない預金等

預金保険制度の対象となる預金等とならない預金等は次のとおりです。

板書　預金保険制度の対象となる預金等とならない預金等

保護の対象となる預金等	保護の対象とならない預金等
○ 預貯金	× 外貨預金
○ 定期積金	× 譲渡性預金
○ 元本補てん契約のある金銭信託	× 元本補てん契約のない金銭信託（ヒットなど）
○ 金融債（保護預り専用商品に限る）	× 金融債（保護預り専用商品以外）

など

IV 保護の範囲

決済用預金については、全額保護の対象となります。

また、決済用預金以外の預金等については、1金融機関ごとに預金者1人あたり元本**1,000**万円までとその**利息**が保護されます。

板書 保護の範囲

☆ **決済用預金**（当座預金、利息のつかない普通預金など）
　→ **全額**保護

☆ **決済用預金以外**（利息のつく普通預金、定期預金など）
　→1金融機関ごとに預金者1人あたり元本 **1,000** 万円までと
　　その **利息**

> 決済用預金とは、以下の3つの要件を満たした預金をいう
> ① 無利息
> ② 要求払い ← 預金者の要求にしたがって、いつでも引出し可能なこと
> ③ 決済サービスに利用できる ← 引落し等ができる口座であること

2 日本投資者保護基金

　証券会社は、投資家から預かった金融資産（証券や現金など）を、証券会社の資産とは分けて管理することが義務づけられています（**分別管理義務**）。そのため、証券会社が破綻した場合、投資家は証券会社に預けている金融資産を返してもらうことができます。

　しかし、証券会社が分別等管理を行っていなかった場合（違法行為があった場合）には、投資家が損失を被ってしまいます。

　このような事態に備えて **日本投資者保護基金** が設立されており、証券会社には日本投資者保護基金への加入が義務づけられています。

　証券会社の破綻等により投資家が損害を被った場合、日本投資者保護基金によって1人あたり最大 **1,000** 万円まで補償されます。

3 金融商品販売法

金融商品販売法は、金融商品の販売について、顧客を保護するための法律です。

金融商品販売法の主なポイントは次のとおりです。

板書 金融商品販売法の主なポイント ✎

☆ 金融商品販売業者は金融商品を販売するさい、
重要事項について説明をする義務がある
↳ 元本割れするおそれがある場合はそのリスクの内容など

☆ 金融商品販売業者が説明義務を怠り、顧客が損害を被った場合には、金融商品販売業者に**損害賠償責任**が発生する

---

4 消費者契約法

消費者契約法は、消費者を保護するための法律です。

消費者契約法の主なポイントは次のとおりです。

板書 消費者契約法の主なポイント ✎

☆ 消費者契約法で保護されるのは**個人**のみ
☆ 事業者による不適切な行為により、消費者が誤認、困惑して契約の申込みをした場合には、それを**取り消す**ことができる

173

5 金融商品取引法

I 金融商品取引法

金融商品取引法 は、金融商品の取引について、投資家などを保護するための法律です。

金融商品取引法の主なポイントは次のとおりです。

> **板書 金融商品取引法の主なポイント** 🖊
>
> ☆ 投資の知識や経験などから、投資家をプロ（**特定**投資家）とアマチュア（**一般**投資家）に分けて規制している
>
> ☆ **適合性の原則** とは、顧客の知識、経験、財産の状況および契約を締結する目的に照らして不適切と認められる勧誘を行ってはならないというルールをいう
>
> ☆ 債券、株式、投資信託のほかに、外貨預金や変額保険・年金など、投資性の強い金融商品についても「金融商品取引法」と同等の販売・勧誘ルールが適用される

II 金融ADR制度（金融分野における裁判外紛争解決制度）

金融ADR制度 とは、金融機関と利用者との間で生じたトラブルを、業界ごとに設置された **指定紛争解決機関**（**金融ADR機関**）において、裁判外の方法で解決を図る制度をいいます。

板書 金融ADR制度の主なポイント

指定紛争解決機関

…全国銀行協会、生命保険協会、日本損害保険協会、
保険オンブズマン、証券・金融商品あっせん相談センター
などが指定されている

ポイント

☆ 指定紛争解決機関に所属する弁護士など、<u>中立・公正な</u>
<u>専門家</u>が和解案を提示し、解決につとめる
　　↳ 紛争解決委員
☆ 利用手数料は原則として **無料**

CHAPTER 03
SECTION 02 セーフティネットと関連法規 基本問題

次の各記述のうち、正しいものには○を、誤っているものには×をつけなさい。

問 預金保険制度

(1) 日本に本店がある銀行に預け入れた外貨預金は預金保険制度の保護対象となる。

(2) 預金保険制度では、普通預金(利息がつく預金)については、1金融機関ごとに預金者1人あたり1,000万円までとその利息等が保護されるが、当座預金については全額保護される。

解答
(1) ✕ 外貨預金は保護の対象外である。
(2) ○

SECTION 03 貯蓄型金融商品

CHAPTER 03 金融資産運用

このSECTIONで学習すること

1 貯蓄型金融商品の基本
・利率と利回り
・単利と複利
・固定金利と変動金利
・利子と税金

計算問題を確認しておこう

2 金融商品の種類
・銀行の金融商品
・ゆうちょ銀行の金融商品

全部おさえるのは大変だから、各表の赤字部分だけおさえておこう

1 貯蓄型金融商品の基本

I 貯蓄型金融商品とは

貯蓄型金融商品とは、預貯金のことをいい、元本が保証されていて、いつでも引き出せるというのが特徴です。

ひとこと

預貯金とは、預金と貯金を合わせた用語です。銀行に預け入れた場合は預金といい、ゆうちょ銀行や農協に預け入れた場合には貯金といいますが、両者に違いはありません。

II 利率と利回り

1 利率

利率とは、元本に対する利息の割合をいいます。

177

2 利回り（年平均利回り）

　利回り（年平均利回り） とは、元本に対する1年あたりの収益をいいます。具体的には、一定期間の収益合計を1年あたりに換算し、それを当初の元本で割って計算します。

$$利回り（年平均利回り）＝\frac{収益合計÷預入年数}{当初の元本}×100$$

板書 利回り（年平均利回り） 📝

たとえば、
100万円を預け入れ、1年目の利息が2万円、2年目の利息が2.04万円であった場合の利回りは…

$$利回り（年平均利回り）＝\frac{（2万円＋2.04万円）÷2年}{100万円}×100＝2.02\%$$

Ⅲ 単利と複利

　利息の計算方法には **単利** と **複利** があります。

1 単利

　単利 は、預け入れた当初の元本についてのみ利息がつく計算方法です。

$$元利合計＝元本×（1＋年利率×預入期間）$$

2 複利

　複利 は、一定期間ごとに支払われる利息も元本に含め、これを新しい元本とみなして次の利息を計算する方法です。利息が1年に一度つくものを **1年複利**、半年に一度つくものを **半年複利** といいます。

1年複利

$$\text{元利合計}＝\text{元本}\times(\,1＋\text{年利率}\,)^{\text{年数}}$$

半年複利

$$\text{元利合計}＝\text{元本}\times\left(1＋\frac{\text{年利率}}{2}\right)^{\text{年数}\times2}$$

板書 単利と複利

たとえば、
100万円を年利率3%で3年間預けた場合は…

単利の場合

1年後の元利合計：100万円×(1+0.03×1)=103万円
2年後の元利合計：100万円×(1+0.03×2)=106万円
3年後の元利合計：100万円×(1+0.03×3)=109万円

1年複利の場合

1年後の元利合計：100万円×(1+0.03)=103万円 ×(1+0.03)
2年後の元利合計：100万円×(1+0.03)²=106.09万円 ×(1+0.03)
3年後の元利合計：100万円×(1+0.03)³=109.2727万円

電卓で2乗、3乗を計算する方法　♫Review CH01.SEC02 **2** Ⅳ
　　　　　　　　　　　　×を2回押す
2乗の場合：1.03 × × = 1.0609 × 100 = 106.09
3乗の場合：1.03 × × = = 1.092727 × 100 = 109.2727
　　　　　　　　　　　2乗の場合は「=」を1回、
　　　　　　　　　　　3乗の場合は「=」を2回押す
　　　　　　　　　　　（4乗の場合は「=」を3回押す…）

半年複利の場合

3年後の元利合計：100万円×(1+$\frac{0.03}{2}$)³×²=109.3443…万円

Ⅳ 固定金利と変動金利

1 固定金利
預け入れた時から満期まで金利が変わらないものを**固定金利**といいます。

2 変動金利
市場金利の変化に応じて金利が変動するものを**変動金利**といいます。

3 景気と固定金利、変動金利
現在の金利が高く、今後の金利が低くなる（景気が悪くなる）と予想される場合には、いまの高い金利で預け入れたほうが得なので、**固定**金利を選択したほうが有利となります。

また、現在の金利が低く、今後の金利が高くなる（景気が良くなる）と予想される場合には、**変動**金利を選択したほうが有利となります。

Ⅴ 利子と税金

→参照 CH04.SEC02 **1** 利子所得

預貯金の利子は、**利子**所得として課税され、**20.315**％（所得税15％、復興特別所得税**0.315**％、住民税5％）の**源泉分離**課税となります。

> **ひとこと**
> 2013年から所得税額に対して2.1％の復興特別所得税が課せられていますが、計算問題においては復興特別所得税を考慮しない税率（所得税15％、住民税5％）で出題されることもあるので、試験では問題文の指示にしたがって解答してください。
>
> →参照 CH04.SEC05 **3** 復興特別所得税

2 金融商品の種類

銀行とゆうちょ銀行の主な金融商品についてみておきましょう。

金融商品の特徴を全部をおぼえる必要はありません。赤字の部分だけ軽くおさえておきましょう。

銀行の主な金融商品

種類		特徴
流動性預金	普通預金	・変動金利で利払いは半年ごと
	貯蓄預金	・変動金利で利払いは半年ごと ・預金残高が基準残高を上回っていれば、普通預金よりも高い金利が適用される
定期性預金	スーパー定期	・**固定**金利 　預入期間が3年未満→**単利**型のみ 　預入期間が3年以上→単利型と半年複利型の選択可 　　　　　　　　　→半年複利型は個人のみ ・中途解約の場合は、中途解約利率が適用される
	大口定期預金	・預入金額は**1,000万**円以上で1円単位 ・固定金利。**単利**型のみ ・中途解約の場合は、中途解約利率が適用される
	期日指定定期預金	・預け入れてから1年たてば、満期日(一般的に1年から3年の間)を指定できる定期預金 ・固定金利。1年複利

流動性預金(貯金)は、満期がなく、いつでも出し入れ可能な金融商品で、定期性預金(貯金)は、満期のある金融商品です。

ゆうちょ銀行の主な金融商品

種類		特徴
流動性貯金	通常貯金	・変動金利で利払いは半年ごと
	通常貯蓄貯金	・変動金利で利払いは半年ごと ・貯金残高が基準残高を上回っていれば、通常貯金よりも高い金利が適用される
定期性貯金	定額貯金	・**固定**金利。**半年複利** ・預入期間に応じた金利（6段階）が預入時にさかのぼって適用される ・6カ月以降自由満期。最長預入期間は **10**年 ・6カ月据え置けば、ペナルティなく解約できる
	定期貯金	・**固定**金利 　預入期間が3年未満→**単利**型のみ 　預入期間が3年以上→**半年複利**型のみ ・中途解約の場合は、中途解約利率が適用される

ゆうちょ銀行の預入限度額は 2,600万円（通常貯金 1,300万円、定期性貯金 1,300万円）です。

CHAPTER 03
SECTION 03 貯蓄型金融商品 基本問題

次の各記述のうち、正しいものには〇を、誤っているものには×をつけなさい。

問 単利と複利

(1) 複利とは、預け入れた当初の元本についてのみ利息がつく計算方法をいう。

(2) 500万円を年利率3％（1年複利）で4年間預けた場合の元本と利息の合計額は、560万円である。

解答

(1) ×　問題文は単利の説明である。複利とは、一定期間ごとに支払われる利息も元本に含め、これを新しい元本とみなして次の利息を計算する方法をいう。

(2) ×　$5,000,000 円 \times (1 + 0.03)^4 ≒ 5,627,544 円$
（円未満四捨五入）

SECTION 04 債券

CHAPTER 03
金融資産運用

このSECTIONで学習すること

1 債券の基本
・債券の種類
　利付債と割引債
　新発債と既発債
　円建て債券と
　外貨建て債券
・個人向け国債

（個人向け国債は、10年もの、5年もの、3年ものがある！）

2 債券の利回り
・直接利回り
・応募者利回り
・最終利回り
・所有期間利回り

（メンドクサイけど公式はおさえておこう）

3 債券のリスク
・価格変動リスク
・信用リスク
・信用リスクと格付け、利回り、債券価格

（市場金利が↑なら、債券価格は↓＆利回り↑
市場金利が↓なら、債券価格は↑＆利回り↓）

1 債券の基本

Ⅰ 債券とは

 債券 とは、国や企業などが、投資家からお金を借りる（資金調達をする）さいに発行する借用証書のようなものです。

　債券には、国が発行する 国債 、地方公共団体が発行する 地方債 、一般事業会社が発行する 社債 、金融機関が発行する 金融債 などがあります。

II 債券に関する用語の説明

債券に関する用語を確認しておきましょう。

債券に関する用語の説明

用　語	意　味
償還期限	返済期限。満期ともいう
発行価格	借入金額。債券が新規発行されるときの価格
額面金額	債券に記載された金額
表面利率	額面金額に対する利率。クーポンレートともいう

III 債券の種類

債券をいくつかの側面で分類すると、次のようになります。

Ⅳ 債券の発行価格

債券の発行価格は額面100円あたりの価格で表示されます。額面100円あたり100円(額面金額と同じ金額)で発行される場合を パー発行 、100円未満(額面金額より低い金額)で発行される場合を アンダー・パー発行 、100円超(額面金額より高い金額)で発行される場合を オーバー・パー発行 といいます。

> たとえば、額面100円あたり98円で発行された場合はアンダー・パー発行、額面100円あたり102円で発行された場合はオーバー・パー発行です。

Ⅴ 個人向け国債

個人向け国債 は、購入者を個人に限定した国債です。

償還期限10年の 変動 金利型、償還期限5年の 固定 金利型、償還期限3年の 固定 金利型があります。各商品の特徴は次のとおりです。

板書 個人向け国債の特徴

商　品	個人向け国債		
	変動10年	固定5年	固定3年
償還期限	10年	5年	3年
金利方式	変動金利	固定金利	固定金利
適用利率	基準金利×0.66	基準金利-0.05%	基準金利-0.03%
最低保証金利	0.05%		
購入単位	1万円以上1万円単位		
中途換金	1年経過後なら換金可能		
中途換金時の調整額	直前2回分の利息相当額(税引前)×(100%-20.315%※)が差し引かれる		
発行頻度	毎月		

※ 復興特別所得税を含めない場合は20%

2 債券の利回り

債券の利回りとは、当初の投資額に対する利息と償還差損益の割合をいいます。

債券の利回りには、**直接利回り**、**応募者利回り**、**最終利回り**、**所有期間利回り**があります。

板書 **債券の利回り**

1 直接利回り

…投資金額（購入価格）に対する毎年の利息収入の割合

$$直接利回り(\%)=\frac{表面利率}{購入価格}\times100$$

たとえば、表面利率1%の債券を102円で購入した場合は…
（小数点以下第3位を四捨五入）

$$\frac{1}{102円}\times100\fallingdotseq0.98\%$$

2 応募者利回り

…債券の発行時に購入し、
償還まで所有した場合の利回り

発行　途中購入　　　途中売却　償還

$$応募者利回り(\%)=\frac{表面利率+\dfrac{額面(100円)-発行価格}{償還期限(年)}}{発行価格}\times100$$

たとえば、表面利率1%、発行価格98円、償還期限5年の債券を購入した場合は…（小数点以下第3位を四捨五入）

$$\frac{1+\dfrac{100円-98円}{5年}}{98円}\times100\fallingdotseq1.43\%$$

3 最終利回り

…すでに発行されている債券を時価で購入し、償還まで所有した場合の利回り

$$最終利回り(\%) = \frac{表面利率 + \dfrac{額面(100円) - 購入価格}{残存年数(年)}}{購入価格} \times 100$$

たとえば、表面利率1％、償還期限5年、発行価格99円の債券を残存年数3年の時点で99円で購入した場合は…
（小数点以下第3位を四捨五入）

$$\frac{1 + \dfrac{100円 - 99円}{3年}}{99円} \times 100 ≒ 1.35\%$$

4 所有期間利回り

…新規発行の債券または既発行の債券を購入し、償還前に売却した場合の利回り

$$所有期間利回り(\%) = \frac{表面利率 + \dfrac{売却価格 - 購入価格}{所有期間(年)}}{購入価格} \times 100$$

たとえば、表面利率1％、償還期限5年、発行価格98円の債券を発行時に購入し、4年後に103円で売却した場合は…
（小数点以下第3位を四捨五入）

$$\frac{1 + \dfrac{103円 - 98円}{4年}}{98円} \times 100 ≒ 2.30\%$$

3 債券のリスク

債券のリスクには、価格変動リスク、信用リスク、流動性リスク、為替変動リスクなどがありますが、ここでは価格変動リスクと信用リスクについてみておきます。

Ⅰ 価格変動リスク（金利変動リスク）

価格変動リスク（金利変動リスク） とは、市場金利の変動にともなって、債券の価格が変動するリスクをいいます。

一般に市場金利が上昇すると、債券価格が **下落** し、利回りは **上昇** します。
一方、市場金利が下落すると、債券価格が **上昇** し、利回りは **下落** します。

板書 市場金利と債券の価格、利回り

☆ 市場金利↗ → 債券価格↘ → 債券の利回り↗

市場金利が上昇すると、（金利が低い時代に買った）債券を持っているよりも銀行にお金を預けたほうが得なので、債券が売られ、その結果、債券価格は下落する
最終利回り（前述）の公式をみると、分子が「100円－購入価格」であるため、債券価格が下落した債券を購入した場合、最終利回りは上昇する。だから、債券価格が下落すると、利回りは上昇する!!

☆ 市場金利↘ → 債券価格↗ → 債券の利回り↘

市場金利が下落すると、銀行にお金を預けるよりも、（金利が高い時代に発行された）債券のほうが得なので、債券が買われ、その結果、債券価格は上昇し、利回りが下落する!!

Ⅱ 信用リスク

信用リスク とは、債券の元本や利息の支払いが遅延したり、その一部または全部が支払われないリスクをいい、**デフォルトリスク**、**債務不履行リスク** ともいいます。

> **ひとこと**
> 債券を発行した会社の財政状態が悪化すると、元本や利息の支払いが遅れたり、支払えなくなったりします。

信用リスクの目安として 格付け があります。

　　主な格付け機関には、ムーディーズやS&P（スタンダード・アンド・プアーズ）などがあります。

　債券の格付けは「ＡＡＡ」や「Ｃ」といった記号で表され、格付けの高い（信用リスクが低い）債券ほど利回りが低く、債券価格は高くなります。また、格付けの低い（信用リスクが高い）債券ほど利回りが高く、債券価格は低くなります。

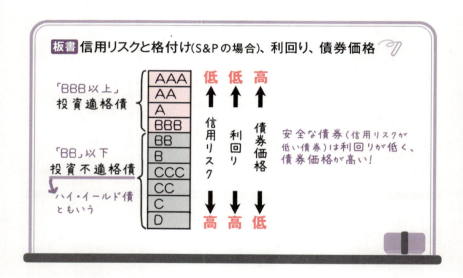

CHAPTER 03
SECTION 04 債　券 基本問題

次の各記述のうち、正しいものには○を、誤っているものには×をつけなさい。

問1 個人向け国債
(1) 個人向け国債には、償還期間が10年、5年、3年のものがあるが、金利はすべて固定金利である。
(2) 個人向け国債の最低保証金利は0.05％である。

問2 債券の利回り
(1) 表面利率3％、償還期限4年の利付債券を額面100円あたり101.5円で購入した場合の応募者利回りは2.96％である。
(2) 表面利率2％、償還期限8年、残存年数6年の利付債券を額面100円あたり99円で購入した場合の最終利回りは2.15％である。
(3) 表面利率4％、償還期限8年の利付債券を額面100円あたり101円で購入し、3年後に額面100円あたり103円で売却した場合の所有期間利回りは4.62％である。

問3 債券のリスク
(1) 価格変動リスクとは、市場金利の変動にともなって、債券の価格が変動するリスクをいい、一般に市場金利が上昇すると、債券価格も上昇し、利回りは下落する。
(2) 信用リスクの目安として用いられるS&P社の格付けにおいて、一般にB以上が投資適格債とされる。

解答

問1

(1) ✕ 償還期間が10年の個人向け国債は変動金利である。

(2) 〇

問2

(1) ✕

$$\frac{3 + \dfrac{100円 - 101.5円}{4年}}{101.5円} \times 100 ≒ 2.59\%$$

(2) ✕

$$\frac{2 + \dfrac{100円 - 99円}{6年}}{99円} \times 100 ≒ 2.19\%$$

(3) 〇

$$\frac{4 + \dfrac{103円 - 101円}{3年}}{101円} \times 100 ≒ 4.62\%$$

問3

(1) ✕ 一般に市場金利が上昇すると、債券価格は下落し、利回りは上昇する。

(2) ✕ 一般にBBB以上が投資適格債とされる。

SECTION 05 株式

CHAPTER 03 金融資産運用

このSECTIONで学習すること

1 株式の基本
- 株主の権利
- 株式の単位
- 株式累積投資と株式ミニ投資
- 証券取引所
- 株式欄の見方
- ローソク足

概要を把握しておこう

2 株式の取引
- 指値注文と成行注文
- 決済

決済は3営業日目!

3 株式の指標

相場指標
- 日経平均株価（日経225）
- 東証株価指数（TOPIX）
- JPX日経インデックス400（JPX日経400）
- 売買高（出来高）

株式投資に用いる指標
- PER
- PBR
- ROE
- 配当利回り
- 配当性向
- 自己資本比率

PERと配当利回りはよく出題される！計算式を確認しておこう

1 株式の基本

Ⅰ 株式とは

株式 とは、株式会社が資金調達のために発行する証券をいいます。

Ⅱ 株主の権利

株式を購入した人を 株主 といい、株主には次の権利があります。

株主の権利

権利	意味
議決権	会社の経営に参加する権利（経営参加権）
剰余金分配請求権	会社が獲得した利益（剰余金）の分配を受ける権利
残余財産分配請求権	会社が解散した場合、持株数に応じて残った財産の分配を受ける権利

Ⅲ 株式の単位（単元株）

株式の取引単位のことを 単元株（たんげんかぶ）といい、原則として株式の売買は単元株の整数倍で行われます。

ひとこと

現在、ほとんどが100株単位の取引となっています。

なお、単元未満でも売買できる方法として、株式累積投資（るいとう）や 株式ミニ投資 があります。

板書 株式累積投資と株式ミニ投資

1 株式累積投資（るいとう）

…毎月、一定額ずつ積立方式で購入する方法

↳ こういう買い方を**ドル・コスト平均法**という

2 株式ミニ投資

…1単元の10分の1の単位で売買する方法

IV 証券取引所

株式は通常、証券取引所を通して売買されます。

国内の証券取引所は東京や名古屋などにあります。

東京、名古屋の各市場には**一部**と**二部**があります。また、新興企業を対象とした市場には、**マザーズ**（東証）や**ジャスダック**（東証）などがあります。

V 株式欄の見方

新聞の株式欄の見方を簡単に説明すると、次のようになります。

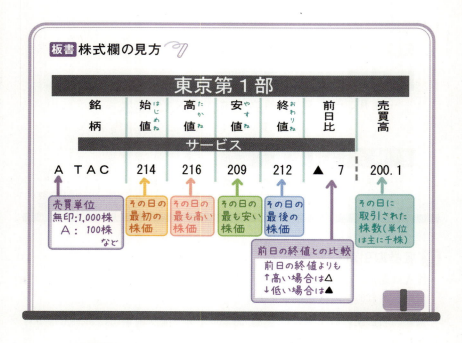

ひとこと

売買単位などは新聞によって異なる場合があるので、実際に株式欄をみるときは、その新聞の「株式欄の見方」を確認してください。

Ⅵ ローソク足

ローソク足とは、株価の動きをあらわしたチャートをいいます。

ローソク足には、陽線（始値よりも終値が高かった場合）と陰線（始値よりも終値が安かった場合）があります。

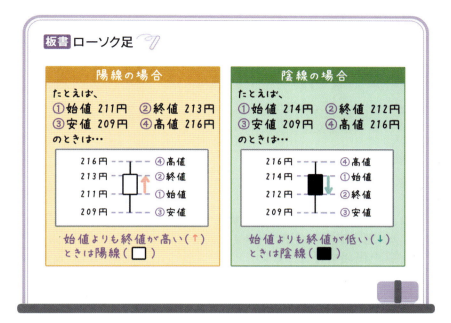

2 株式の取引

I 注文方法

上場株式(証券取引所に上場されている株式)の注文方法には、**指値注文**と**成行注文**があります。

板書 指値注文と成行注文

☆ 指値注文…売買価格を指定して注文する方法
　「A社株式を@2,000円で100株買う」

☆ 成行注文…売買価格を指定しないで注文する方法
　「A社株式をいくらでもいいから100株買う」

ポイント

☆ 指値注文より、成行注文のほうが優先される → 成行注文優先の原則

☆ 同一銘柄について、複数の売り指値注文がある場合はもっとも低い価格が優先される。買い指値注文の場合はもっとも高い価格が優先される → 価格優先の原則

☆ 同一銘柄について、複数の指値注文がある場合は、時間の早い注文が優先される → 時間優先の原則

☆ 指値注文であっても、指定した価格よりも有利な価格で取引が成立することがある
　　たとえば、80円で買い指値注文を出していたけど、株価は75円であった場合には、75円で買うことができる！

Ⅱ 決済（受渡し）

　株式の売買が成立した日（約定日）を含めて**3営業日**目に決済（受渡し）が行われます。

3　株式の指標

Ⅰ 相場指標

　株式市場の株価水準や動きをみるための指標として、次のようなものがあります。

板書 相場指標 📎

1 日経平均株価（日経225）

…**東証1部**に上場されている銘柄のうち、代表的な**225**銘柄の株価を平均したもの

> 単純に平均したものではなく、株価の連続性を保つように修正平均した株価

☆ 値がさ株の影響を受けやすい

> 株価の高い銘柄

2 東証株価指数（TOPIX）

…**東証1部**に上場されている**全銘柄**の時価総額（株価×上場株式数）を指数化したもの

> 基準日（1968年1月4日）の時価総額を100とした場合の時価総額の変化を表す

☆ 時価総額の大きい銘柄の影響を受けやすい

3 JPX日経インデックス400（JPX日経400）

… 東証全体（東証1部、2部、マザーズ、ジャスダック）から、資本の効率的活用や投資家を意識した経営など、一定の要件を満たした、投資家にとって魅力が高い会社**400**社（**400**銘柄）で構成される株価指数

選定の手順

> Step1 債務超過の会社、3期連続赤字の会社などは除外
> Step2 売買代金と**時価総額**から上位**1,000**銘柄を選定
> Step3 ROE、営業利益、時価総額を加味して**400**銘柄を選定
> ┗ Ⅱ 株式投資に用いる指標で説明

☆ 日本取引所グループ、東京証券取引所、日本経済新聞社が共同で開発した株価指数

☆ 指数は基準日（2013年8月30日）を**10,000**ポイントとして算出

4 売買高（出来高）

…証券取引所で売買契約が成立した株式の総数

Ⅱ 株式投資に用いる指標

株式投資を行うときの判断基準となる指標（個別銘柄の指標）には、次のようなものがあります。

板書 **株式投資に用いる指標**

1 PER（株価収益率） Price Earnings Ratio

株価が1株あたり純利益の何倍になっているかをみる指標
→ EPS

☆ PERが低い銘柄は割**安**、高い銘柄は割**高**といえる

$$PER（倍）=\frac{株価}{1株あたり純利益（EPS）}$$

たとえば、株価が300円、税引後当期純利益が20億円、発行済み株式数が1億株の場合は…

$$EPS=\frac{20億円}{1億株}=20円 \qquad PER=\frac{300円}{20円}=15倍$$

2 PBR（株価純資産倍率） Price Book-value Ratio

株価が1株あたり純資産の何倍になっているかをみる指標
→ BPS

☆ PBRが1倍ということは、その会社の株価が解散価値と同じということ
☆ PBRが低い（1倍に近い）銘柄は割**安**、高い銘柄は割**高**といえる

$$PBR（倍）=\frac{株価}{1株あたり純資産（BPS）}$$

たとえば、株価が300円、純資産が100億円、発行済み株式数が1億株の場合は…

$$BPS=\frac{100億円}{1億株}=100円 \qquad PBR=\frac{300円}{100円}=3倍$$

3 ROE（自己資本利益率）Return On Equity

株主が出資したお金（自己資本＝純資産）を使って、どれだけの
利益をあげたかをみる指標

☆ ROEが高い会社は儲け上手な会社！

↳少しの元手で大きく稼いだということになるから

$$ROE(\%)=\frac{税引後当期純利益}{自己資本（純資産）}\times100$$

たとえば、税引後当期純利益が20億円、自己資本（純資産）が
100億円の場合は…

$$ROE=\frac{20億円}{100億円}\times100=20\%$$

4 配当利回り

投資額（株価）に対する配当金の割合

$$配当利回り(\%)=\frac{1株あたり配当金}{株価}\times100$$

たとえば、株価が300円、1株あたり配当金が6円の場合は…

$$配当利回り=\frac{6円}{300円}\times100=2\%$$

5 配当性向

純利益に対する配当金の割合

稼いだ利益のうち、どれだけ
株主に還元したかを表す

$$配当性向(\%)=\frac{配当金総額}{税引後当期純利益}\times100$$

たとえば、税引後当期純利益が20億円、年間配当金の総額が
4億円の場合は…

$$配当性向=\frac{4億円}{20億円}\times100=20\%$$

6 自己資本比率

会社全体の資本（負債＋純資産＝総資産）に対する、株主が出資した返済不要のお金（自己資本＝純資産）の割合

$$自己資本比率(\%)=\frac{自己資本（純資産）}{総資産（負債＋純資産）}\times100$$

たとえば、自己資本（純資産）が100億円、総資産が500億円の場合は…

$$自己資本比率：\frac{100億円}{500億円}\times100=20\%$$

CHAPTER 03
SECTION 05 株 式 基本問題

次の各記述のうち、正しいものには○を、誤っているものには×をつけなさい。

問1 株式の取引
(1) 同一銘柄について、指値注文と成行注文があった場合、売買価格を指定して注文する指値注文よりも、売買価格を指定しないで注文する成行注文のほうが優先される。
(2) 株式の売買代金の決済は、約定日の翌営業日に行われる。

問2 株式の指標
(1) 東証株価指数は、東証1部に上場されている銘柄のうち、代表的な225銘柄の時価総額を指数化したものである。
(2) 株価が500円、税引後当期純利益が5,000万円、発行済み株式数が100万株である場合、その会社のPERは5倍である。
(3) 株価が1,200円、1株あたりの配当金が30円の場合、配当利回りは40％である。

解答

問1

(1) ⭕

(2) ❌ 株式の売買代金の決済は、約定日を含めて3営業日目に行われる。

問2

(1) ❌ 東証株価指数は、東証1部に上場されている全銘柄の時価総額を指数化したものである。

(2) ❌ EPS：$\dfrac{50,000,000 円}{1,000,000 株} = 50 円$

PER：$\dfrac{500 円}{50 円} = 10 倍$

(3) ❌ 配当利回り：$\dfrac{30 円}{1,200 円} \times 100 = 2.5\%$

SECTION 06 投資信託

CHAPTER 03 金融資産運用

このSECTIONで学習すること

1 投資信託の基本
- 投資信託の特徴
- 投資信託に関する用語の説明

> 安全性が非常に高い投資信託だとしても、元本は保証されていない！

2 投資信託のしくみ
- 投資信託(契約型)のしくみ
- 投資信託のコスト
  - 購入時手数料
  - 信託報酬
  - 信託財産留保額
- 投資信託の中途換金方法

> 投資信託のコストについて、それぞれの内容を確認しておこう

3 投資信託の分類
- 投資信託の分類
  - 公社債投資信託と株式投資信託
  - 追加型と単位型
  - オープンエンド型とクローズドエンド型
  - インデックス運用とアクティブ運用
- MRF

> 公社債投資信託には、株式は一切組み入れられない。株式投資信託には、公社債が組み入れられることもある

4 上場している投資信託
- ETF
- 上場不動産投資信託 (J-REIT)

> 投資の仕方は株式の場合と同じ

5 トータルリターン通知制度
- 概要

> 投資信託の販売会社に義務づけられている制度

1 投資信託の基本

Ⅰ 投資信託とは

投資信託とは、多数の投資家から資金を集めて1つの基金とし、この基金を運用の専門家が株式や不動産などに分散投資して、そこで得た利益を投資家に配分するしくみの金融商品をいいます。

板書 投資信託の特徴

☆ 小口投資が可能
☆ 専門家が投資、運用する
☆ 元本は保証されていない

Ⅱ 投資信託に関する用語の説明

投資信託に関する用語を確認しておきましょう。

投資信託に関する用語の説明

用　語	意　味
ファンド	運用資金のこと。一般的には投資信託の商品を指すことが多い
基 準 価 額	投資信託の1口あたりの時価
目 論 見 書	ファンドの説明書。ファンドの目的、特色、投資の方針、投資のリスク、手続きなどが記載されている書類
運用報告書	運用実績や運用状況などが記載されている書類

2 投資信託のしくみ

I 投資信託のしくみ

投資信託には、**会社型**と**契約型**があります。

日本の投資信託は、ほとんどが契約型のため、ここでは契約型投資信託のしくみについて説明します。

契約型投資信託とは、運用会社(ファンドの委託者)と信託銀行等(ファンドの受託者)が信託契約を結ぶ形態の投資信託をいいます。

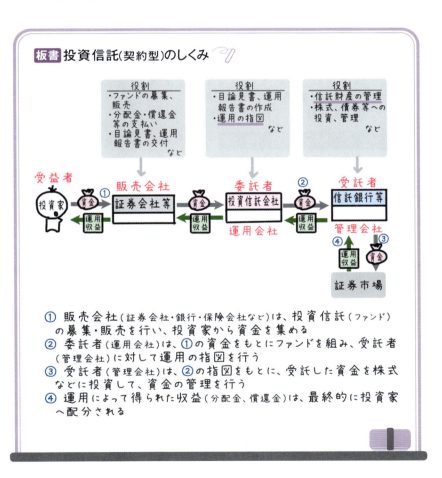

Ⅱ 投資信託のコスト

投資信託に投資するさいに、投資家が負担するコスト（主なもの）には、次のようなものがあります。

板書 投資信託のコスト

1 購入時手数料 ←投資信託の購入時にかかるコスト

…購入時に、販売会社に支払う手数料

☆ 購入時手数料がないファンド（ノーロード）もある

☆ 同じ投資信託でも、販売会社によって購入時手数料が異なる

2 運用管理費用（信託報酬） ←投資信託の保有時にかかるコスト

…販売会社、委託者（運用会社）、受託者（管理会社）のそれぞれの業務に対する手間賃

☆ 信託財産から日々差し引かれる

3 信託財産留保額 ←投資信託の中途換金時にかかるコスト

…中途換金時に徴収される手数料

☆ 中途解約した投資家の換金代金から差し引かれる

　ある投資家がファンドを解約すると、ファンドの株式などを売却するが、このとき売却手数料がかかる。この売却手数料は他の（残った）投資家が負担するため、他の投資家との公平を図るために、解約する投資家から信託財産留保額として徴収する

Ⅲ 投資信託の中途換金方法

投資信託の中途換金方法には、解約請求と買取請求の2つがあります。

板書 解約請求と買取請求

解約請求	投資家が委託者(運用会社)に直接、解約を請求する方法
買取請求	投資家が販売会社に受益証券を買い取ってもらう(売却する)方法

3 投資信託の分類

I 投資信託の分類

投資信託をいくつかの観点から分類すると、次のようになります。

板書 投資信託の分類

☆ 投資対象による分類

公社債投資信託	株式を一切組み入れないで運用する投資信託
株式投資信託	株式を組み入れて運用できる投資信託

☆ 購入時期による分類

追加型(オープン型)	いつでも購入できる投資信託
単位型(ユニット型)	募集期間中だけ購入できる投資信託

☆ 解約の可否による分類

オープンエンド型	いつでも解約できる投資信託
クローズドエンド型	解約できない投資信託(換金するときは市場で売却する)

209

☆ 運用スタイルによる分類

インデックス運用 （パッシブ運用）	ベンチマーク※に**連動した**運用成果を目標とする運用スタイル ※ 日経平均株価やTOPIXなど、運用目標とする基準のこと
アクティブ運用	ベンチマークを**上回る**運用成果を目標とする運用スタイル

アクティブ運用の場合、次の投資スタイルがある

トップダウン・アプローチ	マクロ的な投資環境（経済・金利・為替など）を予測し、資産配分や投資する業種を決定したあと、個別銘柄を選ぶという運用スタイル
ボトムアップ・アプローチ	個別企業の調査、分析から、投資対象を決定する運用スタイル
グロース型	将来的に**成長**が見込める銘柄に投資する運用スタイル
バリュー型	企業の利益や資産などから判断して、**割安**だと思う銘柄に投資する運用スタイル

ひとこと

ブルベアファンドとは、ブル型ファンドとベア型ファンドの総称です。

ブル型ファンド	相場が上昇したときに利益が出るように設計されたファンド 牛（Bull）の角が上を向いていることから、「ブル型」とよばれる
ベア型ファンド	相場が下落したときに利益が出るように設計されたファンド 熊（Bear）は上から下に手を振り下ろすことから、「ベア型」とよばれる

II MRF

　主な公社債投資信託には、**MRF**（マネー・リザーブ・ファンド）があります。

　MRFはいつでもペナルティなしで解約できます。また、日々収益が計上され、その収益は月末にまとめて再投資されます。

4 上場している投資信託

上場している投資信託には、ETF や 上場不動産投資信託(J-REIT) などがあります。

> **ひとこと**
> 株式と同様に、証券市場に上場している投資信託です。投資の仕方は株式と同様です。

板書 上場している投資信託

1 ETF(Exchange Traded Funds)
…日経平均株価やTOPIXなどの指数に連動するように運用される投資信託 →インデックスファンド

2 上場不動産投資信託(J-REIT) 日本版不動産投資信託の略
…投資家から集めた資金を不動産に投資して、そこから得られた利益を投資家に分配する投資信託

---

5 トータルリターン通知制度

販売会社は投資家に対し、年1回以上トータルリターンを通知することが義務づけられています(トータルリターン通知制度)。

板書 トータルリターン通知制度のポイント

トータルリターンとは

…一定期間の累積損益

$$\text{トータルリターン} = \text{現在の評価金額(B)} + \text{分配金額の累計(C)} + \text{売却金額の累計(D)} - \text{買付金額の累計(A)}$$

投資額 　買付金額の累計(A)　　　　トータルリターン

投資結果 　現在の評価金額(B)　　分配金額の累計(C)　　売却金額の累計(D)

対　象　商　品

2014年12月以降に取得した株式投資信託、外国投資信託

公社債投資信託、ETF、REIT、
MRF、外貨MMFなどは対象外

CHAPTER 03
SECTION 06 投資信託 基本問題

次の各記述のうち、正しいものには○を、誤っているものには×をつけなさい。

問1 投資信託のコスト
(1) 信託報酬とは、投資信託の購入時に販売会社に支払う手数料をいう。
(2) 投資信託のコストのうち信託財産留保額は、中途換金時にかかる手数料である。

問2 投資信託の分類
(1) 公社債投資信託は、株式の組入率を10％以内におさえた投資信託である。
(2) インデックス運用とは、日経平均株価などのベンチマークを上回る運用成果を目標とする運用スタイルをいう。
(3) MRFは元本の保証はない。

解答

問1
(1) × 信託報酬とは、販売会社、委託者、受託者のそれぞれの業務に対する手間賃をいう。問題文は購入時手数料の説明である。
(2) ○

問2
(1) × 公社債投資信託は、株式は一切組み入れることができない。
(2) × インデックス運用とは、ベンチマークに連動した運用成果を目標とする運用スタイルをいう。問題文はアクティブ運用の説明である。
(3) ○

SECTION 07 外貨建て金融商品

CHAPTER 03
金融資産運用

このSECTIONで学習すること

1 外貨建て金融商品の基本
・為替レート（TTS、TTB）
・為替リスク

TTSとTTBは銀行側の立場に立って考えて！

2 主な外貨建て金融商品
・外貨預金
・外国債券
・外国投資信託

外国投資信託のうち、外貨建てMMFをしっかりチェックしておこう

1 外貨建て金融商品の基本

Ⅰ 外貨建て金融商品とは

外貨建て金融商品とは、取引価格が外貨建て（米ドル、豪ドル、ユーロなど）で表示されている金融商品をいいます。

Ⅱ 為替レート

外貨建て金融商品を購入するさいには、円から外貨に換える必要があります。また、利子や元金を受け取るさいには、外貨から円に換える必要があります。

このとき、為替レートを用いますが、円を外貨に換えるときの為替レートは**TTS**（Telegraphic Transfer Selling Rate）を、外貨を円に換えるときの為替レートは**TTB**（Telegraphic Transfer Buying Rate）を用います。

214

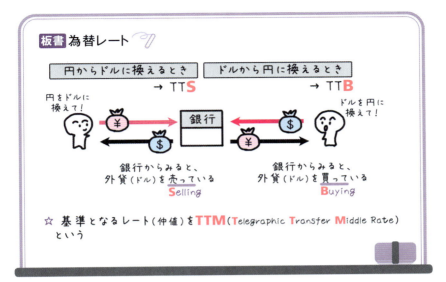

III 為替リスク

為替レートは刻々と変動しているため、外貨建て金融商品の取引には、為替レートの変動による影響(為替リスク)があります。

為替レートの変動によって生じた利益を**為替差益**、為替レートの変動によって生じた損失を**為替差損**といいます。

ひとこと

たとえば1ドル100円のときに10ドルを購入し、1ドル120円のときに売却したとします。そうすると、購入時には日本円で1,000円(10ドル×100円)を支払い、売却時に1,200円(10ドル×120円)を受け取ることになるため、200円の為替差益が生じます。

→円安になると為替差益が生じる!

一方、1ドル110円のときに10ドルを購入し、1ドル100円のときに売却したとします。そうすると、購入時には日本円で1,100円(10ドル×110円)を支払い、売却時に1,000円(10ドル×100円)を受け取ることになるため、100円の為替差損が生じます。

→円高になると為替差損が生じる!

2 主な外貨建て金融商品

主な外貨建て金融商品には、**外貨預金**、**外国債券**、**外国投資信託** などがあります。

板書 **主な外貨建て金融商品** ✐

1 外貨預金

…外貨で行う預金。しくみは円預金と同様
- ☆ 預金保険制度の**対象外**
- ☆ 定期預金は原則として中途換金ができない
- ☆ 利子は<u>利子</u>所得、為替差益は**雑**所得
  - ↳ 20.315%の源泉分離課税

2 外国債券

…発行者、発行場所、通貨のいずれかが外国である債券
  - ↳ したがって、円建ての外国債券というのもある！

発行者:外国 発行場所:日本 通貨:**円**貨	発行者:外国 発行場所:日本 通貨:**外**貨
という債券を サムライ債 という	という債券を ショーグン債 という

濁点つながりで、「ガイカ」→「ショーグン」と
軽くおぼえておこう

3 外国投資信託

…投資信託の国籍が外国にあり、外国の法律にもとづいて
設定される投資信託。代表的なものに**外貨建てMMF**がある
  - ↳ 国籍が外国で、外貨建ての公社債投資信託

外貨建てMMFの特徴　　MMF…マネー・マーケット・ファンド

- ☆ 外貨建ての公社債や短期の金融商品などで運用されている
- ☆ 株式は一切組み入れていない
- ☆ 売買手数料がない
- ☆ いつでもペナルティなしで換金可能
- ☆ 収益分配金は利子所得。**20.315%**の申告分離課税（また
  は申告不要とすることができる）
- ☆ 譲渡差益（売却益）は、譲渡所得
  - ↰ 為替差益を含む

CHAPTER 03
SECTION 07 外貨建て金融商品 基本問題

次の各記述のうち、正しいものには○を、誤っているものには×をつけなさい。

問1 為替レート

(1) 円を外貨に換えるときの為替レートはTTBを用いる。

(2) TTSが78円、TTBが76円の場合において、所有する500ドルを円貨に換えると39,000円となる。

問2 主な外貨建て金融商品

(1) 外貨建てMMFはいつでもペナルティなしで換金できる。

(2) 外貨建てMMFの収益分配金は非課税である。

解答

問1

(1) × 円を外貨に換えるときの為替レートはTTSを用いる。

(2) × 500ドル×76円＝38,000円

問2

(1) ○

(2) × 外貨建てMMFの収益分配金は、利子所得として課税される。

217

SECTION 08 金融商品と税金

このSECTIONで学習すること

1 預貯金と税金
・預貯金の利子
　→利子所得
　　（源泉分離課税）

預貯金の利子は原則として20.315%の源泉分離税！

2 債券、株式、投資信託と税金
・特定口座
・債券と税金
・株式と税金
・投資信託と税金
・損益通算と損失の繰越し

証券税制について確認しておこう

1 預貯金と税金

預貯金の利子は、利子所得として課税され、原則として**20.315%**（所得税**15%**、復興特別所得税**0.315%**、住民税**5%**）の源泉分離課税となります。

2 債券、株式、投資信託と税金

I 特定口座

特定口座とは、投資家が所有する上場株式等から生じる損益にかかる税金の申告を簡略化するために設けられた制度で、証券会社が投資家にかわって特定口座内の年間の売却損益等の計算を行います。

また、特定口座には、「源泉徴収あり（源泉徴収口座）」と「源泉徴収なし（簡易申告口座）」があり、源泉徴収口座の場合には、売却損益等について確定申告を不要とすることができます。

なお、証券会社の口座をまとめると、次のとおりです。

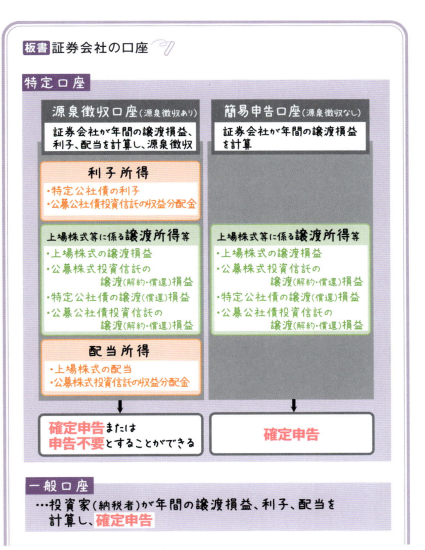

> NISA口座
> …NISA(後述Ⅲ❷)を利用する場合の**非課税**口座

Ⅱ 債券と税金

　国債や地方債、公募社債などの一定の公社債を 特定公社債 といいます。

> **ひとこと**
> なお、特定公社債に公募公社債投資信託などを含めた場合には、特定公社債等 といいます。

特定公社債と特定公社債等

特定公社債 国債、地方債、外国債、外国地方債、 公募公社債、上場公社債　など	
公募公社債投資信託　外貨建てMMF など	

　　　　　　　　　　　　　　　　　　　　　　　　特定公社債等

> **ひとこと**
> また、特定公社債以外の公社債（私募債など）を 一般公社債 といいます。

　特定公社債にかかる利子、譲渡損益、償還損益の課税方法は次のとおりです。

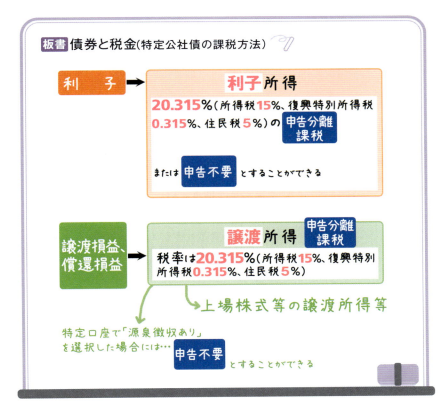

一般公社債（特定公社債以外の公社債）については上記の課税方法とは異なりますが、3級の試験では特定公社債の課税方法だけおさえておけばよいでしょう。

Ⅲ 株式と税金
1 株式と税金

株式の取引から生じた配当金と譲渡損益(売却損益)の課税方法は次のとおりです。

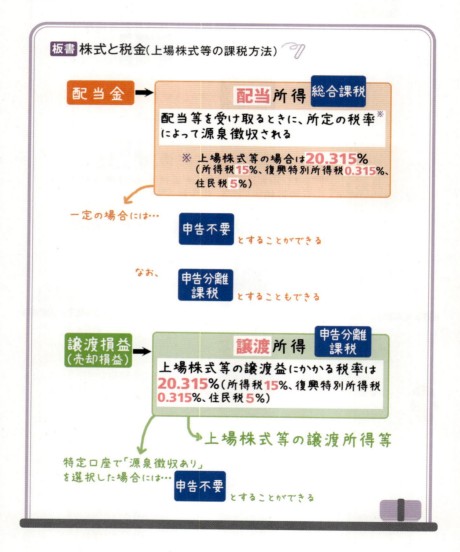

2 NISA

NISA（ニーサ）とは、2014年1月から導入された 少額投資非課税制度 をいいます。NISA制度によって開設される口座には、一般NISA、つみたてNISA、ジュニアNISA の3種類があります。

> **ひとこと**
> NISAは、イギリスのISA（Individual Saving Account：個人貯蓄口座）をモデルにした制度で、日本版（NIPPON）であることからNISAと名付けられました。

【一般NISA】

一般NISAのポイントは次のとおりです。

板書 一般NISAのポイント

概要
年間 **120万円** までの投資にかかる売却益や配当金について、非課税となる制度

対象商品
☆ 上場株式
☆ 株式投資信託
☆ ETF（上場投資信託）
☆ REIT（不動産投資信託） など

預貯金、公社債、公社債投資信託などは対象外

非課税の期間
5年間

利用できる人
日本国内に住んでいる **20歳** 以上の人

ポイント
☆ NISAを利用するには口座の開設が必要（原則として一人一口座）
☆ 非課税枠の繰越しはできない
　→「今年100万円分しか利用しなかったから、20万円分を繰り越して、来年の非課税枠は140万円だね」…とはならない
　　→来年の非課税枠も120万円

☆ NISA口座内で譲渡損失が生じた場合、他の口座で
　生じた譲渡益や配当金などと通算することはできない
☆ 所定の手続きを行えば、1年ごとに金融機関を変更すること
　ができる

【つみたてNISA】

　つみたてNISAは、長期的に積立投資を行うもので、利用は一般NISAとの選択制となります。

板書 つみたてNISAのポイント

概　　　要

年間**40**万円までの投資にかかる売却益や配当金について、非課税となる制度

非課税の期間

20年間

利用できる人

日本国内に住んでいる**20**歳以上の人

対　象　商　品

長期の積立・分散投資に適した一定の投資信託
（信託期間20年以上、非毎月分配型ファンドなど）
　↳ たとえば、公募株式投資信託の場合、販売手数料はゼロ（ノーロード）
　　や信託報酬は一定水準以下に限定などの要件を満たしたもの

ポイント

☆ 一般NISAとの選択制（併用はできない）

224

【ジュニアNISA】

ジュニアNISAは、未成年者を対象としたNISAです。

板書 ジュニアNISAのポイント

概要

20歳未満の子ども1人につき、年間80万円までの投資にかかる売却益や配当金について非課税となる制度

非課税の期間

5年間

運用管理

☆ 原則として、親権者等が未成年者のために代理して運用する
☆ 18歳までは払出しに制限あり
　　↳ 途中で払出す場合には、過去の利益に対して課税

ポイント

☆ 金融機関の変更はできない。変更する場合は既存の口座を廃止
して新たに再設定　　↰ 一般NISAとつみたてNISAは1年ごとに
　　　　　　　　　　　　　金融機関の変更ができる

Ⅳ 投資信託と税金

1 公募公社債投資信託と税金

公募公社債投資信託の収益分配金は、**利子**所得として公社債等の利子と同じ扱いになります。

また、解約損益や償還差損は、**譲渡**所得として株式や公社債等の譲渡損益等と同じ扱いになります。

225

板書 公募公社債投資信託と税金 Review Ⅱ 債券と税金

☆ 収益分配金→**利子**所得
☆ 譲渡損益、解約損益、償還損益→**譲渡**所得

2 公募株式投資信託と税金

株式投資信託の収益分配金には、**普通分配金**(値上がり分)と**元本払戻金**(特別分配金)があります。

ひとこと

たとえば、追加型株式投資信託を10,000円で購入し、決算時に1,000円の分配があった(決算時の基準価額は10,600円)とした場合、収益分配金支払後の基準価額は9,600円(10,600円−1,000円)となります。この場合の、収益分配金の内訳は、値上がり分の600円(10,600円−10,000円)は普通分配金で、残りの400円(1,000円−600円)は元本払戻金(特別分配金)となります。

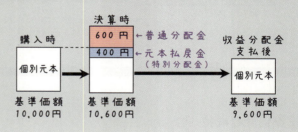

このうち、普通分配金については、**配当**所得として上場株式の配当金と同じ扱いになります。一方、元本払戻金(特別分配金)については**非課税**となります。

→参照 CH04.SEC02 **2** 配当所得

また、譲渡損益(売却損益)、解約損益、償還損益は、**譲渡**所得として上場株式の譲渡損益と同じ扱いになります。

→参照 CH04.SEC02 **8** 譲渡所得

> **板書** 公募株式投資信託と税金
>
> ☆ 収益分配金のうち
> - 普通分配金 → **配当**所得
> - 元本払戻金（特別分配金） → **非課税**
>
> ☆ 譲渡損益、解約損益、償還損益 → **譲渡**所得

V 損益通算と損失の繰越し

上場株式等の配当所得（**申告分離課税**を選択したものに限る）や譲渡所得、特定公社債等の利子所得（**申告分離課税**を選択したものに限る）や譲渡所得は **損益通算** することができます。

> **ひとこと**
> **損益通算**とは、損失（赤字）と利益（黒字）を相殺することをいいます。

なお、損益通算しても損失が残る場合には、その損失は **3** 年間、繰り越すことができます。

VI 株式、債券、投資信託の税金のまとめ

株式、公社債、投資信託の配当や利子、譲渡損益、償還損益などにかかる課税方法をまとめると、次のとおりです。

板書 株式、債券、投資信託と税金

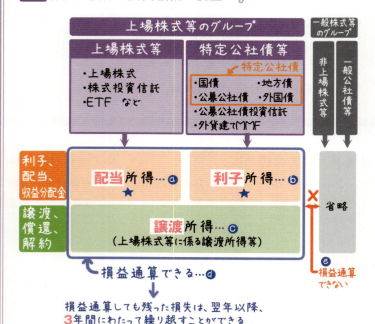

ⓐ…配当等を受け取るときに、**20.315%**(所得税**15**%、復興特別所得税**0.315**%、住民税**5**%)が源泉徴収される
原則は 総合課税 。ただし、 申告不要 または 申告分離課税 を選択できる

ⓑ…**20.315%**(所得税**15**%、復興特別所得税**0.315**%、住民税**5**%)の 申告分離課税 または 申告不要 とすることができる

ⓒ… 申告分離課税 。税率は**20.315%**(所得税**15**%、復興特別所得税**0.315**%、住民税**5**%)
特定口座で「源泉徴収あり」を選択した場合には 申告不要 とすることができる

ⓓ…上場株式等の配当所得(★)、特定公社債等の利子所得(★)の損益通算については、配当所得、利子所得について 申告分離課税 を選択したものに限る

ⓔ…上場株式等のグループの譲渡損益と一般株式等のグループの譲渡損益は損益通算できない

CHAPTER 03
SECTION 08 金融商品と税金 基本問題

次の各記述のうち、正しいものには○を、誤っているものには×をつけなさい。

問1 預貯金と税金、特定口座
(1) 預貯金の利子は非課税である。
(2) 国債や地方債などの特定公社債等も、特定口座に受け入れることができる。

問2 債券、株式、投資信託と税金
(1) 2021年中に、公募公社債を売却したときの売却益については、非課税である。
(2) 株式等の配当所得は総合課税の対象であるが、上場株式等の配当所得については、申告分離課税を選択することができる。
(3) 一般NISA口座で運用できる上限金額は150万円である。
(4) 2021年中における公募公社債投資信託の償還差益は非課税である。
(5) 株式投資信託の収益分配金のうち、元本払戻金(特別分配金)は配当所得として課税の対象となる。

解答

問1

(1) ✕　預貯金の利子は、利子所得に該当する。なお、利子の受取り時に20.315％が源泉徴収されて課税関係が終了する（源泉分離課税）。

(2) ◯

問2

(1) ✕　公募公社債を売却したときの売却益は**譲渡所得**として課税の対象となる。

(2) ◯

(3) ✕　「150万円」ではなく、「120万円」である。

(4) ✕　公募公社債投資信託の償還差益は**譲渡所得**として課税される。

(5) ✕　元本払戻金（特別分配金）は非課税である。

SECTION 09 ポートフォリオとデリバティブ取引

このSECTIONで学習すること

1 ポートフォリオ
・ポートフォリオ運用とアセット・アロケーション
・ポートフォリオの期待収益率
・リスクの低減効果と相関係数

相関係数が−1に近づくほど、リスクの低減効果が高くなる

2 デリバティブ取引
・先物取引
・オプション取引
・スワップ取引

それぞれの概要をおさえておこう

1 ポートフォリオ

I ポートフォリオとは

ポートフォリオとは、所有する資産の組合せのことをいいます。

ひとこと
分散投資という意味もあります。

II ポートフォリオ運用とアセット・アロケーション

ポートフォリオ運用とは、性格の異なる複数の銘柄(金融商品)に投資することによって、安定した運用を行うことをいいます。

ひとこと

たとえば、A自動車㈱株式のみに投資しているよりも、A自動車㈱株式、B銀行㈱株式、国債といったように、複数の銘柄に投資していたほうが、リスクを減らすことができ、安定した収益を得ることができるのです。

また、投資資金を国内株式、国内債券、海外債券、不動産などの複数の異なる資産(アセット)に配分(アロケーション)して運用することを **アセット・アロケーション** といいます。

ひとこと

ポートフォリオが個別銘柄の組合せを指すのに対して、アセット・アロケーションは資産クラス(国内株式、国内債券、海外債券、不動産など)の組合せを指します。

Ⅲ ポートフォリオの期待収益率

期待収益率 とは、予想される状況とその状況が発生するであろう確率を求めて、それぞれの予想投資収益率を加重平均したもので、ポートフォリオの期待収益率は、個別証券の期待収益率をポートフォリオの構成比で加重平均したものに **等しく** なります。

板書 ポートフォリオの期待収益率

たとえば、ポートフォリオの構成比と期待収益率が以下のとおりであった場合のポートフォリオの期待収益率は…

	期待収益率	ポートフォリオの構成比
A証券	0.6%	50%
B証券	3.0%	30%
C証券	9.0%	20%

ポートフォリオの期待収益率：$0.6\% \times 0.5 + 3.0\% \times 0.3 + 9.0\% \times 0.2 = 3\%$
　　　　　　　　　　　　　A証券　　　　B証券　　　　C証券

Ⅳ リスクの低減効果と相関係数

投資において **リスク** とは、不確実性のこと（利益や損失がどの程度発生するかが不確実なこと）をいいます。

ひとこと

リスクというと、損失を被ることを指すように思えますが、投資におけるリスクは損失だけでなく、利益の発生も含みます。

ポートフォリオのリスクを低減させるためには、できるだけ異なる値動きをする資産や銘柄を組み合わせる必要があります。

組み入れる資産や銘柄の値動きが同じ（相関関係がある）か、異なる（相関関係がない）かをみるとき、**相関係数** という係数を用います。

相関係数とは、相関関係を **−1** から **+1** までの数値で表したもので、相関係数が **−1** に近づくほど、リスク低減効果が期待できます。

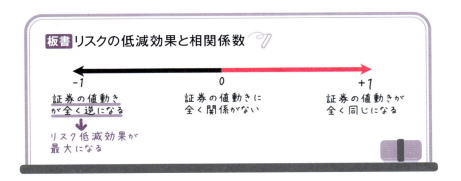

2 デリバティブ取引

I デリバティブ取引とは

デリバティブ取引とは、株式や債券などの金融商品から派生して生まれた金融商品（デリバティブ）を扱う取引をいいます。

デリバティブ取引には、先物取引、オプション取引、スワップ取引などがあります。

板書 主なデリバティブ取引 ✍

1 先物取引

…将来の一定時点において、特定の商品を一定の価格で
　一定の数量だけ売買することを約束する取引

たとえば、5月の時点で、8月に受け渡しする商品の価格を
あらかじめ決めてしまうということ

2 オプション取引

…将来の一定時点に、一定の価格で特定の商品を売買する
　権利を売買する取引

☆ 買う権利をコール・オプション、売る権利をプット・オプションという
　　　　　　　Call option　　　　　　　　　　put option

お店に行って、モノを買うとき、
店員さんを呼ぶよね…
だからコール・オプションは
「買う権利」とおぼえておこう

putには、「置く」とか「値段をつける」
という意味がある！
値札を置いたり（貼ったり）、
値段をつけるのは売り手だよね…
だからプット・オプションは
「売る権利」とおぼえておこう

3 スワップ取引

…金利や通貨から生じるキャッシュフロー（お金の流れ）を交換
　する取引

たとえば、A銀行から変動金利で100万円を借りているけど、
今後、金利が上がったとき不利になる（金利が上がると考えている）ので、
B銀行と変動金利と固定金利を交換する契約を結ぶ、ということができる！
　　↘ 金利の交換（金利スワップ取引）

CHAPTER 03
SECTION 09 ポートフォリオとデリバティブ取引 基本問題

次の各記述のうち、正しいものには○を、誤っているものには×をつけなさい。

問1 ポートフォリオ
(1) アセット・アロケーションとは、投資資金を複数の異なる資産に配分して運用することをいう。
(2) 資産Aと資産Bに分散投資するとき、相関係数が0に近づくほど、リスクの低減効果が高い。

問2 デリバティブ取引
(1) 先物取引とは、将来の一定時点において、特定の商品を一定の価格で一定の数量だけ売買することを約束する取引をいう。
(2) オプション取引において、買う権利をプット・オプションという。

解答

問1
(1) ○
(2) ×　相関係数が－1に近づくほど、リスクの低減効果が高い。

問2
(1) ○
(2) ×　買う権利はコール・オプションという。

CHAPTER 04

タックス
プランニング

CHAPTER 04 タックスプランニング

SECTION 01 所得税の基本

このSECTIONで学習すること

1 税金の分類
・国税と地方税
・直接税と間接税
・申告納税方式と賦課課税方式

所得税は国税で直接税で、申告納税方式！

2 所得税の基本
・所得税が非課税となるもの
・所得税の納税義務者と範囲
・所得税の計算の流れ
・総合課税と分離課税
・青色申告

所得税の計算の流れは4 Step！

---

1 税金の分類

税金は、性質や納付方法などによっていくつかに分類することができます。

I 国税と地方税

誰が課税するのかといった面から、税金は **国税**（国が課税）と **地方税**（地方公共団体が課税）に分かれます。

II 直接税と間接税

直接税 とは、税金を負担する人が直接自分で納める税金をいい、**間接税** とは、税金を負担する人と納める人が異なる税金をいいます。

238

板書 国税と地方税、直接税と間接税 🖊

	直接税	間接税
国 税	所得税、法人税、相続税、贈与税	消費税、印紙税、酒税
地方税	住民税、事業税、固定資産税	地方消費税

Ⅲ 申告納税方式と賦課課税方式

　税金の納付方法には、納税者が自分で税額を計算して申告する**申告納税方式**と、課税する側である国や地方公共団体が税額を計算して納税者に通知する**賦課課税方式**があります。

板書 申告納税方式と賦課課税方式 🖊

申告納税方式 …納税者が自分で税額を計算して申告
　　　　　　　→所得税、法人税、相続税など

賦課課税方式 …国や地方公共団体が税額を計算して、納税者に通知
　　　　　　　→住民税、固定資産税など

2 所得税の基本

I 所得税とは

 所得 とは、個人が1年間（1月1日から12月31日までの1年間）に得た収入から、これを得るためにかかった必要経費を差し引いた金額をいい、この所得に対してかかる税金を 所得税 といいます。

ひとこと
所得＝収入－必要経費 です。

II 所得税の納税義務者と範囲

 所得税法における 居住者 とは、日本国内に住所を有する、または現在まで引き続いて1年以上、日本国内に居所がある個人をいいます。なお、居住者は、非永住者以外の居住者 と 非永住者 に分かれます。

 このうち、非永住者以外の居住者は、国内および国外で生じたすべての所得に対して所得税が課税されます。

ひとこと
一般的にはほとんどこのケースです。非永住者や非居住者は課税の範囲が狭くなります。

III 所得税が非課税となるもの

 次のものには、所得税は課されません。

所得税が非課税となるもの

❶ 社会保険（労災や失業・障害・遺族給付）の給付金
❷ 通勤手当（月 **15** 万円まで）
❸ 生活用動産（**30** 万円超の貴金属等を除く）の譲渡による所得
❹ 損害または生命保険契約の保険金で身体の傷害に起因して支払われるもの
❺ 損害保険契約の保険金で資産の損害に起因して支払われるもの

など

Ⅳ 所得税の計算の流れ

所得税の税額は、次の流れで計算します。

板書 所得税の計算の流れ

Step1 所得を10種類に分け、それぞれの**所得金額**を計算
　①利子所得　②配当所得　③不動産所得
　④事業所得　⑤給与所得　⑥退職所得
　⑦山林所得　⑧譲渡所得　⑨一時所得　⑩雑所得

Step2 各所得金額を合算して、**課税標準**を計算
☆損益通算、損失の繰越控除を行う

Step3 課税標準から**所得控除**を差し引いて**課税所得金額**を計算

Step4 ①課税所得金額に税率を掛けて**所得税額**を計算
　　　↓
②所得税額から**税額控除**を差し引いて申告税額を計算
　　　　　　　　　　　住宅ローン控除、配当控除など

Ⅴ 総合課税と分離課税

各所得金額（ Step1 で計算した金額）は、原則として合算されて課税（ 総合課税 ）されますが、一部の所得については、ほかの所得と分離して課税（ 分離課税 ）されます。

なお、分離課税には、所得を得た人が自分で税額を申告するタイプの分離課税（ 申告分離課税 ）と、所得から税額が天引きされるタイプの分離課税（ 源泉分離課税 ）があります。

板書 総合課税と分離課税

総合課税
① 利子所得[※1]　② 配当所得　③ 不動産所得　④ 事業所得
⑤ 給与所得　⑥ 退職所得　⑦ 山林所得
⑧ 譲渡所得（土地、建物、株式の譲渡所得以外）
⑨ 一時所得　⑩ 雑所得

分離課税
① 利子所得[※2]　② 配当所得　③ 不動産所得　④ 事業所得
⑤ 給与所得　⑥ 退職所得　⑦ 山林所得
⑧ 譲渡所得（土地、建物、株式の譲渡所得）　←申告分離課税
⑨ 一時所得　⑩ 雑所得

※1　預貯金の利子など。ただし、原則として支払いを受けるときに20.315％の税率で源泉徴収され、納税が完結する源泉分離課税の対象となっている
※2　特定公社債の利子や公募公社債投資信託の収益分配金などについては、20.315％の税率で源泉徴収されたうえで申告分離課税または申告不要とすることができる

Ⅵ 青色申告

青色申告 とは、複式簿記にもとづいて取引を帳簿に記録し、その記録をもとに所得税を計算して申告することをいいます。

ひとこと
もともと青色の申告用紙が用いられていたため、「青色申告」という名称がつきました。

なお、青色申告以外の申告を **白色申告** といいます。

❶ 青色申告ができる所得

青色申告ができる所得は、**不動産**所得、**事業**所得、**山林**所得の3つです。

ひとこと
「ふ じ さん は 青 い」とおぼえておきましょう。
　不動産所得 事業所得 山林所得　　青色申告

❷ 青色申告の要件

青色申告の要件は次のとおりです。

板書 青色申告の要件

☆ **不動産**所得、**事業**所得、**山林**所得がある人
☆ 青色申告をしようとする年の **3月15日** まで（1月16日以降に開業する人は開業日から **2** カ月以内）に「青色申告承認申請書」を税務署に提出していること
☆ 一定の帳簿書類を備えて、取引を適正に記録し、保存（保存期間は **7** 年間）していること

---

❸ 青色申告の主な特典

青色申告をすることによって税法上、次のような特典があります。

板書 青色申告の主な特典

1 青色申告特別控除

青色申告によって、所得金額から**55**万円または
10万円を控除することができる！→所得金額が減るので、
税金も減る😊

55万円控除 …事業的規模の不動産所得または事業所得
がある人が、正規の簿記の原則にもとづいて
作成された貸借対照表と損益計算書を
添付した場合

貸家なら5棟以上、
アパート等なら10室以上

さらに！
e-Taxによる申告（電子申告）
または電子帳簿保存を行うと…

65万円控除

10万円控除 …上記以外の場合

2 青色事業専従者給与の必要経費の算入

青色申告者が青色事業専従者（青色申告者と生計を一にする
親族で事業に専従している人）に支払った給与のうち適正な金額
は必要経費に算入できる！

通常は家族に支払った給与は必要経費に算入できないが、
青色申告ならば一定の要件を満たせば必要経費に算入できる
→必要経費が増えるので、税金が減る😊

3 純損失の繰越控除、繰戻還付

青色申告者は純損失（=赤字）が生じた場合に、その純損失
を翌年以降**3**年間、各年の所得から控除することができる！😊

前年も青色申告をしているならば、損失額を前年の所得から
控除して、前年分の所得税の**還付**を受けることができる！😊

CHAPTER 04
SECTION 01 所得税の基本 基本問題

次の各記述のうち、正しいものには○を、誤っているものには×をつけなさい。

問1 税金の分類
(1) 所得税、法人税、事業税はすべて国税である。
(2) 消費税は間接税である。
(3) 固定資産税の課税方法は申告納税方式である。

問2 青色申告
(1) 青色申告ができる所得は事業所得と不動産所得の2つである。
(2) e-Taxによって青色申告をした場合の青色申告特別控除額は最高50万円である。

解答

問1
(1) ×　事業税は地方税である。
(2) ○
(3) ×　固定資産税の課税方法は賦課課税方式である。

問2
(1) ×　山林所得も青色申告ができる。
(2) ×　e-Taxによる申告または電子帳簿保存を行った場合の青色申告特別控除額は最高65万円である。

SECTION 02 各所得の計算

CHAPTER 04 タックスプランニング

このSECTIONで学習すること

ここ→ **Step1** 所得を10種類に分け、それぞれの**所得金額**を計算
Step2 各所得金額を合算して、課税標準を計算
Step3 課税標準から所得控除を差し引いて課税所得金額を計算
Step4 ①課税所得金額に税率を掛けて所得税額を計算
↓
②所得税額から税額控除を差し引いて申告税額を計算

(青)…青色申告できる所得

1 利子所得
・税率は20.315%
 (所15%、復0.315%、住5%)

2 配当所得
・源泉される場合、税率は20.315%
 (所15%、復0.315%、住5%)

3 不動産所得…(青)
・不動産所得＝総収入金額－必要経費
　　　　　　　(－青色申告特別控除額)

4 事業所得…(青)
・事業所得＝総収入金額－必要経費
　　　　　　(－青色申告特別控除額)

5 給与所得
・年末調整が行われることによって、確定申告は不要。ただし、一部の人は確定申告が必要

6 退職所得
・退職所得
　＝(収入金額－退職所得控除額)
　　× $\frac{1}{2}$

7 山林所得…青

- ・山林所得＝総収入金額－必要経費
  　　　　－特別控除額
  　　　　（－青色申告特別控除額）

8 譲渡所得

- ・総合短期譲渡所得
- ・総合長期譲渡所得
- ・分離短期譲渡所得
- ・分離長期譲渡所得
- ・株式等に係る譲渡所得

9 一時所得

- ・一時所得＝総収入金額－支出金額
  　　　　－特別控除額
- ・課税方法は総合課税。ただし、所得
  金額の $\frac{1}{2}$ だけを合算

10 雑所得

- ・雑所得＝公的年金等の雑所得
  　　　　＋公的年金等以外の雑所得

1 利子所得

Ⅰ 利子所得とは

利子所得 とは、預貯金や公社債の利子などによる所得をいいます。

利子所得

- ◆ 預貯金の利子
- ◆ 公社債の利子
- ◆ 公社債投資信託の収益分配金　　など

Ⅱ 利子所得の計算

利子所得の金額は収入金額となります。

利子所得＝収入金額

247

III 課税方法

1 預貯金の利子

預貯金の利子については、原則として利子等を受け取るときに**20.315**％（所得税**15**％、復興特別所得税**0.315**％、住民税**5**％）が源泉徴収されて課税関係が終了します（源泉分離課税）。

2 公社債等の利子

🎧 Review CH03. SEC08 **2** II

特定公社債の利子や公募公社債投資信託の収益分配金については、**20.315**％（所得税**15**％、復興特別所得税**0.315**％、住民税**5**％）の**申告分離課税**または**申告不要**とすることができます。

> **ひとこと**
> 特定公社債等には、特定公社債（国債、地方債、外国債、上場公社債、公募公社債）、公募公社債投資信託、外貨建てMMFなどがあります。

2 配当所得

I 配当所得とは

配当所得とは、株式配当金や投資信託（公社債投資信託を除く）の収益分配金などによる所得をいいます。

II 配当所得の計算

借入金によって株式等を取得した場合、配当所得の計算上、その借入金にかかる利子（負債利子）を収入金額から差し引くことができます。

配当所得＝収入金額－株式等を取得するための負債利子

Ⅲ 課税方法

配当所得は原則として、総合課税の対象となり、確定申告によって差額の税額を精算します。

1 上場株式等の場合

上場株式等の配当等については、原則として配当等を受け取るときに**20.315**％（所得税15％、復興特別所得税0.315％、住民税5％）が源泉徴収されます。

上場株式等とは、証券市場に上場している株式や上場投資信託(ETF、J-REIT)、株式投資信託などをいいます。

配当所得は原則として総合課税ですが、上場株式等の配当所得については、申告分離課税を選択することもできます。

また、配当所得は金額にかかわらず、申告不要とすることもできます。この場合は源泉徴収だけで課税関係が終了します。

上場株式等の配当所得について、総合課税の場合、申告分離課税の場合、申告不要とした場合の違いは次のとおりです。

板書 上場株式等の配当所得の課税方法

税率は**20.315**％（所得税**15**％、復興特別所得税**0.315**％、住民税**5**％）

その① 確定申告＆総合課税を選択した場合

○ 配当控除の適用を受けられる →参照 SEC05 **2** Ⅱ 配当控除

✕ 上場株式等の譲渡損失との損益通算はできない

→参照 SEC03 **2** 損益通算

その② 確定申告＆申告分離課税を選択した場合

○ 上場株式等の譲渡損失との損益通算ができる

上場株式等を売却して損失が生じた場合、配当所得等（プラスの所得）からその譲渡損失を差し引くことができる

✕ 配当控除の適用は受けられない

その③ 申告不要を選択した場合（またはNISA口座※の場合）

✕ 配当控除の適用は受けられない

✕ 上場株式等の譲渡損失との損益通算はできない

※ NISA口座についてはCHAPTER03を参照してください

♪ Review CH03. SEC08 **2** Ⅲ

2 上場株式等以外（非上場株式等）の場合

上場株式等以外の配当等については、20.42％（所得税20％、復興特別所得税0.42％）が源泉徴収されます。

3 不動産所得

I 不動産所得とは

不動産所得とは、不動産の貸付けによる所得をいい、土地の賃貸料、マンションやアパートの家賃収入などがあります。

不動産所得は、不動産の貸付けによる所得をいうので、不動産を売却したときの売却収入は不動産所得には該当しません。この場合の所得は譲渡所得となります。

II 不動産所得の計算

不動産所得は次の計算式によって求めます。

不動産所得＝総収入金額※1－必要経費※2（－青色申告特別控除額）

青色申告特別控除については、SECTION01 を参照してください。

🎵Review SEC01 **2** **VI**

なお、試験で『事業的規模（貸家なら5棟以上、アパート等なら10室以上）の貸付けの場合、「不動産所得」ではなく、「事業所得」に分類される』といった○×問題がよく出題されます。「事業的規模」かどうかにかかわらず、不動産の貸付けによる所得であれば「不動産所得」に分類されますので、注意してください（なお、不動産の貸付けが事業的規模かどうかによって、所得金額の計算上の取扱いが異なります）。

> **板書 総収入金額※1と必要経費※2の例** ✐
>
> ### ※1 総収入に含める金額の例
> ☆ 家賃収入、地代収入、礼金、更新料、一定の場合の権利金
> ☆ 敷金や保証金のうち、返還を要しないもの
>
> **例題** 不動産所得の金額の計算において、敷金や保証金等のうち賃借人に返還を要する部分についても、総収入金額に算入されるか?
>
> 答 ×
>
> ### ※2 必要経費の例
> ☆ 固定資産税、都市計画税、不動産取得税
> ☆ 修繕費、損害保険料、減価償却費
> ☆ 賃貸不動産にかかる(賃貸開始後の)借入金の利子 など
>
> 元本は必要経費にならない!

Ⅲ 課税方法

不動産所得の課税方法は、**総合課税**(ほかの所得と合算して税額を計算する方法)で、確定申告が必要です。

4 事業所得

Ⅰ 事業所得とは

事業所得とは、農業、漁業、製造業、卸売業、小売業、サービス業、その他の事業から生じる所得をいいます。

Ⅱ 事業所得の計算

❶ 事業所得の計算

事業所得は次の計算式によって求めます。

事業所得＝総収入金額※1－必要経費※2（－青色申告特別控除額）

板書 総収入金額※1のポイントと必要経費※2の例

※1　総収入金額のポイント
☆　総収入金額は、実際の現金収入額ではなく、その年に確定した金額である
　　↑未収額も含む！

※2　必要経費の例
☆　収入金額に対する売上原価
　　↓物品販売業の場合、「期首棚卸高＋当期仕入高－期末棚卸高」で計算
☆　給与、減価償却費、広告宣伝費、水道光熱費
　　　　　　　　　　　　　　　　　　　　　など

2 減価償却

建物や備品、車両などの固定資産（長期にわたって事業で使用する資産）は、使用しているうちにその価値が年々減少していきます。

その価値の減少分を見積って費用計上する手続きを**減価償却**といいます。

土地は、使用によって価値が減らないと考えられるので、減価償却資産ではありません。なお、骨とうや書画などの美術品等は、従来、土地と同じく非償却資産とされていましたが、2015年1月1日以後に取得した美術品等（一部の希少価値が高いものを除く）については、取得価額が100万円未満のものであれば、原則として減価償却資産として取り扱うことになりました。

減価償却の方法には、**定額法**と**定率法**があり、選定した方法によって減価

償却費を計算します。

板書 減価償却の方法

定額法

毎年同額を費用として計上する方法

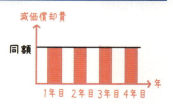

計算方法（2007年4月以降に取得した資産の場合）

減価償却費 = 取得価額 × 定額法の償却率 × $\dfrac{使用月数}{12ヵ月}$

たとえば、次のような場合は…
・取得価額：60,000,000円
・取得年月：2021年3月（当期は2021年分）
・耐用年数：47年
・耐用年数が47年の場合の定額法の償却率：0.022

減価償却費 = 60,000,000円 × 0.022 × $\dfrac{10ヵ月}{12ヵ月}$ = 1,100,000円　（3月から12月まで）

☆ 2007年3月以前に取得した資産の場合については、重要性が乏しいので説明を省略します

定率法

当初の費用（減価償却費）が多く計上され、年々費用計上額が減少する方法

☆ 定率法の計算式は少々複雑なため、説明を省略します

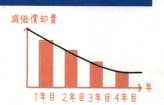

```
選定できる減価償却方法
① 建物…定額法
② 建物付属設備・構築物(鉱業用を除く)…定額法
     ↑ 2016年4月1日以後に取得したもの
③ その他の減価償却資産…定額法または定率法
              (法定減価償却方法は定額法)
              ↑
              減価償却方法を選定しなかった場合
```

なお、使用期間が1年未満のものや、取得価額が10万円未満のもの(少額減価償却資産)については減価償却を行わず、取得価額(購入金額)を全額、その年の必要経費とします。

III 課税方法

事業所得の課税方法は、**総合課税**(ほかの所得と合算して税額を計算する方法)で、確定申告が必要です。

5 給与所得

I 給与所得とは

給与所得とは、会社員やアルバイト、パートタイマーなどが、会社から受け取る給料や賞与などの所得をいいます。

給与所得のうち、次のものは所得税がかかりません(非課税となります)。

非課税となるもの
◆ 通勤手当(非課税の限度額は月**15**万円)
◆ 出張旅費　など

Ⅱ 給与所得の計算

給与所得は次の計算式によって求めます。

給与所得＝収入金額－給与所得控除額※

※　給与所得控除額

給与の収入金額	給与所得控除額
162.5万円以下	55万円
162.5万円超　180　万円以下	収入金額×40％－　10万円
180　万円超　360　万円以下	収入金額×30％＋　　8万円
360　万円超　660　万円以下	収入金額×20％＋　44万円
660　万円超　850　万円以下	収入金額×10％＋110万円
850　万円超	195万円（上限）

ひとこと

計算式はおぼえる必要はありません。
「最低55万円」と「850万円超の場合は195万円」ということだけ、おぼえておきましょう。

板書　給与所得の計算例

> たとえば、年収650万円の会社員の給与所得は…
>
> ①収入金額：650万円
> ②給与所得控除額：650万円×20％＋44万円＝174万円
> ③給与所得：650万円－174万円＝476万円

【所得金額調整控除－子育て・介護世帯】

　以下の要件に該当する場合には、総所得金額を計算する段階で、給与所得の金額から一定額を所得金額調整控除額として控除することができます。

所得金額調整控除が適用される要件
◆ その年の給与収入が **850** 万円超
　　かつ
◆ 次のいずれかに該当すること
　❶本人が**特別障害者**であること
　❷**23**歳未満の扶養親族を有すること
　❸特別障害者である同一生計配偶者または扶養親族を有すること

所得金額調整控除額＝（給与等の収入金額－**850**万円）×**10**％

最高 **1,000** 万円

なお、給与収入と年金の受給がある場合には、次の金額を所得金額調整控除額として控除することができます。

所得金額調整控除額 ＝ 給与所得控除後の給与等の金額（上限10万円） ＋ 公的年金等に係る雑所得の金額（上限10万円） － **10**万円

III 課税方法

給与所得の課税方法は、**総合課税**（ほかの所得と合算して税額を計算する方法）で、基本的には確定申告が必要です。

しかし、毎月の給与支給時に税金が源泉徴収され、年末調整を行うことで確定申告が不要となります。ただし、年収が**2,000**万円超の人、給与所得、退職所得以外の所得が**20**万円超ある人、複数の会社から給与を受けている人などは確定申告が必要となります。

6 退職所得

Ⅰ 退職所得とは

退職所得とは、退職によって勤務先から受け取る退職金などの所得をいいます。

Ⅱ 退職所得の計算

退職所得は次の計算式によって求めます。

$$退職所得＝（収入金額－退職所得控除額^{※}）× \frac{1}{2}$$

※ 退職所得控除額

勤 続 年 数	退職所得控除額
20年以下	**40**万円×勤続年数（最低80万円）
20年超	**800**万円＋**70**万円×（勤続年数－**20**年）

40万円×20年

☆ 勤続年数で1年未満の端数が生じる場合は1年に切り上げます。

板書 退職所得の計算例

たとえば、勤続年数が35年6カ月、退職金が2,500万円である人の退職所得は・・・

①35年6カ月→36年で計算

②退職所得控除額：800万円＋70万円×（36年－20年）
　　　　　　　　＝1,920万円

③退職所得：（2,500万円－1,920万円）× $\frac{1}{2}$ ＝290万円

退職金にたくさん税金をかけてしまうのは酷なので、
所得を半分にして税金を計算する！

258

Ⅲ 課税方法

退職所得の課税方法は、**分離課税**（ほかの所得と合算せずに税額を計算する方法）です。

❶「退職所得の受給に関する申告書」を提出した場合

退職時に「退職所得の受給に関する申告書」を提出した場合は、退職金等の支払いが行われるときに適正な税額が源泉徴収されるため、確定申告の必要はありません。

❷「退職所得の受給に関する申告書」を提出しなかった場合

退職時に「退職所得の受給に関する申告書」を提出しなかった場合は、収入金額（退職金の額）に対して一律**20.42**％（所得税20％、復興特別所得税0.42％）の源泉徴収が行われるため、確定申告を行い、適正な税額との差額を精算します。

7 山林所得

Ⅰ 山林所得とは

山林所得 とは、山林（所有期間が5年を超えるもの）を伐採して売却したり、立木のままで売却することによって生じる所得をいいます。

Ⅱ 山林所得の計算

山林所得は次の計算式によって求めます。

山林所得＝総収入金額－必要経費－特別控除額（－青色申告特別控除額）
　　　　　　　　　　　　　　　　　↳ 最高**50**万円

Ⅲ 課税方法

山林所得の課税方法は**分離課税**（ほかの所得と合算せずに税額を計算する方法）で、確定申告が必要です。

8 譲渡所得

I 譲渡所得とは

譲渡所得とは、土地、建物、株式、公社債、公社債投資信託、ゴルフ会員権、書画、骨とうなどの資産を譲渡(売却)することによって生じる所得をいいます。

なお、資産の譲渡による所得のうち、以下の所得については非課税となります。

> **非課税となるもの**
> ◆ 生活用動産(家具、通勤用の自動車、衣服など)の譲渡による所得
>   →ただし！貴金属や宝石、書画、骨とうなどで、1個(または1組)の価額が **30** 万円を超えるものの譲渡による所得は課税される！
> ◆ 国または地方公共団体に対して財産を寄附した場合等の所得

> **ひとこと**
> ちなみに、商品等、商売で扱う資産の販売による所得は **事業** 所得となります。また、山林の売却による所得は **山林** 所得となります。

II 譲渡所得の計算
1 譲渡所得の計算

譲渡所得は譲渡した資産および所有期間によって、計算方法や課税方法が異なります。

板書 譲渡所得の計算方法と課税方法

1 土地、建物、株式等以外の資産の譲渡 （ゴルフ会員権、書画、骨とう）【総合課税】

短期か長期か：所有期間が5年以内
所得の区分：総合短期譲渡所得
計算式：
総収入金額 −（取得費 + 譲渡費用）− 特別控除額
　　　　　　　　　　　　　　　　短期と長期を合計して最高50万円

短期か長期か：所有期間が5年超
所得の区分：総合長期譲渡所得
計算式：
総収入金額 −（取得費 + 譲渡費用）− 特別控除額
　　　　　　　　　　　　　　　　短期と長期を合計して最高50万円

2 土地、建物の譲渡 【分離課税】

短期か長期か：譲渡した年の1月1日時点の所有期間が5年以内
所得の区分：分離短期譲渡所得
計算式：
総収入金額 −（取得費 + 譲渡費用）

短期か長期か：譲渡した年の1月1日時点の所有期間が5年超
所得の区分：分離長期譲渡所得
計算式：
総収入金額 −（取得費 + 譲渡費用）

3 株式等の譲渡等 （株式、公社債、投資信託）【分離課税】

短期、長期の区分はなし
所得の区分：株式等に係る譲渡所得
計算式：
総収入金額 −（取得費 + 譲渡費用 + 負債の利子）

借入金によって購入した株式等を譲渡した場合、その借入金にかかる利子を総収入金額から控除することができる

❷ 特別控除額

　総合課税の譲渡所得（土地、建物、株式等以外の資産の譲渡による所得）については、短期と長期を合計して最高**50**万円の特別控除が認められています。

　なお、同じ年に短期譲渡所得と長期譲渡所得の両方がある場合には、さきに**短期**譲渡所得から控除します。

❸ 取得費と譲渡費用

　取得費と譲渡費用について、ポイントをまとめると次のとおりです。

板書 取得費と譲渡費用 🖋

　取 得 費 ＝購入代金＋資産を取得するためにかかった付随費用
　　　　　　　　　　　　↑
　　　　　購入時の仲介手数料、登録免許税、印紙代など

　☆ 取得費が不明な場合には、収入金額の**5%**を取得費とすることができる
　　　　　　　　　　　　　　　　　　↳ 概算取得費

　譲 渡 費 用 ＝資産を譲渡するために直接かかった費用
　　　　　　　　↑
　　　　譲渡時の仲介手数料、印紙代、取壊し費用など

Ⅲ 課税方法

　総合短期譲渡所得と総合長期譲渡所得は、**総合課税**（ほかの所得と合算して税額を計算する方法）で、確定申告が必要です。

　なお、総合長期譲渡所得については、所得金額の**2分の1**だけをほかの所得と合算します。

　分離短期譲渡所得、分離長期譲渡所得、株式等に係る譲渡所得は**分離課税**

（ほかの所得と合算せずに税額を計算する方法）です。

各所得の税率は次のとおりです。

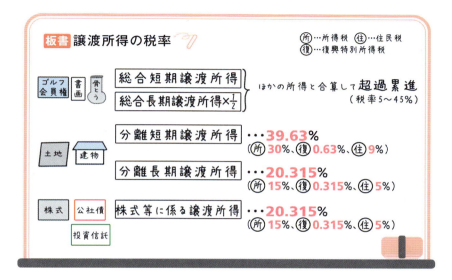

9 一時所得

I 一時所得とは

一時所得とは、利子所得、配当所得、不動産所得、事業所得、給与所得、退職所得、山林所得、譲渡所得以外の所得のうち、一時的なものをいいます。

主な一時所得には次のようなものがあります。

板書 一時所得の例

☆ 懸賞、福引、クイズの賞金
☆ 競馬、競輪などの払戻金
☆ 生命保険の満期保険金や損害保険の満期返戻金
　　　→ 保険料の負担者＝満期保険金の受取人の場合　　　　など
　　　　で、満期保険金を一時金で受け取ったとき

注意！
一時所得でも、宝くじの当選金やノーベル賞の賞金などは
非課税となる！

Ⅱ 一時所得の計算

一時所得は次の計算式によって求めます。

一時所得＝総収入金額－支出金額－特別控除額

→ 最高**50万円**

Ⅲ 課税方法

一時所得の課税方法は、**総合課税**（ほかの所得と合算して税額を計算する方法）で、確定申告が必要です。

ただし、所得金額の**2分の1**だけを合算します。

> **ひとこと**
>
> 実技を金財の「保険顧客資産相談業務」で受検する方は、以下の点も確認しておいてください。
>
> 【一時払養老保険等の満期保険金、解約返戻金】
> 契約者（保険料の負担者）＝保険金の受取人で、保険期間が5年以下の一時払養老保険等の満期保険金（または保険期間が5年超の一時払養老保険等を5年以内に解約した場合の解約返戻金）は、金融類似商品として **20.315**％（所得税15％、復興特別所得税0.315％、住民税5％）の源泉分離課税となります。ただし、保険の種類が終身保険の場合、解約返戻金は**一時所得**として課税されます。

10 雑所得

Ⅰ 雑所得とは

雑所得とは、前記 1 ～ 9 の9種類のどの所得にもあてはまらない所得をいいます。

雑所得には次のようなものがあります。

板書 雑所得の例

1. 公的年金等の雑所得
☆ 国民年金、厚生年金などの公的年金
☆ 国民年金基金、厚生年金基金、確定拠出年金などの年金

2. 公的年金等以外の雑所得
☆ 生命保険などの個人年金保険
☆ 講演料や作家以外の原稿料 など

Ⅱ 雑所得の計算

雑所得は次の計算式によって求めます。

雑所得＝公的年金等の雑所得＋公的年金等以外の雑所得

収入金額－公的年金等控除額※　　総収入金額－必要経費

※　公的年金等控除額

受給者の年齢	公的年金等の収入金額（年額）	公的年金等に係る雑所得以外の所得に係る合計所得金額		
		1,000万円以下	1,000万円超 2,000万円以下	2,000万円超
65歳未満	130万円以下	**60万円**	50万円	40万円
	130万円超 410万円以下	年金額×25% ＋275,000円	年金額×25% ＋175,000円	年金額×25% ＋75,000円
	410万円超 770万円以下	年金額×15% ＋685,000円	年金額×15% ＋585,000円	年金額×15% ＋485,000円
	770万円超 1,000万円以下	年金額×5% ＋1,455,000円	年金額×5% ＋1,355,000円	年金額×5% ＋1,255,000円
	1,000万円超	**1,955,000**円	1,855,000円	1,755,000円
65歳以上	330万円以下	**110**万円	100万円	90万円
	330万円超 410万円以下	年金額×25% ＋275,000円	年金額×25% ＋175,000円	年金額×25% ＋75,000円
	410万円超 770万円以下	年金額×15% ＋685,000円	年金額×15% ＋585,000円	年金額×15% ＋485,000円
	770万円超 1,000万円以下	年金額×5% ＋1,455,000円	年金額×5% ＋1,355,000円	年金額×5% ＋1,255,000円
	1,000万円超	**1,955,000**円	1,855,000円	1,755,000円

Ⅲ 課税方法

　雑所得の課税方法は、**総合課税**（ほかの所得と合算して税額を計算する方法）で、確定申告が必要です。

CHAPTER 04
SECTION 02 各所得の計算 基本問題

次の各記述のうち、正しいものには○を、誤っているものには×をつけなさい。

問1 利子所得、配当所得、不動産所得
(1) 預貯金の利子は利子所得に区分され、10.147％が源泉徴収されて、課税関係が終了する。
(2) 上場株式等の配当所得は20.315％（復興特別所得税を含んだ所得税15.315％、住民税5％）で源泉徴収される。
(3) 不動産所得の計算上、敷金や保証金のうち、返還を要しないものは総収入金額に算入される。

問2 事業所得、給与所得、退職所得、山林所得
(1) 事業所得の計算上、総収入金額はその年に実際に受け取った収入額で計算するため、未収額は総収入金額に含まない。
(2) 建物、備品、土地は減価償却資産である。
(3) 給与所得の計算上、通勤手当は全額非課税となる。
(4) 退職所得は、収入金額から退職所得控除額を控除した金額に2分の1を掛けて計算する。
(5) 山林所得の計算においては、最高50万円の特別控除額がある。

問3 譲渡所得
(1) 山林（所有期間5年超）を売却して得た所得は、山林を譲渡したことになるため、譲渡所得に分類される。
(2) 譲渡所得の計算において、取得費が不明な場合は収入金額の3％を取得費とすることができる。
(3) 総合短期譲渡所得については、所得金額の2分の1だけを他の所得と合算して税額を計算する。

問4 一時所得、雑所得

(1)　宝くじの当選金は一時所得として所得税の課税対象となる。

(2)　生命保険契約にもとづく個人年金を受け取ったときは、雑所得として計算する。

解答

問1

(1) ✕　預貯金の利子は利子所得に区分され、20.315％（所得税15％、復興特別所得税0.315％、住民税5％）が源泉徴収されて課税関係が終了する。

(2) ◯

(3) ◯

問2

(1) ✕　その年に確定した未収額については総収入金額に含む。

(2) ✕　土地は減価償却資産ではない。

(3) ✕　通勤手当の非課税の限度額は月15万円であり、これを超える金額は課税対象となる。

(4) ◯

(5) ◯

問3

(1) ✕　山林（所有期間5年超）を譲渡したときの所得は山林所得に分類される。

(2) ✕　取得費が不明な場合の概算取得費は、収入金額の5％である。

(3) ✕　所得金額を2分の1にするのは、総合長期譲渡所得である。

問4

(1) ✕　宝くじの当選金は非課税である。

(2) ◯

SECTION 03 課税標準の計算

このSECTIONで学習すること

- **Step1** 所得を10種類に分け、それぞれの所得金額を計算
- ここ→ **Step2** 各所得金額を合算して、**課税標準**を計算
  - ☆ 損益通算、損失の繰越控除を行う
- **Step3** 課税標準から所得控除を差し引いて課税所得金額を計算
- **Step4** ①課税所得金額に税率を掛けて所得税額を計算
  ↓
  ②所得税額から税額控除を差し引いて申告税額を計算

1 課税標準の計算の流れ
・課税標準の計算の流れ

流れをおさえておこう!

2 損益通算
・損益通算できる損失と例外

キーワードは「富士山上」!

3 損失の繰越控除
・純損失の繰越控除…ⓐ
・雑損失の繰越控除…ⓑ

ⓐは青色申告者のみ適用できる
ⓑは白色申告者も適用できる

1 課税標準の計算の流れ

課税標準とは、税金の課税対象となる所得の合計額をいいます。
SECTION02で計算した10種類の各所得を、一定のものを除き、合算します。課税標準の計算の流れは次のとおりです。

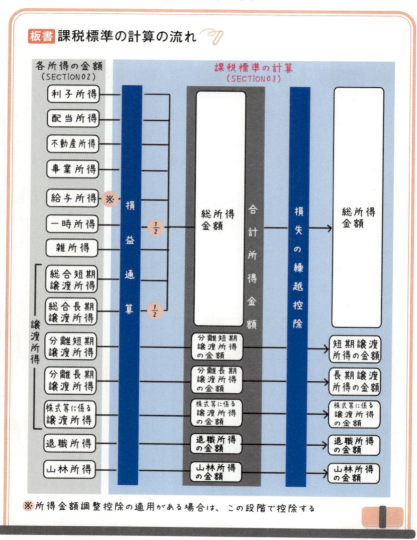

※所得金額調整控除の適用がある場合は、この段階で控除する

2 損益通算

I 損益通算とは

損益通算とは、損失（赤字）と利益（黒字）を相殺することをいいます。なお、損益通算できる損失（赤字）とできない損失（赤字）があります。

II 損益通算できる損失

損益通算できる損失は、**不動産**所得、**事業**所得、**山林**所得、**譲渡**所得で生じた損失に限定されています。ただし、損益通算できる損失でも、以下の損失は例外として損益通算ができません。

板書 **損益通算できる損失とその例外**

損益通算 できる損失	例外 （損益通算できないもの）
不動産所得 …	**土地**を取得するための借入金の**利子** ┗ 建物にかかるものは○
事業所得	
山林所得	
譲渡所得 …	☆ 生活に通常必要ではない資産の譲渡損失 ┗ 別荘、宝石（時価30万円超）、クルーザー、ゴルフ会員権など ☆ **株式等**の譲渡損失 （ただし、上場株式等の譲渡損失は、申告分離課税を選択した上場株式等の配当所得と損益通算することができる）

↑ 頭文字をとって、「富士山上」とおぼえておこう！

271

3 損失の繰越控除

I 損失の繰越控除

損失の繰越控除には、**純損失の繰越控除**と**雑損失の繰越控除**があります。

II 純損失の繰越控除

損益通算をしても控除しきれなかった損失額を**純損失**といいます。青色申告者の場合（一定の要件を満たした場合）、純損失を翌年以後**3**年間にわたって繰り越し、各年の黒字の所得から控除することができます。

> **ひとこと**
> 白色申告の場合は、繰り越せる損失が一定のものに限られます。

板書 純損失の繰越控除

たとえば、次のような場合は…
- 当年において不動産所得の計算において、損失が900万円生じた。
- 当年および以後3年間の所得は事業所得（毎年200万円）のみである。

	当年	1年後	2年後	3年後
事業所得	200万円	事業所得 200万円	200万円	200万円
不動産所得	△900万円	繰越控除 △700万円	△500万円	△300万円
純損失	△700万円	純損失の残額 △500万円	△300万円	△100万円

3年繰り越したので、もう繰り越せない
（△100万円は切捨て）

III 雑損失の繰越控除

雑損控除をしても控除しきれなかった金額（**雑損失**）は、翌年以後**3**年間にわたって繰り越すことができます。

災害や盗難等によって損失が生じた場合、その損失は所得から控除することができます。これを雑損控除といいます。

→参照 SEC04 2 XIV 雑損控除

雑損失の繰越控除は、白色申告者の場合でも適用できます。

CHAPTER 04
SECTION 03 課税標準の計算 基本問題

次の各記述のうち、正しいものには○を、誤っているものには×をつけなさい。

問 損益通算、損失の繰越控除

(1) 損益通算ができる損失は不動産所得、事業所得、山林所得、雑所得である。

(2) 別荘を譲渡し、損失が生じたときは、その損失は他の所得と損益通算することができる。

解答
(1) × 雑所得ではなく譲渡所得である。
(2) × 別荘など、生活に通常必要ではない資産の譲渡損失は、損益通算の対象とならない。

SECTION 04 所得控除

CHAPTER 04 タックスプランニング

このSECTIONで学習すること

- Step1 所得を10種類に分け、それぞれの所得金額を計算
- Step2 各所得金額を合算して、課税標準を計算
- ここ→ **Step3 課税標準から所得控除を差し引いて課税所得金額を計算**
- Step4 ①課税所得金額に税率を掛けて所得税額を計算
  ↓
  ②所得税額から税額控除を差し引いて申告税額を計算

1 所得控除の全体像
・所得控除の全体像

所得控除の概要をおさえよう

2 各控除のポイント

[人的控除]
- 基礎控除…★
- 配偶者控除…★
- 配偶者特別控除
- 扶養控除…★
- 障害者控除
- 寡婦控除　　・ひとり親控除
- 勤労学生控除

[物的控除]
- 社会保険料控除…★
- 生命保険料控除…★
- 地震保険料控除…★
- 小規模企業共済等掛金控除
- 医療費控除…★
- 雑損控除
- 寄附金控除

まずは★の内容をおさえておこう

1 所得控除の全体像

所得控除 とは、税金を計算するときに、所得から控除することができるもの(課税されないもの)をいいます。

所得控除には、人的控除(納税者自身や家族の事情を考慮した控除)と物的控除(社会政策上の理由による控除)があります。

板書 主な所得控除 ✍

人的控除

所 得 控 除	控 除 額	主 な 適 用 要 件 等
基 礎 控 除	最高**48**万円	合計所得金額が2,400万円超の場合、控除額が減額
配 偶 者 控 除	最高**38**万円 (70歳以上は最高48万円)	配偶者の合計所得金額が48万円以下で、本人の合計所得金額が1,000万円以下
配 偶 者 特 別 控　　　　除	最高**38**万円	配偶者の合計所得金額が48万円超133万円以下で、本人の合計所得金額が1,000万円以下
扶 養 控 除	一般:**38**万円 特定:**63**万円 老人:58万円 　　または48万円	一定の要件(その親族の合計所得金額が48万円以下等)を満たす扶養親族がいる場合
障 害 者 控 除	**27**万円 (特別障害者の場合は40万円または75万円)	☆　納税者本人が障害者 ☆　控除対象配偶者または扶養親族が障害者

276

物的控除

所得控除	控除額	主な適用要件
社会保険料控除	支出額	社会保険料を支払った場合
生命保険料控除	最高**12**万円	生命保険料等を支払った場合
地震保険料控除	支出額（最高**5**万円）	地震保険料を支払った場合
小規模企業共済等掛金控除	支出額	小規模企業共済の掛金や確定拠出年金の掛金を支払った場合
医療費控除	支出額-保険金等の額-**10**万円	医療費の支出額が一定額を超えた場合

2 各控除のポイント

I 基礎控除

基礎控除は条件なく適用することができますが、控除額については、納税者本人の合計所得金額に応じて次のようになります。

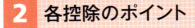

合計所得金額	控除額
2,400万円以下	**48万円**
2,400万円超 2,450万円以下	32万円
2,450万円超 2,500万円以下	16万円
2,500万円超	適用なし

控除額

II 配偶者控除

配偶者控除は、**控除対象配偶者**(要件は下記)がいる場合に適用することができます。

控除対象配偶者の要件

❶ 納税者本人と生計を一にする配偶者(青色事業専従者と事業専従者は除く)であること

❷ 配偶者の合計所得金額が **48万円以下**であること

年収でいうと **103万円以下**

❸ 納税者本人の合計所得金額が **1,000**万円以下であること

ひとこと

なお、上記❶と❷を満たす配偶者(❶納税者本人と生計を一にする配偶者〈青色事業専従者と事業専従者は除く〉で❷配偶者自身の合計所得金額が48万円以下の配偶者)を同一生計配偶者といいます。

つまり、控除対象配偶者は、同一生計配偶者のうち、合計所得金額が1,000万円以下の納税者の配偶者をいいます。

控除額

納税者本人の合計所得金額	控除額	
	控除対象配偶者	老人控除対象配偶者
900万円以下	**38**万円	**48**万円
900万円超 950万円以下	26万円	32万円
950万円超 1,000万円以下	13万円	16万円

ひとこと

老人控除対象配偶者とは、70歳以上の控除対象配偶者をいいます。

Ⅲ 配偶者特別控除

配偶者特別控除は、配偶者控除の対象にならない場合で、以下の要件を満たす場合に適用することができます。

配偶者特別控除の要件

◆ 納税者本人と生計を一にする配偶者（青色事業専従者と事業専従者は除く）であること

◆ 配偶者の合計所得金額が**48**万円超**133**万円以下であること

◆ 納税者本人の合計所得金額が**1,000**万円以下であること

控除額		納税者本人の合計所得金額		
		900万円以下	900万円超 950万円以下	950万円超 1,000万円以下
	48万円超 95万円以下	**38**万円	26万円	13万円
配偶者の合計所得金額	95万円超 100万円以下	36万円	24万円	12万円
	100万円超 105万円以下	31万円	21万円	11万円
	105万円超 110万円以下	26万円	18万円	9万円
	110万円超 115万円以下	21万円	14万円	7万円
	115万円超 120万円以下	16万円	11万円	6万円
	120万円超 125万円以下	11万円	8万円	4万円
	125万円超 130万円以下	6万円	4万円	2万円
	130万円超 133万円以下	3万円	2万円	1万円

Ⅳ 扶養控除

扶養控除は、扶養親族（要件は下記）がいる場合に適用することができます。

> **扶養親族の要件**
> ◆ 納税者本人と生計を一にする配偶者以外の親族（青色事業専従者と事業専従者は除く）であること
> ◆ その親族の合計所得金額が **48万円** 以下であること
>   → 年収でいうと **103万円** 以下

| 控除額 | 一般の控除対象扶養親族：**38**万円
特定扶養親族：**63**万円
老人扶養親族：同居老親等…58万円、それ以外…48万円 |

> **ひとこと**
> **控除対象扶養親族** とは、扶養親族で16歳以上の人をいいます。
> また、**特定扶養親族** とは、扶養親族で19歳以上23歳未満の人をいいます。

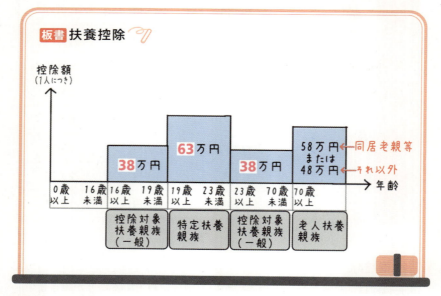

V 障害者控除

障害者控除は、納税者本人が障害者である場合のほか、同一生計配偶者ま

たは扶養親族が障害者である場合に適用することができます。

| 控除額 | 一般障害者：**27**万円
特別障害者(障害等級1級、2級)：**40万円**
同居特別障害者：**75万円** |

Ⅵ 寡婦控除

寡婦控除は、納税者本人が寡婦である場合に適用することができます。なお、寡婦(下記「ひとり親」を除く)の要件は次のとおりです。

寡婦の要件

◆ 合計所得金額が **500** 万円以下

     かつ

◆ 次のいずれかに該当すること

❶夫と死別後再婚していない者

❷夫と離婚後、再婚しておらず、扶養親族を有する者

| 控除額 | **27**万円 |

Ⅶ ひとり親控除

ひとり親控除は、納税者本人がひとり親である場合に適用することができます。なお、ひとり親の要件は次のとおりです。

ひとり親の要件

◆ 合計所得金額が **500** 万円以下

     かつ

◆ 次のすべてに該当すること

❶現在婚姻していない者で一定のもの

❷総所得金額等の合計額が48万円以下の子があること

| 控除額 | **35**万円 |

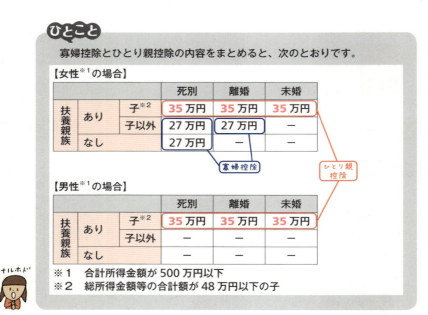

VIII 勤労学生控除

勤労学生控除は、納税者本人が勤労学生（一定の学生であり、合計所得金額が75万円以下である人）である場合に適用することができます。

控除額 27万円

IX 社会保険料控除

社会保険料控除は、納税者本人または生計を一にする配偶者、その他の親族にかかる社会保険料（国民健康保険、健康保険、国民年金、厚生年金保険、介護保険などの保険料や国民年金基金、厚生年金基金の掛金など）を支払った場合に適用することができます。

控除額 全額

X 生命保険料控除

Review CH02. SEC02 13 I

生命保険料控除は、生命保険料を支払った場合に適用することができます。
一般の生命保険料、個人年金保険料、介護医療保険料（2012年1月1日以降

新設)に区分し、各控除額を計算します。

控除額	区　分	所得税	住民税
	一般の生命保険料控除額	最高**4**万円	最高**2.8**万円
	個人年金保険料控除額	最高**4**万円	最高**2.8**万円
	介護医療保険料控除額	最高**4**万円	最高**2.8**万円
	合計限度額	最高**12**万円	最高**7**万円

※　2012年1月1日以降の契約にかかる控除額

XI 地震保険料控除

　地震保険料控除は、居住用家屋や生活用動産を保険目的とする地震保険料を支払った場合に適用することができます。

控除額 地震保険料の **全額**（最高 **5** 万円）

XII 小規模企業共済等掛金控除

　小規模企業共済等掛金控除は、小規模企業共済の掛金や**確定拠出年金**の掛金を支払った場合に適用することができます。

控除額 **全額**

XIII 医療費控除

　医療費控除は、納税者本人または生計を一にする配偶者その他の親族の医療費を支払った場合に適用することができます。

控除額[1] 支出した医療費の額－保険金等の額[2] － **10** 万円[3]

※1　控除額の上限は**200**万円
※2　健康保険や生命保険などからの給付金
※3　総所得金額が200万円未満の場合は 総所得金額×**5**%

　医療費控除を受けるためには、確定申告時に、医療費控除の明細書を添付する必要があります。

　なお、医療費の中には医療費控除の対象とならないものがあります。

板書 医療費控除の対象となるものとならないもの

医療費控除の対象となるもの

○ 医師または歯科医師による診療費、治療費
○ 治療または療養に必要な薬代

> 風邪をひいた場合の風邪薬などは○
> ビタミン剤などは✗（下記A）

○ 治療のためのマッサージ代、はり師、きゅう師による施術代
○ 出産費用
○ 通院や入院のための交通費
○ 人間ドック、健康診断の費用（重大な疾病がみつかり、治療を行った場合）
　など

医療費控除の対象とならないもの

✗ 入院にさいしての洗面具など、身の回り品などの購入品
✗ 美容整形の費用
✗ 病気予防、健康増進などのための医薬品代や健康食品代
✗ 通院のための自家用車のガソリン代
✗ 電車やバスで通院できるにもかかわらず、タクシーで通院した
　場合のタクシー代
✗ 自己都合の差額ベッド代
✗ 近視や乱視のためのメガネ代やコンタクトレンズ代
✗ 人間ドック、健康診断の費用（上記以外）　など

ポイント

☆ 医療費は支払った年に控除の対象となる！

> → 年末に未払いの医療費がある場合、この医療費は実際に
> 　支払った年（来年）の医療費控除の対象となる

板書 **医療費控除の具体例**

たとえば、Aさん（資料は以下）の場合の医療費控除額は…
- Aさんの2021年の給与所得は500万円である。
- 2021年中に支払った医療費等は次のとおりである。
  - ① 胃潰瘍による入院代　　　300,000円
  - ② 歯の治療代（Aさん）　　　50,000円
  - ③ 歯の治療代（Aさんの妻）　30,000円
  - ④ 薬局で買った風邪薬代　　　1,500円
  - ⑤ 薬局で買ったビタミン剤代　2,000円
  - ⑥ 人間ドック代　80,000円（疾病は発見されなかった）
- 入院にさいして民間の医療保険から入院給付金150,000円を受け取っている。

医療費控除額：
（300,000円－150,000円＋50,000円＋30,000円＋1,500円）－100,000円
　　　①　　　入院給付金　　　②　　　　　③　　　　　④

＝131,500円

【セルフメディケーション税制（医療費控除の特例）】

　健康の維持増進および疾病の予防を目的とした一定の取組みを行う個人が、2017年1月1日から2026年12月31日までの間に、本人または生計を一にする配偶者その他の親族にかかる一定のスイッチOTC医薬品の購入費を支払った場合で、その年中に支払った金額が**12,000**円を超えるときは、その超える部分の金額（上限**88,000**円）について、総所得金額から控除することができます。

控除額※	支出した額－**12,000**円

※　控除額の上限は**88,000**円

> **ひとこと**
> OTCとは、Over The Counter（カウンター越し）の略称で、ドラッグストア等で販売されている薬をOTC薬といいます。
> また、スイッチOTC薬とは、もともとは医師の判断でしか使用することができなかった医薬品が、OTC薬として販売が許可されたものをいいます。

板書 セルフメディケーション税制のポイント

「健康の維持増進および疾病の予防を目的とした一定の取組み」とは？

→ ①特定健康診査、②予防接種、③定期健康診断、④健康診査、⑤がん検診 をいう

ポイント

☆ この特例を受ける場合には、現在の医療費控除を受けることはできない

XIV 雑損控除

雑損控除は、納税者本人または生計を一にする配偶者その他の親族が保有する住宅、家財、現金等(生活に通常必要でないものは対象外)について、災害や盗難等によって損失が生じた場合に適用することができます。

| 控除額 | 以下のうち、多い金額
①損失額－課税標準×10%
②災害関連支出額(火災の後片付け費用など)－ 5万円 |

> **ひとこと**
> この計算式は重要性が低いのでおぼえる必要はありません。

なお、損失が生じた年に控除しきれなかった金額は、翌年以降**3**年間にわたって繰り越すことができます。

XV　寄附金控除

　寄附金控除は**特定寄附金**（国や地方公共団体に対する寄附金、一定の公益法人などに対する寄附金）を支払った場合に適用することができます。

> **控除額**　支出寄附金－2,000円

【ふるさと納税】

　ふるさと納税は、任意の自治体に寄附すると、控除上限額内の**2,000**円を超える部分について所得税と住民税から控除を受けることができる制度です。

　なお、ふるさと納税の対象となる基準として、返礼品の返礼割合が**3**割以下であること、返礼品を地場産品とすることなどの条件が付されています。

　また、年間の寄附先が**5**自治体までなら、確定申告をしなくても、寄附金控除が受けられる**ワンストップ特例制度**があります。

板書 ワンストップ特例制度と確定申告の違い

	ワンストップ特例制度	確定申告
寄附先の数	1年間で寄附先は**5**自治体まで	寄附先の数に限りはない
申請方法	寄附のつど、**各自治体**に申請書を提出	確定申告において、**税務署**に寄附金受領証明書を確定申告書とともに提出
税金の控除	住民税から全額控除	所得税からの控除と住民税からの控除

287

CHAPTER 04

SECTION 04 所得控除 基本問題

次の各記述のうち、正しいものには○を、誤っているものには×をつけなさい。なお、すべて2021年分の所得税の計算を前提とすること。

問1 基礎控除、配偶者控除、配偶者特別控除、扶養控除

(1) 合計所得金額が2,000万円以上の人は、基礎控除を受けることができない。
(2) 納税者本人と生計を一にし、合計所得金額が48万円以下である配偶者を有する納税者は、納税者本人の合計所得金額にかかわらず、常に配偶者控除の適用を受けることができる。
(3) 配偶者特別控除の控除額は、最高38万円である。
(4) 16歳未満の扶養親族に係る扶養控除の金額は、1人につき38万円である。

問2 社会保険料控除、地震保険料控除、医療費控除

(1) 個人型確定拠出年金の掛金は、社会保険料控除の対象となる。
(2) 地震保険料控除の控除額は、所得税については限度はないが、住民税については限度がある。
(3) 人間ドックの結果、重大な疾病がみつからなかった場合でも、その費用は医療費控除の対象となる。
(4) 出産費用は医療費控除の対象となる。

解答

問1

(1) ✕ 合計所得金額が2,500万円超の場合は基礎控除の適用はないが、2,500万円以下であれば基礎控除の適用がある。なお、合計所得金額が2,400万円以下の場合の控除額は48万円であり、2,400万円超2,500万円以下の場合は控除額が減額される。

(2) ✕ 納税者本人の合計所得金額が1,000万円を超えるときは配偶者控除を受けることはできない。

(3) ◯

(4) ✕ 16歳未満の扶養親族に係る扶養控除はない。

問2

(1) ✕ 個人型確定拠出年金の掛金は、小規模企業共済等掛金控除の対象となる。

(2) ✕ 地震保険料控除の限度額は、所得税5万円、住民税2.5万円である。

(3) ✕ 重大な疾病がみつかり、治療を行った場合でなければ、人間ドックの費用は医療費控除の対象とならない。

(4) ◯

SECTION 05 税額の計算と税額控除

CHAPTER 04 タックスプランニング

このSECTIONで学習すること

Step1 所得を10種類に分け、それぞれの所得金額を計算
Step2 各所得金額を合算して、課税標準を計算
Step3 課税標準から所得控除を差し引いて課税所得金額を計算

ここ→ **Step4** ①課税所得金額に税率を掛けて**所得税額**を計算

②所得税額から**税額控除**を差し引いて申告税額を計算
↳住宅ローン控除、配当控除など

1 税額の計算
・総合課税される所得に対する税額
・分離課税される所得に対する税額

総合課税の場合は超過累進課税

2 税額控除
・住宅借入金特別控除
　（住宅ローン控除）
・配当控除

SEC04の所得控除とは違うものだよ

3 復興特別所得税
・概要

「基準所得税額×2.1%」をおさえておこう

1 税額の計算

Step3 で課税所得金額を計算したあと、税率を用いて所得税額を計算します。

I 総合課税される所得に対する税額

総合課税される所得から所得控除額を差し引いた金額（**課税総所得金額**）に、**超過累進税率**を適用して税額を計算します。

超過累進課税とは、課税所得金額が多くなればなるほど、高い税率が適用される課税方法をいいます。

なお、実際に税額を計算するときには、次の速算表を用います。

所得税の速算表

課税所得金額…(A)		税　　額
	195万円以下	(A)×5%
195万円超	330万円以下	(A)×10%－　97,500円
330万円超	695万円以下	(A)×20%－　427,500円
695万円超	900万円以下	(A)×23%－　636,000円
900万円超	1,800万円以下	(A)×33%－1,536,000円
1,800万円超	4,000万円以下	(A)×40%－2,796,000円
4,000万円超		(A)×**45**%－4,796,000円

II 分離課税される所得に対する税額

分離課税される所得に対する税額は以下の税率を適用して計算します。

1 課税退職所得金額に対する税額

退職所得は、ほかの所得とは別個に、上記の速算表（所得税の速算表）を使って税額を計算します。

2 課税短期譲渡所得金額、課税長期譲渡所得金額に対する税額

土地や建物などの譲渡によって生じた譲渡所得（分離短期譲渡所得および分離長期譲渡所得）については、次の税率を用いて税額を計算します。

♫Review SEC02 **8** Ⅲ

3 株式等に係る課税譲渡所得等の金額に対する税率

株式等の譲渡によって生じた譲渡所得（株式等に係る譲渡所得）に対する税率は **20.315**％（所得税 **15**％、復興特別所得税 **0.315**％、住民税 **5**％）です。

2 税額控除

1 で計算した所得税額から税額控除額を差し引いて、申告税額を計算します。

税額控除には、**住宅借入金等特別控除（住宅ローン控除）**、**住宅の三世代同居改修工事にかかる特例**、**配当控除** などがあります。

Ⅰ 住宅借入金等特別控除（住宅ローン控除）
1 住宅借入金等特別控除とは

住宅ローンを利用して住宅を取得したり、増改築した場合には、住宅ローンの年末残高に一定の率を掛けた金額について税額控除を受けることができます。この制度が **住宅借入金等特別控除（住宅ローン控除）** です。

2 控除率、控除期間等

一般の住宅と認定住宅（認定長期優良住宅、認定低炭素住宅）の控除率等を示すと次のとおりです。

板書 控除率、控除期間等

原則

居住年	住宅ローンの年末残高限度額 一般住宅	認定住宅	控除率	控除期間
2014年1月〜2021年12月	**4,000万円**	5,000万円	**1%**	**10年間**

特例 消費税等の税率が10%である場合で住宅の取得等をして、2021年1月1日から2022年12月31日までの間に居住の用に供した場合の控除期間は**13**年で、控除率等は以下のとおり

1〜10年目 …上記 **原則** と同じ

11〜13年目 …次の①と②のいずれか少ない金額

① 住宅ローンの年末残高※×1%
② 建物の購入価格※×2%÷3

   住宅の取得等の　　　当該住宅の取得等の
   対価の額または ― 対価の額または費用の額
   費用の額　　　　　に含まれる消費税額等

※ 一般住宅は4,000万円が限度、認定住宅は5,000万円が限度

3 住宅借入金等特別控除の適用要件

住宅借入金等特別控除の主な適用要件は次のとおりです。

板書 住宅借入金等特別控除の主な適用要件

☆ 返済期間が**10**年以上の住宅ローンであること
☆ 住宅を取得した日から**6**カ月以内に居住し、適用を受ける各年の年末まで引き続き居住していること

☆ 住宅の床面積が**50㎡**以上（ 特例 については**40㎡**以上）
で、床面積の半分以上の部分が自分で居住するための
ものであること

☆ 控除を受ける年の合計所得金額が
- 50㎡ 以上→**3,000**万円以下
- 40㎡ 以上50㎡ 未満（ 特例 ）→**1,000**万円以下

であること

4 その他のポイント

住宅借入金等特別控除のその他のポイントは次のとおりです。

板書 その他のポイント

☆ 住宅ローン控除額について、所得税から控除しきれな
い場合には、住民税（限度あり）から控除することができる

☆ 住宅ローン控除の適用を受ける場合、確定申告が必
要
→給与所得者であっても適用初年度は確定申告が必要。
2年目以降は確定申告は不要（年末調整で控除できるから）

☆ 親族や知人からの借入金は、住宅ローン控除の対象外
→勤務先からの借入金の場合は、1%以上の利率による借入
金であれば住宅ローン控除の対象となる！

Ⅱ 配当控除
1 配当控除とは

配当所得について総合課税を選択した場合には、確定申告を行うことにより、配当控除を受けることができます。

> **ひとこと**
> 配当所得の課税方法については、SECTION02 を参照してください。
> Review SEC02

なお、次のものは配当控除を受けることができません。

配当控除の対象外
- ◆ 上場株式等の配当所得のうち、**申告分離**課税を選択したもの
- ◆ 申告不要制度を選択したもの
- ◆ 外国法人からの配当
- ◆ 上場不動産投資信託（J-REIT）の分配金
- ◆ NISA口座で受け取った配当金　など

---

2 控除額

　配当控除の控除額は配当所得の金額の**10**％ですが、課税総所得金額等が1,000万円を超えている場合には、その超過部分の金額の**5**％となります。

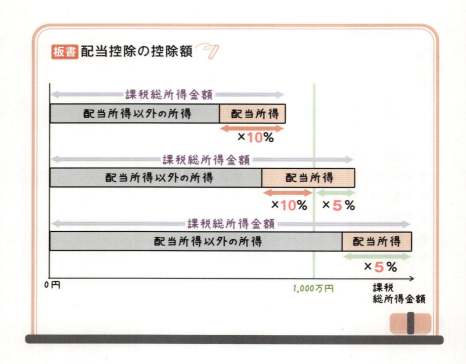

3 復興特別所得税

　東日本大震災の復興財源を確保するため、**復興特別所得税**が創設されました。

　復興特別所得税の概要は次のとおりです。

板書 **復興特別所得税の概要**

☆ 2013年から2037年までの各年分の所得税を納める義務のある人は、復興特別所得税も納めなければならない

☆ 納付する復興特別所得税額の計算式は次のとおり
復興特別所得税額＝基準所得税額×2.1%
↳ すべての所得に対する所得税額

☆ 源泉徴収の場合は、**合計税率**（所得税率×**1.021**）を用いて源泉所得税額＆源泉復興特別所得税額を計算する
→ たとえば、源泉所得税率が15%の場合なら…
合計税率＝15%×1.021＝15.315%　となる！

ひとこと

試験において、復興特別所得税を考慮するかどうかについては、問題文の指示にしたがってください。

CHAPTER 04
SECTION 05 税額の計算と税額控除 基本問題

次の各記述のうち、正しいものには○を、誤っているものには×をつけなさい。

問1 税額の計算
(1) 総合課税される所得については、超過累進税率を用いて税額を計算する。
(2) 所有期間が10年の土地を譲渡した場合の譲渡所得は分離長期譲渡所得に分類され、この場合の税率は所得税30.63%(復興特別所得税を含む)、住民税9%である。

問2 住宅借入金等特別控除
(1) 住宅ローンの返済期間が10年未満の場合、住宅借入金等特別控除の適用を受けることはできない。
(2) 合計所得金額が2,000万円の年は、住宅借入金等特別控除の適用を受けることはできない。なお、住宅の床面積は50㎡以上である。

解答

問1
(1) ○
(2) × 分離長期譲渡所得の税率は所得税15.315%(復興特別所得税を含む)、住民税5%である。

問2
(1) ○
(2) × 床面積が50㎡以上の場合、控除を受ける年の合計所得金額が3,000万円以下であれば、住宅借入金等特別控除の適用を受けることができる(なお、床面積が40㎡以上50㎡未満の場合は、合計所得金額は1,000万円以下でなければならない)。

SECTION 06 所得税の申告と納付

このSECTIONで学習すること

1 確定申告
・申告期間…2/16 〜 3/15
・給与所得者で確定申告が必要な場合
・準確定申告

> 医療費控除の適用を受けるには確定申告が必要！

2 源泉徴収
・源泉徴収とは
・年末調整とは
・給与所得の源泉徴収票の見方

> 会社員の人は自分の源泉徴収票をみてみよう！

1 確定申告

Ⅰ 確定申告とは

確定申告とは、納税者が自分で所得税額を計算して申告、納付することをいいます。

確定申告期間は、翌年の **2月16日** から **3月15日** までの間です。

> **ひとこと**
> 1月1日から12月31日までに生じた所得から所得税額を計算し、その翌年の2月16日から3月15日までの間に申告します。
> なお、確定申告の方法には、確定申告書に記入して（または入力後、プリントアウトして）税務署に直接提出する方法や、郵送により提出する方法のほか、インターネットで確定申告書を提出する方法（e-Tax）があります。

Ⅱ 給与所得者で確定申告が必要な場合

給与所得者は、一般的に給与等から所得税が源泉徴収され、年末調整で所得税の精算が行われます。したがって、改めて確定申告をする必要はありま

せんが、次の場合には確定申告が必要となります。

板書 給与所得者で確定申告が必要な人 🖊

☆ その年の給与等の金額が**2,000**万円を超える場合
　　↑ 収入金額（給与所得控除前の金額）

☆ 給与所得、退職所得以外の所得金額が**20**万円を超える場合

☆ 2カ所以上から給与を受け取っている場合

☆ 住宅借入金等特別控除（住宅ローン控除）の適用を受ける場合
　　→ 初年度のみ確定申告が必要

☆ 雑損控除、医療費控除、寄附金控除の適用を受ける場合
　　↑ ふるさと納税ワンストップ特例制度を利用した場合には確定申告不要

☆ 配当控除の適用を受ける場合

Ⅲ 準確定申告

　納税者が死亡した場合には、死亡した人の遺族（相続人）が、死亡した人の所得について確定申告を行います。これを**準確定申告**といいます。

　この場合の申告期間は、相続のあったことを知った日の翌日から**4**カ月以内です。

2 源泉徴収

Ⅰ 源泉徴収とは

　源泉徴収とは、給与等を支払う人（会社等）が、支払いをするさいに一定の方法で所得税を計算して、その金額を給与等からあらかじめ差し引くことをいいます。

Ⅱ 年末調整とは

年末調整 とは、給与所得から源泉徴収された所得税の精算を、年末において、会社等が本人（会社員等）に代わって行うことをいいます。

Ⅲ 給与所得の源泉徴収票の見方

給与等を支払う人（会社等）は、支払いを受ける人（会社員等）に対して、その1年間に支払った税金が記載されている書類（**源泉徴収票**）を発行します。

給与所得の源泉徴収票の見方は次のとおりです。

令和３年分（2021年分）　給与所得の源泉徴収票

支払を受ける者	住所又は居所	東京都練馬区 ×××				
			(受給者番号)			
			(役職名)			
			氏名	(フリガナ) ヤマダ イチロウ 山田 一郎		

種　別	支　払　金　額	給与所得控除後の金額（調整控除後）	所得控除の額の合計額	源泉徴収税額
給料・賞与	内 ❶ 6 000 000 円	❷ 4 360 000 円	❸ 2 447 960 円	内 ❹ 97 600 円

(源泉)控除対象配偶者の有無等		配偶者(特別)控除の額	控除対象扶養親族の数（配偶者を除く。）							16歳未満扶養親族の数	障害者の数（本人を除く。）		非居住者である親族の数
有	従有	老人		特　定		老人		その他			特　別	その他	
				人	従人	内 人	従人	人	従人	人	内 人	人	人
Ⓑ ○			Ⓑ 380 000	Ⓒ 1									

社会保険料等の金額	生命保険料の控除額	地震保険料の控除額	住宅借入金等特別控除の額
内 Ⓓ 837 960 円	Ⓔ 100 000 円	Ⓕ 20 000 円	円

(摘要)

基礎控除の額が48万円のときは記載なし

生命保険料の金額の内訳	新生命保険料の金額	円	旧生命保険料の金額	110,000 円	介護医療保険料の金額	円	新個人年金保険料の金額	円	旧個人年金保険料の金額	130,000 円
住宅借入金等特別控除の額の内訳	住宅借入金等特別控除適用数		居住開始年月日（1回目）	年　月　日	住宅借入金等特別控除区分（1回目）		住宅借入金等年末残高（1回目）			円
	住宅借入金等特別控除可能額	円	居住開始年月日（2回目）	年　月　日	住宅借入金等特別控除区分（2回目）		住宅借入金等年末残高（2回目）			円

(源泉・特別)控除対象配偶者	(フリガナ)氏名	ヤマダ ジュンコ 山田 純子	区分		配偶者の合計所得	0	国民年金保険料等の金額	円	旧長期損害保険料の金額	円
							基礎控除の額 Ⓐ	円	所得金額調整控除額	円

控除対象扶養親族	1	(フリガナ)氏名	ヤマダ アツシ 山田 敦	区分		16歳未満の扶養親族	1	(フリガナ)氏名		区分
	2	(フリガナ)氏名		区分			2	(フリガナ)氏名		区分
	3	(フリガナ)氏名		区分			3	(フリガナ)氏名		区分
	4	(フリガナ)氏名		区分			4	(フリガナ)氏名		区分

未成年者	外国人	死亡退職	災害者	乙欄	本人が障害者		寡婦	ひとり親	勤労学生	中　途　就・退　職				受給者生年月日			
					特別	その他				就職	退職	年	月	日	元号	年	月	日
															昭和	43	12	25

支払者	住所（居所）又は所在地	東京都千代田区 ×××
	氏名又は名称	○○商事株式会社　　（電話）

302

【参考】給与所得控除額

給与の収入金額	給与所得控除額
162.5万円以下	**55万円**
162.5万円超　180　万円以下	収入金額×40％－　10万円
180　万円超　360　万円以下	収入金額×30％＋　　8万円
360　万円超　660　万円以下	収入金額×20％＋　44万円
660　万円超　850　万円以下	収入金額×10％＋110万円
850　万円超	**195**万円（上限）

【参考】所得税の速算表（ほかに基準所得税額に対し、2.1％の復興特別所得税がかかる）

課税所得金額…（A）	税　　　額
195万円以下	(A)×　5％
195万円超　　330万円以下	(A)×10％－　　97,500円
330万円超　　695万円以下	(A)×20％－　427,500円
695万円超　　900万円以下	(A)×23％－　636,000円
900万円超　1,800万円以下	(A)×33％－1,536,000円
1,800万円超　4,000万円以下	(A)×40％－2,796,000円
4,000万円超	(A)×45％－4,796,000円

❶ 1年間の給与等

❷ 給与所得額

給与所得控除額：6,000,000円×20％＋440,000円＝1,640,000円

給与所得：6,000,000円－1,640,000円＝4,360,000円

❸ 所得控除額　♫ Review　SEC04

480,000円＋380,000円＋630,000円＋837,960円＋100,000円
Ⓐ基礎控除　　Ⓑ配偶者(特別)控除　Ⓒ特定扶養控除　Ⓓ社会保険料控除　Ⓔ生命保険料控除

「基礎控除の額」が空欄のときは「48万円」

＋20,000円＝2,447,960円
Ⓕ地震保険料控除

課税所得金額

4,360,000円－2,447,960円＝1,912,040円→1,912,000円

☆　千円未満は切捨て

所得税額

基準所得税額：1,912,000円×5％＝95,600円

復興特別所得税額：95,600円×2.1％＝2,007.6円

→2,007円

☆　円未満は切捨て

合計：95,600円＋2,007円＝97,607円

→97,600円…❹源泉所得税額

☆　百円未満は切捨て

マイナンバーの記載

税務署提出用の源泉徴収票には、[　　　]欄にマイナンバー（個人番号、法人番号）が記載される（前記の源泉徴収票は「受給者交付用」を使用している）

CHAPTER 04
SECTION 06 所得税の申告と納付 基本問題

次の各記述のうち、正しいものには○を、誤っているものには×をつけなさい。

問　確定申告

(1)　所得税の確定申告期間は、2月1日から3月31日までである。
(2)　給与所得者が年末調整を行っている場合、医療費控除は年末調整で精算されるため、確定申告を行う必要はない。

解答

(1)　×　所得税の確定申告期間は2月16日から3月15日までである。
(2)　×　医療費控除の適用を受けるには、確定申告が必要である。

SECTION 07 個人住民税、個人事業税

CHAPTER 04 タックスプランニング

このSECTIONで学習すること

1 個人住民税
・個人住民税の概要
・均等割と所得割
・納付

所得割の税率は10％！

2 個人事業税
・個人事業税の概要
・申告と納付

事業主控除額は290万円

1 個人住民税

I 住民税とは

住民税は、都道府県が課税する **道府県民税**（東京都は **都民税**）と、市町村が課税する **市町村民税**（東京都特別区は **特別区民税**）に分かれます。

> **ひとこと**
> 住民税には、法人住民税と個人住民税がありますが、3級では個人住民税について学習します。

個人住民税の概要は次のとおりです。

板書 個人住民税の概要

☆ その年の**1月1日**現在、住所がある都道府県または市区町村で課税される
☆ 対象となる所得は**前年の所得**である
☆ 課税方法は**賦課課税**方式である
   → 課税する側である国や地方公共団体が税額を計算して納税者に通知する方式

   🎧 Review SEC01 **1** Ⅲ

☆ 所得税と同様、所得控除があるが、所得税と比べて控除額が少ないものが多い
   → たとえば…

	所得税	個人住民税
基礎控除	最高48万円	最高43万円
配偶者控除	最高38万円	最高33万円 など

Ⅱ 個人住民税の構成

住民税には、**均等割**と**所得割**があります。

板書 個人住民税の構成

均等割
個人住民税額のうち、<u>所得の大小にかかわらず一定額が課税</u>される部分

所得割
個人住民税額のうち、<u>所得に比例して課税</u>される部分
→ 税率は前年の所得金額に対して一律**10**%

Ⅲ 個人住民税の納付方法

個人住民税の納付方法には、**普通徴収** と **特別徴収** があります。

板書 個人住民税の納付方法

普通徴収 → 事業所得者等は、通常この方法
年税額を **4** 回（6月、8月、10月、翌年1月）に分けて納付する方法

特別徴収 → 給与所得者に適用
年税額を **12** 回（6月から翌年5月まで）に分けて、給料から天引きされる形で納付する方法

---

2 個人事業税

Ⅰ 個人事業税とは

個人事業税は、都道府県が課税する地方税で、一定の**事業**所得または**不動産**所得のある個人が納税します。

個人事業税の概要は次のとおりです。

板書 個人事業税の概要

☆ 一定の**事業**所得または**不動産**所得のある個人が納税する
☆ 対象となる所得は前年の所得である
☆ 税額の計算

税額 ＝（事業の所得の金額 － **290**万円 ）× 税率

事業所得＋不動産所得　　　事業主控除額　　　業種によって3〜5%

308

Ⅱ 個人事業税の申告と納付

1 申告

　事業の所得が290万円（事業主控除額）を超える人は、翌年3月15日までに申告が必要です。ただし、所得税や住民税の確定申告をしているときには、事業税の申告は不要です。

2 納付

　個人事業税は、原則として8月と11月の2回に分けて納付します。

CHAPTER 04
SECTION 07 個人住民税、個人事業税 基本問題

次の各記述のうち、正しいものには○を、誤っているものには×をつけなさい。

問 個人住民税、個人事業税

(1) 個人住民税は、納税者が自分で税額を計算し、申告、納付しなければならない。

(2) 個人事業税の事業主控除額は300万円である。

解答

(1) ×　個人住民税は市区町村が税額を算出し、納税者に通知するため、納税者は自分で税額を計算する必要はない（賦課課税方式）。

(2) ×　個人事業税の事業主控除額は290万円である。

CHAPTER 05

不動産

SECTION 01 不動産の基本

CHAPTER 05 不動産

このSECTIONで学習すること

1 不動産とは
・不動産…土地や建物

説明の必要はないかな…

2 土地の価格
・公示価格
・基準地標準価格
・固定資産税評価額
・相続税評価額（路線価）

それぞれの概要をおさえておこう

3 鑑定評価の方法
・取引事例比較法
・原価法
・収益還元法

まわりと比べて…
→取引事例比較法
いま買ったらいくら？→原価法
将来、生み出す収益から価格を決定→収益還元法

4 不動産の登記
・不動産登記簿の構成
・不動産登記の効力
・仮登記とは

登記には
・対抗力がある
・公信力はない！

1 不動産とは

不動産とは、土地およびその定着物（建物や石垣など）をいいます。

2 土地の価格

土地の価格には、売主と買主の合意で決まる**実勢価格**のほか、**公示価格**、**基準地標準価格**、**固定資産税評価額**、**相続税評価額（路線価）**といった4つの公的な価格があります。

　実勢価格は、公的な価格を目安に決められ、**時価**ともいわれます。

各価格の内容は次のとおりです。

板書　土地の価格（公的な価格）

	公示価格	基準地標準価格	固定資産税評価額	相続税評価額（路線価）
内容	一般の土地取引価格の指標となる価格	一般の土地取引価格の指標となる価格（公示価格の補足）	固定資産税、不動産取得税などの計算の基礎となる価格	相続税や贈与税の計算の基礎となる価格
基準日	1月1日（毎年）	7月1日（毎年）←これだけ7月	1月1日（3年に一度評価替え）	1月1日（毎年）
公表日	3月下旬	9月下旬	3月または4月	7月1日

↳だいたい基準日の3カ月後だけど、これだけちょっと違う

決定機関	国土交通省	都道府県	市町村	国税庁
公示価格を100%とした場合の評価割合	100%	100%	70%	80%

☆　決定機関のおぼえ方
・「公示」…なんか偉そう→だから「国（国土交通省）」
・「基準地」…「公示」ほどじゃないけど、なんか偉そう→だから「都道府県」
・固定資産税は地方税だよね…だから「市町村」
・相続税は国税！→だから「国税庁」

3 鑑定評価の方法

前記の公的な価格を目安にして、取引価格が決定されますが、その取引価格が現実とかけ離れている場合もあります。

そこで、取引価格が適正なものかどうかを専門家(不動産鑑定士等)が判定します。このときに用いる鑑定評価の方法には次の3つがあります。

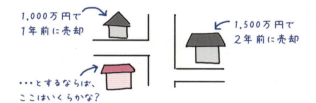

板書 鑑定評価の方法

1 取引事例比較法
似たような取引事例を参考にして、それに修正、補正を加えて価格を求める方法

1,000万円で1年前に売却
1,500万円で2年前に売却
…とするならば、ここはいくらかな?

2 原価法
再調達原価を求め、それに減価修正を加えて価格を求める方法
← いま買ったらいくらで買えるか

3 収益還元法
対象不動産が将来生み出すであろう純収益と最終的な売却価格から現在の価格を求める方法
← 収益−費用

対象不動産が生み出す単年度の純収益を一定率で割り戻して価格を求める方法

直接還元法 と DCF法 の2つがある!

↳ 対象不動産の保有期間中、対象不動産が生み出す(複数年の)純収益と最終的な売却価格を現在価値に割り戻して価格を求める方法

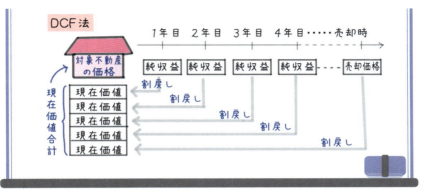

4 不動産の登記

　不動産は、所有地や所有者等の権利などが不動産登記記録（登記簿）に記載され、公示されます。

　　不動産の登記は登記所（法務局）に申請（オンライン申請または書面申請）して行います。

　不動産登記簿は、手続きをすればだれでも閲覧することができます。

I 不動産登記簿の構成

　不動産登記簿は **表題部**（表示に関する登記）と **権利部**（権利に関する登記）から構成されています。また、権利部は **甲区** と **乙区** に区分されています。

板書 不動産登記簿の構成 🖋

表題部（表示に関する登記）

不動産の所在地、面積、構造などを記載

↳ 土地：所在、地番、地目（宅地・田・畑・山林など）、地積など

建物：所在、家屋番号、種類（居宅・店舗・事務所など）、

構造（木造・鉄骨鉄筋コンクリートなど）、床面積など

権利部（権利に関する登記）

甲区

所有権に関する事項を記載

↳ 所有権の保存、所有権の移転、差押え、仮処分等

- -

乙区

所有権以外の権利に関する事項を記載

↳ 抵当権、先取特権、賃借権等

Ⅱ 不動産登記の効力

　不動産登記をしておくと、第三者に対して「自分がその不動産の権利者である」ということを主張することができます。これを**対抗力**といいます。

　なお、登記には**公信力**がないため、偽の登記の記録を信頼して取引した人が必ずしも法的に保護されるわけではありません。

| 板書 | 不動産登記の効力

☆ **対抗力**がある

登記をしておくと、「自分がその不動産の権利者だ」と第三者に主張できる！

☆ **公信力**はない

登記にウソがあったにもかかわらず、その登記の内容を信じて取引し、損害を受けたとしても、法的に保護されるわけではない

登記事項が必ずしも真実の内容であるというわけではないから

III 仮登記とは

不動産の本登記をするための要件がととのわなかった場合、将来の本登記のために **仮登記** をして登記の順位を保全することができます。

ただし、仮登記には対抗力はありません。

CHAPTER 05
SECTION 01 不動産の基本 基本問題

次の各記述のうち、正しいものには○を、誤っているものには×をつけなさい。

問 土地の価格、鑑定評価の方法、不動産の登記

(1) 路線価の評価基準日は1月1日で、3年に一度評価替えが行われる。
(2) 公示価格を100％とした場合、固定資産税評価額の評価割合は70％である。
(3) 収益還元法のうちDCF法とは、対象不動産が生み出す単年度の純収益を一定率で割り戻して価格を求める方法をいう。
(4) 不動産登記簿の権利部には甲区と乙区があるが、乙区には所有権に関する事項が記載される。
(5) 不動産登記には、対抗力と公信力がある。

解答
(1) × 路線価は1年に一度、評価替えが行われる。
(2) ○
(3) × 問題文は直接還元法の説明である。
(4) × 所有権に関する事項は甲区に記載される。
(5) × 不動産登記には対抗力があるが、公信力はない。

SECTION 02 不動産の取引

CHAPTER 05 不動産

このSECTIONで学習すること

1 宅地建物取引業法
- 宅地建物取引業とは
- 宅地建物取引士とは
- 媒介契約
  - 一般媒介契約
  - 専任媒介契約
  - 専属専任媒介契約
- 宅地建物取引業者の報酬限度
- 重要事項の説明

媒介契約には3つの形態がある!

2 不動産の売買契約に関するポイント
- 手付金
- 危険負担
- 担保責任
- 住宅の品質確保の促進等に関する法律
- 壁芯面積と内法面積

ここは法律の概要をおさえておこう

1 宅地建物取引業法

Ⅰ 宅地建物取引業とは

宅地建物取引業とは、次の取引を業として行うことをいいます。

宅地建物取引業

宅地、建物の
- 売買、交換（自ら行う）
- 売買、交換、貸借の **媒介**
- 売買、交換、貸借の **代理**

なお、宅地建物取引業を行うには、都道府県知事または国土交通大臣から免許を受けなければなりません。

> 自らが貸主となって貸借業を行うことは宅地建物取引業には該当しません。したがって、たとえば、自分でアパートを建てて、それを人に貸すという場合には、業として行う場合であっても（宅地建物取引業には該当しないので）免許は不要です。

II 宅地建物取引士とは

宅地建物取引士とは、国家試験に合格し、実務経験等の要件を満たして、宅地建物取引士証の交付を受けた人をいいます。

宅地建物取引業を行う事務所には、従業員**5**人に対し、1人以上の専任の宅地建物取引士をおくことが義務づけられています。

宅地建物取引士の独占業務には次のようなものがあります。

宅地建物取引士の独占業務
◆ 重要事項の説明
◆ 重要事項説明書への記名押印
◆ 契約書への記名押印

III 媒介契約

不動産業者に土地や建物の売買や賃貸借の媒介（仲介）を依頼する場合は、媒介契約を結びます。

宅地建物取引業者は、媒介契約を結んだときは、遅滞なく、媒介契約書を作成して記名押印し、依頼者に交付しなければなりません。

媒介契約には、**一般媒介契約**、**専任媒介契約**、**専属専任媒介契約**の3つがあります。それぞれの内容は次のとおりです。

板書 媒介契約

		一般媒介契約	専任媒介契約	専属専任媒介契約
依頼主側	同時に複数の業者に依頼	○	「専任」だから… ×	「専任」だから… ×
依頼主側	自己発見取引（業者に「物件の買主を探して」と依頼したけど、自分で買主を見つけてしまうこと）	○	○	×
業者側	依頼主への報告義務	なし	2週間に1回以上	1週間に1回以上（「専任」&「専属」だから「専任」よりキビシイ）
業者側	指定流通機構への物件登録義務	なし	契約日から7日以内（休業日を除く）	契約日から5日以内（休業日を除く）
	契約の有効期間	規制なし	3カ月以内	3カ月以内

Ⅳ 宅地建物取引業者の報酬限度

　宅地建物取引業者が受け取る報酬は、取引金額に応じて限度額が設けられています。

宅地建物取引業者の報酬限度（売買・交換の媒介の場合）

売買等の価額	報酬の限度額（消費税抜き）
200万円以下	売買等の価額×5%
200万円超　400万円以下	売買等の価額×4%＋2万円
400万円超	売買等の価額×3%＋6万円

Ⅴ 重要事項の説明

宅地建物取引業者は、契約が成立するまで(契約前)に、お客さん(宅地建物取引業者を除く)に対して、一定の重要事項を書面を用いて説明しなければなりません。なお、この説明は**宅地建物取引士**が**宅地建物取引士証**を提示したうえで行わなければなりません。

2 不動産の売買契約に関するポイント

Ⅰ 手付金

手付金とは、契約を結ぶさいに買主が売主に渡す金銭のことをいい、通常は**解約手付**とされます。

いったん結んだ契約を買主側から解除したい場合には、買主はさきに渡した手付金を放棄することになります。反対に、売主側から解除したい場合には、売主は買主に手付金の**2**倍の金額を現実に提供する必要があります。

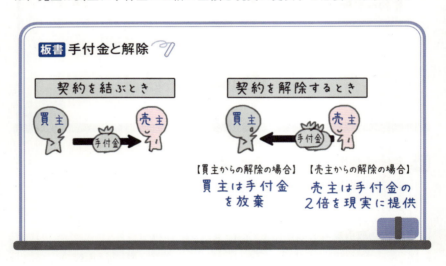

ただし、相手方が履行に着手したあとは手付による解除はできません。

Ⅱ 危険負担

売買契約の締結後、建物の引渡し前に、その建物が第三者による火災や地震など、売主・買主の双方の責めに帰することができない事由によって滅失してしまった場合、買主の代金支払義務は存続しますが、<u>買主は代金支払いの履行を拒むことができます（履行拒絶権）</u>。

これを**危険負担**といいます。

Ⅲ 担保責任

売買契約の締結後、売主が、種類・品質・数量について契約の内容に適合しない不動産を買主に引き渡した場合や、買主に移転した権利が契約の内容に適合しない場合で、一定の要件を満たしたときは、買主は売主に対して、❶履行の追完請求、❷代金減額請求、❸損害賠償請求、❹契約の解除をすることができます。

これらの（売主が負う）❶から❹の責任を**売主の担保責任**といいます。

> この「担保責任」は「契約不適合責任」ということもあります。
> なお、追完請求とは、修補、代替物の引渡しなどを請求することをいいます。

板書 危険負担と担保責任

危険負担

地震で建物が壊れた！

買主は代金の支払いを拒むことができる

担保責任

契約の内容とは違って壁にシロアリが発生していた！

売主の責任
買主は追完請求、代金減額請求、損害賠償請求、契約解除ができる

☆ 売主が<u>種類</u>または<u>品質</u>について、契約の内容に適合しない目的物を買主に引き渡した場合の担保責任を負うときは、買主は**不適合を知った**時から**1**年以内に、その旨を<u>売主に通知</u>しないと、原則として、この不適合を理由に担保責任を<u>追及することができなくなる</u>

→ 通知をした場合でも、別途、消滅時効 の適用がある

原則として
- 買主が権利を行使できることを知った時から**5**年
- 権利を行使できるときから**10**年

☆ 民法上特約によって、売主の担保責任を免除したり、上記の通知期間を短縮することはできるが、売主が知りながら買主に告げなかったときの責任は免れることができない

Ⅳ 住宅の品質確保の促進等に関する法律

住宅の品質確保の促進等に関する法律では、新築住宅の構造耐力上主要な部分等(柱など)については、売主に対して、建物の引渡し時から最低**10**年間の瑕疵担保責任を義務づけています。

この法律では、瑕疵とは、種類・品質に関して契約の内容に適合しない状態をいいます。

V 壁芯面積と内法面積

壁芯面積とは、壁の中心線から測定した面積のことをいいます。また、**内法面積**とは、壁の内側の面積のことをいいます。

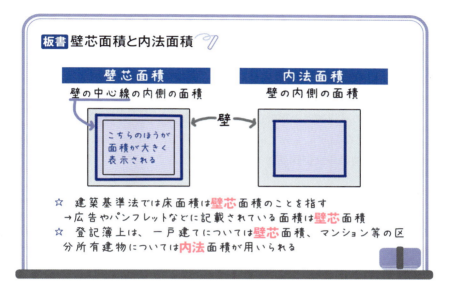

CHAPTER 05
SECTION 02 不動産の取引 基本問題

次の各記述のうち、正しいものには○を、誤っているものには×をつけなさい。

問 宅地建物取引業法、不動産の売買契約におけるポイント

(1) 宅地建物取引業を行う事務所には、従業員3人に対して1人以上の宅地建物取引士をおくことが義務づけられている。

(2) 「住宅の品質確保の促進等に関する法律」では、新築住宅の構造耐力上主要な部分については、売主に対して、建物の引渡し時から最低10年間の瑕疵担保責任を義務づけている。

解答
(1) × 宅地建物取引業を行う事務所には、従業員**5人**に対して1人以上の宅地建物取引士をおくことが義務づけられている。
(2) ○

CHAPTER 05 不動産

SECTION 03 不動産に関する法令

このSECTIONで学習すること

1 借地借家法
・借地借家法とは
・普通借地権と定期借地権
・普通借家権と定期借家権
・造作買取請求権

「普通」と「定期」の違いをおさえて

2 区分所有法
・区分所有法と区分所有権
・規約

マンションを建て替えたりする場合には、住民の賛成が必要。その場合の決議要件を確認！

3 都市計画法
・市街化区域、市街化調整区域、非線引区域
・開発許可制度

各区域の内容、開発許可が必要な規模をおさえよう

4 建築基準法
・用途制限
・接道義務とセットバック
・建蔽率
・容積率

自宅の前の道幅や、自宅の建蔽率、容積率を考えてみよう

5 農地法
・概要

ここは時間のある人だけみておいて！

1 借地借家法

I 借地借家法とは

借地借家法 は土地や建物の賃貸借契約に関するルールを定めた法律です。

II 借地権

借地権 とは、建物の所有を目的として他人から土地を借りる権利をいいます。

借地権には、普通借地権 と 定期借地権 があります。

1 普通借地権

普通借地権 は、契約期間の終了後、土地の借主が引き続きその土地の賃借を希望すれば、契約がそのまま更新されるタイプの借地権をいいます。

土地の貸主(地主)は正当な理由がなければ更新を拒むことはできません。

> 地主は自分の土地であっても、正当な理由がなければ、引き続き土地を貸さなければならないのです。

2 定期借地権

定期借地権 は、契約期間の終了後、契約の更新はなく、土地が貸主(地主)に返還されるタイプの借地権をいいます。

> 普通借地権だと、地主はいつまでたっても自分の土地を利用することができなくなってしまう可能性があるため、賃貸期限が決まっている定期借地権というものがあるのです。

定期借地権には、一般定期借地権、事業用定期借地権、建物譲渡特約付借地権 の3種類があります。

借地権の内容をまとめると、次のとおりです。

板書 普通借地権と定期借地権

	普通借地権 普通の借地権	定期借地権		
		一般定期借地権 普通の 定期借地権	事業用定期 借地権 事業用の建物を 建てるために土地 を借りるという場 合の定期借地権	建物譲渡 特約付借地権 契約期間が終了し たら建物付で土地 を返すという約束の 定期借地権
契約の 存続期間	**30**年以上	**50**年以上	**10**年以上 **50**年未満	**30**年以上
更新	最初の更新は **20**年以上 2回目以降は **10**年以上	なし	なし	なし
土地の 利用目的	制限なし	制限なし	事業用建物のみ (居住用建物は×)	制限なし
契約方法	制限なし	書面による	**公正証書**に限る	制限なし
契約期間 終了時	原則として 更地で返す	原則として 更地で返す	原則として 更地で返す	建物付で返す

Ⅲ 借家権

借家権とは、他人から建物を借りる権利をいいます。

借家権には、**普通借家権**と**定期借家権**があります。

1 普通借家権

普通借家権は、普通借地権と同様、建物の貸主(大家さん)に正当な理由がない限り、契約がそのまま更新されるタイプの借家権をいいます。

2 定期借家権

定期借家権は、契約期間の終了後、契約が更新されずに終了するタイプの借家権をいいます。

定期借家権の場合、貸主は借主に対して事前に定期借家権である旨の説明を書面でしなければなりません。

借家権の内容をまとめると、次のとおりです。

板書 普通借家権と定期借家権 🖊

	普通借家権	定期借家権
契 約 の 存続期間	**1年以上** (1年未満の契約期間の場合、 <u>期間の定めのない契約とみなされ</u> る)	契約で定めた期間
更新・終了	期間終了によって契約も 終了。ただし、貸主(大家さ ん)が正当な理由をもって更 新の拒絶をしない限り、契 約は存続	契約の更新はされずに終 了 (契約期間が**1**年以上の場合には、 貸主は期間終了の**1**年〜**6**カ月前 の間に借主に対して契約が終了する 旨の通知をしなければならない)
契約方法	制限なし	**書面**による

❸ 造作買取請求権

借主は貸主の許可を得て、エアコンや畳など(造作)を取り付けることができま
す。そして、契約終了時において、借主は貸主に時価でその造作の買取りを請
求することができます。これを **造作買取請求権** といいます。

ただし、貸主は、買取りをしない旨の特約を付けることにより、造作買取
請求権を排除することができます。

2 区分所有法

Ⅰ 区分所有法と区分所有権

区分所有法(「建物の区分所有等に関する法律」)は、集合住宅(分譲マンションな
ど)で生活するさいの最低限のルールを定めた法律です。

マンションには、購入者が専用で使える **専有部分**(各部屋)と、ほかの購入
者と共同で使う **共用部分**(エレベーター、エントランス、集会室など)があります。

このうち専有部分の所有権を **区分所有権** といいます。

また、マンション(専有部分)の土地を利用する権利を**敷地利用権**といいます。区分所有権と敷地利用権は、原則として分離することはできません。

II 規約

規約とは、マンションに関するルールのことをいいます。

規約の変更やマンションに関する事項の決定は、集会を開いて決議します。

集会では区分所有者および議決権(専有部分の持分割合)によって決議します。決議要件は次のとおりです。

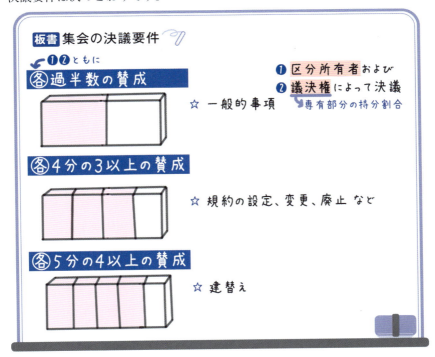

3 都市計画法

I 都市計画法

都市計画法は、計画的な街づくりを行うための法律です。

Ⅱ 都市計画区域

計画的に街づくりを行う必要がある地域を **都市計画区域** といい、都市計画区域は **市街化区域**、**市街化調整区域**(市街化区域と市街化調整区域をあわせて **線引区域** といいます)と、それ以外(**非線引区域**)に分けられます。

なお、市街化区域には、**用途地域**(建物の用途や種類について制限を定める地域。住居系、商業系、工業系があります)が定められています。

各区域の内容は、次のとおりです。

Ⅲ 開発許可制度

　一定の開発行為（建築物の建築、特定工作物の建設のために土地の区画形質を変更すること）を行う場合には、原則として**都道府県知事**の許可が必要です。

　許可を必要とする規模は次のとおりです。

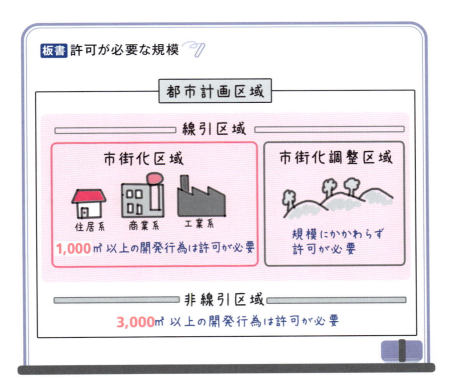

4 建築基準法

Ⅰ 建築基準法とは

　建築基準法は、建物を建てるときの基本的なルールを定めた法律です。

Ⅱ 用途制限

都市計画法では、用途地域を住居系、商業系、工業系に区分し、全部で13種類に分けています。

建築基準法では、この用途地域に応じて、建築できる建物とできない建物を、具体的に定めています（これを **用途制限** といいます）。

用途制限の主なもの

	住居系								商業系		工業系		
	第一種低層住居専用地域	第二種低層住居専用地域	田園住居地域	第一種中高層住居専用地域	第二種中高層住居専用地域	第一種住居地域	第二種住居地域	準住居地域	近隣商業地域	商業地域	準工業地域	工業地域	工業専用地域
診療所、公衆浴場、保育所、神社、教会、派出所	●	●	●	●	●	●	●	●	●	●	●	●	●
住宅、図書館、老人ホーム	●	●	●	●	●	●	●	●	●	●	●	●	×
幼稚園、小・中学校、高校	●	●	●	●	●	●	●	●	●	●	●	×	×
大学、病院	×	×	×	●	●	●	●	●	●	●	●	×	×

●…建築できる ×…原則として建築できない

「診療所はどこにでも建てられるんだな」「大学や病院は規模が大きいから低層住居専用地域には建てられないんだな」「住宅は工業専用地域には建てられないんだな、環境が悪いからかな」という感じでおさえておけばOKです。

なお、1つの敷地が2つの用途地域にまたがる場合には、面積の大きいほうの用途地域の制限を受けます。

Ⅲ 道路に関する制限

建築基準法では、交通の安全や防火等のため、建物に接する道路にも制限を課しています。

1 建築基準法上の道路

建築基準法では、道路を次のように定義しています。

板書 建築基準法上の道路 🖊

☆　幅員（道幅）が**4**m以上の道路

☆　幅員（道幅）が**4**m未満で、建築基準法が施行されたとき、すでに存在し、特定行政庁の指定を受けている道路

　→　2項道路という

---

2 接道義務とセットバック

建築物の敷地は、原則として幅員**4**m以上の道路に**2**m以上接していなければなりません。これを**接道義務**といいます。

なお、幅員が4m未満の道路である2項道路の場合には、原則として道路の中心線から**2**m下がった線が、その道路の境界線とみなされます。これを**セットバック**といいます。

板書 接道義務とセットバック ✐

接道義務

幅員**4**m以上
の道路に…

建物の敷地

2m以上
接していなければならない!

道路

セットバック 2項道路(幅員4m未満の道路)の場合は…

建物の敷地

0.5m } セットバック
1.5m ←中心線から2m

たとえば幅員
3mだとすると…

1.5m ←中心線から2m
0.5m } セットバック

建物を建てることはできるけど、
敷地の一部が道路とみなされ、そこには建てることはできない
→使える敷地が減ってしまう!

Ⅳ 建蔽率

❶ 建蔽率とは

建蔽率とは、敷地面積に対する建物の建築面積をいいます。

$$建蔽率 = \frac{建築面積}{敷地面積}$$

336

建蔽率の最高限度は、用途地域ごとに決められています。

板書 建蔽率①

たとえば、第一種低層住居専用地域（指定建蔽率60％）の敷地（敷地面積300㎡）に建物を建てたい場合…

$$\frac{?㎡}{300㎡}=60\%$$

$$?㎡=300㎡×60\%=180㎡$$

この敷地に建てられる建物の最大面積は180㎡である

なお、建蔽率の異なる地域にまたがって建物の敷地がある場合には、建蔽率は**加重平均**で計算します。

板書 建蔽率②

地域Aと地域Bにまたがって建物を建てたい場合…

地域A	地域B
建蔽率：60％	建蔽率：50％
敷地面積：200㎡	敷地面積：300㎡

■建蔽率の計算■

$$60\%×\frac{200㎡}{500㎡}+50\%×\frac{300㎡}{500㎡}=54\%$$

■最大建築面積■

500㎡×54％＝270㎡

この敷地に建てられる建物の最大面積は270㎡である。
なお、用途地域ごとに最大建築面積を計算し、それらを合計してもOK
→最大建築面積：200㎡×60％＋300㎡×50％＝270㎡

2 建蔽率の緩和

次のいずれかに該当する場合には、建蔽率が緩和されます。

建蔽率の緩和とは、たとえば指定建蔽率が60％の地域でも、一定の場合には70％や80％に拡大されるということです。

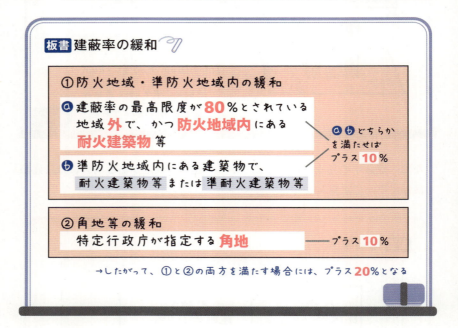

3 建蔽率の制限がないもの

次に該当する場合には、建蔽率の制限がありません。したがって、建蔽率**100**％で建物を建てることができます。

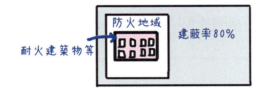

板書 建蔽率の制限がないもの

☆ 建蔽率が80％とされている地域内で、
防火地域内にある耐火建築物等

耐火建築物等　防火地域　建蔽率80％

☆ 派出所、公衆便所など

4 防火地域と準防火地域

建物が密集している地域では、火災の類焼（るいしょう）が発生しやすくなります。そのため、このような地域を**防火地域**または**準防火地域**に指定し、建物の構造に一定の制限（防火地域で3階以上の建物を建てる場合には、耐火構造にしなければならない等）を設けています。

特になにも指定されていない地域を 無指定地域 といいます。
規制が厳しい順番に並べると、防火地域→準防火地域→無指定地域 となります。

2つ以上の地域にまたがって建物を建てる場合には、**もっとも厳しい地域**の規制が適用されます。

防火地域と準防火地域にまたがっている場合は、防火地域の規制が敷地全体に適用されます。また、準防火地域と無指定地域にまたがっている場合は、準防火地域の規制が適用されます。

Ⅴ 容積率
1 容積率とは

容積率とは、敷地面積に対する延べ面積(各階の床面積の合計)をいいます。

$$容積率 = \frac{延べ面積}{敷地面積}$$

容積率の最高限度は、用途地域ごとに決められています。

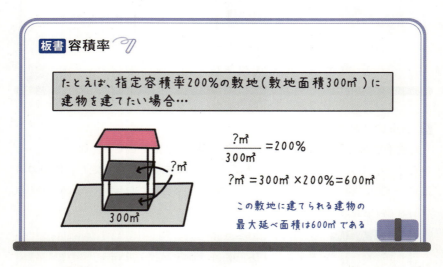

なお、容積率の異なる地域にまたがって建物の敷地がある場合には、容積率は**加重平均**で計算します。

> **ひとこと**
> 加重平均の計算方法は、建蔽率の場合と同じです。

2 前面道路の幅員による容積率の制限

前面道路の幅員が **12** m未満の場合には、容積率に制限があります。

ひとこと
前面道路の幅員が12m以上の場合には、指定容積率が適用されます。

なお、2つ以上の道路に面している場合には、幅の**広い**ほうの道路が前面道路となります。

板書 前面道路の幅員による容積率の制限

前面道路の幅員が **12m以上** の場合の容積率
→ 指定容積率

前面道路の幅員が **12m未満** の場合の容積率
→ 次のうち、**小さい**ほう

① 指定容積率
② 前面道路の幅員 × 法定乗数

$\dfrac{4}{10}$ または $\dfrac{6}{10}$
住居系　　その他

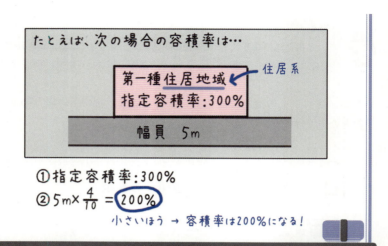

5 農地法

農地等を取引する場合、原則として許可が必要です。

農地等の取引と許可

	取引	許可(原則)
農地法第3条	権利移動 農地を農地のまま(他人に)売却する場合	農業委員会
農地法第4条	転用 農地を農地以外の土地にする場合	都道府県知事
農地法第5条	転用目的の権利移動 農地を農地以外の土地にするために権利を(他人に)移動する場合	都道府県知事

　上記のように、「転用」「転用目的の権利移動」の場合には、原則として都道府県知事の許可が必要ですが、**市街化**区域内にある一定の農地については、あらかじめ**農業委員会**に届出をすれば、都道府県知事(指定市町村ではその長)の許可は不要となります。

CHAPTER 05
SECTION 03 不動産に関する法令 基本問題

次の各記述のうち、正しいものには○を、誤っているものには×をつけなさい。

問1 借地借家法
(1) 一般定期借地権設定契約の存続期間は30年以上である。
(2) 事業用定期借地権設定契約は書面によって行うが、必ずしも公正証書による必要はない。

問2 区分所有法
(1) 「区分所有法」における区分所有権と敷地利用権は原則として分離することはできない。
(2) マンションを建て替えるには、集会において、区分所有者および議決権の過半数の賛成が必要である。

問3 都市計画法
(1) 市街化調整区域とは、すでに市街地を形成している区域またはこれからおおむね10年以内に優先的、計画的に市街化を予定している区域をいう。
(2) 市街化調整区域で開発行為を行う場合には、原則として、規模にかかわらず都道府県知事の許可が必要である。

問4 建築基準法
(1) 建築物の敷地は、原則として、幅員2m以上の道路に4m以上接していなければならない。
(2) 幅員3mの道路(2項道路)に面した敷地では、原則として、道路の中心線から2m後退した線を境界線とみなして、建築物を建てることができる。
(3) 建蔽率とは、敷地面積に対する建物の延べ面積をいう。

(4) 建蔽率の異なる地域にまたがって建物の敷地がある場合には、建蔽率は加重平均で計算する。

(5) 防火地域と準防火地域にまたがって建物を建てる場合には、敷地面積の大きい地域の規制が適用される。

(6) 容積率とは、敷地面積に対する延べ面積をいう。なお、前面道路の幅員が15m以下の場合には容積率に制限がある。

解答

問1

(1) ✕ 一般定期借地権設定契約の存続期間は**50年**以上である。

(2) ✕ 事業用定期借地権設定契約は公正証書によって行わなければならない。

問2

(1) ◯

(2) ✕ 区分所有法では、マンションの建替決議は、5分の4以上の賛成が必要である。

問3

(1) ✕ 市街化調整区域とは、市街化を抑制すべき区域をいう。問題文は市街化区域の説明である。

(2) ◯

問4

(1) ✕ 建築物の敷地は、原則として幅員4m以上の道路に2m以上接していなければならない。

(2) ◯

(3) ✕ 建蔽率とは、敷地面積に対する建物の**建築面積**をいう。

(4) ◯

(5) ✕ 防火地域と準防火地域にまたがって建物を建てる場合には、防火地域（規制が厳しいほう）の規制が適用される。

(6) ✕ 前面道路の幅員が**12m**未満の場合には容積率の制限がある。

SECTION 04 不動産の税金

CHAPTER 05 不動産

このSECTIONで学習すること

1 不動産の税金の全体像
・不動産の取得、保有、売却、賃貸にかかる税金

まずは概要をおさえよう

2 不動産を取得したときにかかる税金
・不動産取得税
・登録免許税
・消費税
・印紙税

原則と特例の違いをおさえて！細かい税率とかはおぼえなくても大丈夫

3 不動産を保有しているとかかる税金
・固定資産税
・都市計画税

固定資産税は地方税で、標準税率は1.4%！

4 不動産を譲渡したときにかかる税金

居住用財産の譲渡の特例

・居住用財産の3,000万円の特別控除
・空き家の譲渡の特例
・居住用財産の軽減税率の特例
・特定居住用財産の買換えの特例
・居住用財産を買い換えた場合の譲渡損失の損益通算および繰越控除の特例
・特定居住用財産の譲渡損失の損益通算および繰越控除の特例

文字だとややこしいから、板書をみて確認しよう

345

1 不動産の税金の全体像

不動産にかかる税金には、次の4種類があります。

板書 不動産にかかる税金 ✐

☆ 不動産を **取得** したときにかかる税金

→不動産取得税、登録免許税、消費税、印紙税

☆ 不動産を **保有** しているとかかる税金

→固定資産税、都市計画税

☆ 不動産を **売却** したときにかかる税金

→(譲渡所得として)所得税、住民税

☆ 不動産を **賃貸** しているとかかる税金

→(不動産所得として)所得税、住民税

---

2 不動産を取得したときにかかる税金

Ⅰ 不動産取得税

不動産を取得した場合(購入したときや増改築したとき、贈与されたとき)、**不動産取得税** がかかります。

なお、**相続**や**法人の合併**によって不動産を取得した場合には、不動産取得税はかかりません。

❶ 不動産取得税の基本的な内容

不動産取得税の基本的な内容は次のとおりです。

346

板書 不動産取得税の基本的な内容

課税主体 <small>誰が税金を課すのか？</small>	不動産がある**都道府県**（地方税）
納税義務者 <small>誰が税金を払うのか？</small>	不動産の取得者
課税標準 <small>何に対して税金がかかるのか？</small>	固定資産税評価額

☆ 不動産取得税の計算式

不動産取得税＝課税標準× **3** ％

原則は4％だけど、2024年3月31日までに土地や住宅を取得した場合には3％（特例）が適用される

2 課税標準の特例

一定の不動産については、課税標準の特例があります。

板書 課税標準の特例

土地について

宅地の場合… 課税標準×$\frac{1}{2}$

したがって、固定資産評価額が2,000万円の宅地の場合、
不動産取得税＝2,000万円×$\frac{1}{2}$×3％＝30万円

建物について

一定の住宅は… 課税標準－**1,200**万円

床面積が50㎡以上240㎡以下などの要件あり

1997年4月1日以降に建てられた住宅の場合

したがって、固定資産評価額が2,000万円の住宅の場合、
不動産取得税＝（2,000万円－1,200万円）×3％＝24万円

Ⅱ 登録免許税

登録免許税 は、不動産の登記をするときにかかる税金です。

1 不動産の登記

不動産の登記には、**所有権保存登記**、**所有権移転登記**、**抵当権設定登記** などがあります。

不動産の登記	
不動産の登記	内　容
所有権保存登記	新築建物を購入したときなどに必要な、所有権を最初に登録するための登記
所有権移転登記	不動産を売買したり、不動産の相続があったときなど、所有権が移転したときに行われる登記
抵当権設定登記	抵当権を設定したときに行われる登記

2 登録免許税の基本的な内容

登録免許税の基本的な内容は次のとおりです。

板書 登録免許税の基本的な内容

課税主体 誰が税金を課すのか？	国 （国税）
納税義務者 誰が税金を払うのか？	不動産の登記をする人 不動産を売買した場合、 売主と買主が連帯して納税義務者となる ↳ただし！一般的には契約等によって買主が負担する！
課税標準 何に対して税金がかかるのか？	固定資産税評価額 （抵当権設定登記は債権金額）

☆ 登録免許税の計算式

登録免許税＝課税標準×税率

3 税率の特例

個人が取得する住宅で、一定の要件を満たすものについては、次の税率の特例があります。

税率の特例 　税率はおぼえなくてOK!　「住宅」について軽減税率の適用がある!

登記内容		原　則	住宅の軽減税率[※1]
所有権保存登記		0.4%	0.15%
所有権移転登記	売　買	2　%	0.3%[※2]
	相　続	0.4%	なし
	贈与等	2　%	なし
抵当権設定登記		0.4%	0.1%

※1　個人が取得する住宅で、床面積が50㎡以上、新築または取得後1年以内に登記することなどの要件を満たした場合に軽減税率が適用される
※2　宅地建物取引業者により一定の増改築が行われた住宅を取得する場合は0.1%

Ⅲ 消費税

消費税は、商品の販売やサービスの提供に対して課される税金です。

不動産の取引では、消費税がかかるものとかからない(非課税の)ものがあります。

消費税がかかる取引、かからない取引

◆消費税がかかる取引…建物の譲渡・貸付け(居住用を除く)、不動産の仲介手数料

◆消費税がかからない取引…**土地**の譲渡・貸付け、居住用賃貸物件の貸付け(1カ月以上[※])など

※　1カ月未満の貸付けは消費税の課税対象となる

Ⅳ 印紙税

印紙税は、一定の文書を作成した場合に課される税金(国税)で、契約書等に印紙を貼り、消印することによって納税します。

なお、印紙は一定の契約書に貼付・消印が必要です。

契約書を売主と買主に渡す場合には、売主の契約書と買主の契約書の両方に印紙の貼付・消印が必要となります。

印紙が貼られていなかったり、消印がない場合には、過怠税が課せられますが、このような場合でも契約自体は有効です。

3 不動産を保有しているとかかる税金

I 固定資産税

不動産を保有している間は、毎年、**固定資産税**がかかります。

1 固定資産税の基本的な内容

固定資産税の基本的な内容は次のとおりです。

板書 固定資産税の基本的な内容

課税主体 誰が税金を課すのか？	不動産がある**市町村**（地方税）
納税義務者 誰が税金を払うのか？	毎年1月1日に固定資産課税台帳に所有者として登録されている人 ↳ちなみに！ 売買があった場合、一般的に売主と買主の間で、契約等によって固定資産税の負担割合を所有期間で按分し、清算する
課税標準 何に対して税金がかかるのか？	固定資産税評価額

☆ 固定資産税の計算式

標準税率。税率は市町村で決められる

固定資産税＝課税標準× **1.4** ％

---

2 課税標準の特例と税額軽減特例

住宅用地については、課税標準の特例があります。また、新築住宅については税額軽減特例があります。

> **板書 課税標準の特例と税額軽減特例**
>
> 固定資産税＝<u>課税標準</u>×1.4%
> ↖この部分の調整
>
> **住宅用地の課税標準の特例**
> ☆ 小規模住宅用地（**200㎡**以下の部分）
>
> 固定資産税＝課税標準×$\frac{1}{6}$×1.4%
>
> ☆ 一般住宅用地（**200㎡**超の部分）
>
> 固定資産税＝課税標準×$\frac{1}{3}$×1.4%
>
> **新築住宅の税額軽減特例**
> 住宅を**新築**等した場合で、一定の条件を満たしたときは、新築後**3**年間または**5**年間、**120**㎡までの部分について税額が$\frac{1}{2}$に軽減される
>
> 固定資産税＝課税標準×1.4%
> ↖この金額が半分になる！

II 都市計画税

都市計画税は、都市計画事業等の費用にあてるために、市街化区域内の土地および家屋の所有者に対して、市町村が課税する目的税です。

> **ひとこと**
> 目的税とは、納税された金額の使い道が決まっている税金をいいます。

1 都市計画税の基本的な内容

都市計画税の基本的な内容は次のとおりです。

板書 都市計画税の基本的な内容

課税主体 誰が税金を課すのか？	不動産がある **市町村**（**地方税**）
納税義務者 誰が税金を払うのか？	**市街化区域** にある土地、家屋の所有者（毎年 **1**月**1**日に固定資産課税台帳に所有者として登録されている人）
課税標準 何に対して税金がかかるのか？	固定資産税評価額

☆ 都市計画税の計算式

都市計画税＝課税標準×税率※

※ 制限税率 **0.3**％の範囲内で市町村が決めることができる

「税率は各市町村で決めていいよ。だけど 0.3％を超えてはダメだよ」ということ

---

❷ 課税標準の特例

住宅用地については、課税標準の特例があります。

板書 課税標準の特例　　都市計画税＝課税標準×税率

この部分の調整

住宅用地の課税標準の特例

☆ 小規模住宅用地（**200**㎡以下の部分）

都市計画税＝課税標準×$\frac{1}{3}$×税率

☆ 一般住宅用地（**200**㎡超の部分）

都市計画税＝課税標準×$\frac{2}{3}$×税率

4 不動産を譲渡したときにかかる税金

I 譲渡所得（原則）

土地や建物を譲渡（売却）して収入を得たときは、**譲渡所得**として所得税がかかります。この場合の譲渡所得は**分離課税**となります。

板書 譲渡所得（原則）

譲渡所得＝収入金額－（取得費＋譲渡費用）

税率
☆ 短期譲渡所得の場合…**39**％（所得税**30**％[※1]、住民税**9**％）
　↳ 譲渡した年の1月1日時点の所有期間が5年以下
☆ 長期譲渡所得の場合…**20**％（所得税**15**％[※2]、住民税**5**％）
　↳ 譲渡した年の1月1日時点の所有期間が5年超

※1　別途、復興特別所得税0.63％が加算される
※2　別途、復興特別所得税0.315％が加算される

II 居住用財産の譲渡の特例

居住用財産（自宅やその土地）を譲渡した場合で、一定の要件を満たしたときは、次の特例を受けることができます。

居住用財産の譲渡の特例

譲渡益が生じた場合
◆ 居住用財産の3,000万円の特別控除…III
◆ 空き家の譲渡の特例…IV
◆ 居住用財産の軽減税率の特例…V
◆ 特定居住用財産の買換えの特例…VI

譲渡損が生じた場合
◆ 居住用財産を買い換えた場合の譲渡損失の損益通算および繰越控除の特例…VII
◆ 特定居住用財産の譲渡損失の損益通算および繰越控除の特例…VIII

Ⅲ 居住用財産の3,000万円の特別控除

居住用財産を譲渡して譲渡益が生じた場合、譲渡所得の金額から最高**3,000**万円を控除することができます。

この特例の主な内容は次のとおりです。

板書 居住用財産の3,000万円の特別控除

課税譲渡所得＝譲渡益－3,000万円（特別控除）

ポイント
☆ 譲渡した居住用財産の所有期間が短期でも長期でも利用できる
☆ 控除後の課税譲渡所得がゼロとなる場合も確定申告が必要
☆「居住用財産の軽減税率の特例」と併用して適用できる
　　　　　　　　　↑Ⅴ
☆「特定居住用財産の買換えの特例」とは併用して適用できない
　　　　　　　　　↑Ⅵ

主な適用要件
☆ 居住用財産であること
☆ 配偶者、父母、子などへの譲渡ではないこと
☆ 前年、前々年にこの特例を受けていないこと→3年に一度しか適用できない

Ⅳ 空き家の譲渡の特例

相続の開始の直前において、被相続人の居住用であった家屋で、その後空き家になっていた家屋を一定期間内に譲渡した場合には、その譲渡所得の金額から**3,000**万円を控除することができます。

> **ひとこと**
> この特例は、要件に該当する家屋を、2016年4月1日から2023年12月31日までに譲渡した場合に適用できます。
> なお、空き家を取り崩して更地で譲渡した場合でもこの特例を適用することができます。

この特例の主なポイントは次のとおりです。

板書 空き家にかかる譲渡所得の特別控除

課税 譲渡所得＝譲渡益－3,000万円（特別控除）

ポイント

☆ 相続財産にかかる譲渡所得の課税の特例（相続税の取得費の加算）と選択適用となる

→相続や遺贈により取得した財産を一定期間内※に譲渡した場合に、相続税額のうち一定金額を、譲渡資産の取得費に加算して譲渡所得を計算することができるという特例

※ 相続開始のあった日の翌日から相続税の申告期限の翌日以後3年を経過する日まで

主な適用要件

☆ 相続開始まで被相続人の居住用に供されていて、その後、相続によって空き家になったこと

→2019年4月1日以後に行う譲渡については、

①被相続人が要介護認定等を受け、相続開始直前まで老人ホーム等に入所していて、
②被相続人が老人ホーム等に入所した時から相続開始直前まで、その家屋について被相続人の一定の使用があり、事業の用、貸付けの用、被相続人以外の者の居住の用に供されていたことがない場合

は、被相続人が居住の用に供していたものとして適用できる

☆ 1981年5月31日以前に建築された家屋であること
☆ マンションなど区分所有建物でないこと
☆ 相続開始日から3年を経過する年の12月31日までに譲渡したこと
☆ 譲渡対価が1億円以下であること

Ⅴ 居住用財産の軽減税率の特例

譲渡した年の1月1日時点で所有期間が10年超の居住用財産を譲渡した場合、6,000万円以下の部分について14％（所得税10％、住民税4％、別途、復興特別所得税0.21％が加算される）の軽減税率が適用されます。なお、居住用財産の3,000万円の特別控除と併用することができます。

板書 居住用財産の軽減税率の特例

たとえば、次のような譲渡益が生じた場合は…
- 所有期間15年の居住用財産を譲渡した
- 譲渡収入は2億円、取得費は7,000万円、譲渡費用は500万円
- 居住用財産の軽減税率の適用要件はすべて満たしている
- 復興特別所得税は考慮しない

譲渡収入　2億円				
取得費 7,000万円	譲渡費用 500万円	特別控除 3,000万円	課税譲渡所得 9,500万円

6,000万円以下 → 所得税 10%　住民税 4%
6,000万円超　→ 所得税 15%　住民税 5%

課税譲渡所得：2億円−7,000万円−500万円−3,000万円＝9,500万円
所得税：6,000万円×10%＋(9,500万円−6,000万円)×15%
　　　＝1,125万円
住民税：6,000万円×4%＋(9,500万円−6,000万円)×5%
　　　＝415万円

Ⅵ 特定居住用財産の買換えの特例

　譲渡した年の1月1日時点の所有期間が**10**年超で、居住期間**10**年以上の居住用財産を譲渡対価**1億**円以下で譲渡し、新たに床面積が**50㎡**以上の居住用財産を購入した（買い換えた）場合、譲渡益に対する税金を繰り延べることができます。

ひとこと

　「繰り延べる」とは、次年度以降に持ち越すことをいいます。
　通常、今年発生した譲渡益は全額、今年度の課税の対象になりますが、この特例は今年発生した譲渡益にもかかわらず、次年度以降の課税の対象とすることができるのです。

CH 05 不動産

板書 特定居住用財産の買換えの特例 ✐

購入&居住開始日　　　　　　1/1 譲渡日 12/31

```
┌─────────────────┐
│  所有期間10年超    │
│      &          │
│  居住期間10年以上  │
└─────────────────┘
```

旧居住用財産を売って、新居住用財産を買う
譲渡対価が
1億円以下

床面積50㎡以上

```
┌──────────────────────────────┐
│ 譲渡資産の譲渡価額≦買換資産の取得価額の場合 │
│ ← 旧を5,000万円で売って、新を6,000万円で買ったという場合 │
└──────────────────────────────┘
```

→譲渡益を繰り延べることができる

旧の取得費が3,000万円、譲渡費用が200万円なら…
1,800円(5,000万円－3,000万円－200万円)を全額、繰り延べることができる

ポイント
☆ 「3,000万円の特別控除」や「居住用財産の軽減税率の特例」とは
　選択適用となる(併用はできない)
☆ 譲渡益がゼロとなる場合でも、確定申告が必要

SEC **04** 不動産の税金

不動産を譲渡したときにかかる税金

Ⅶ 居住用財産を買い換えた場合の譲渡損失の損益通算および繰越控除の特例

　譲渡した年の1月1日時点で所有期間が**5**年超の居住用財産を譲渡し、譲渡損失が生じた場合で、**住宅ローン(10年以上)**を利用して新たな居住用財産(床面積が**50㎡以上**)を購入したとき(買い換えたとき)は、一定の要件を満たせば、譲渡損失とその年のほかの所得とを **損益通算** することができます。

357

ひとこと
原則として、居住用財産を譲渡して譲渡損失が生じても、ほかの所得（譲渡所得以外の所得）と損益通算をすることはできません。しかし、一定の要件を満たせば、前記の特例を適用することができます。

ひとこと
「損益通算」とは、所得税の計算上、不動産所得、事業所得、譲渡所得などから出た損失を、ほかの総合課税の所得（たとえば給与所得など）から差し引いて所得の計算をすることをいいます。

Review CH04. SEC03 **2**

　また、翌年以降**3**年間にわたって、その譲渡損失をほかの所得から控除（繰越控除）することができます。
　ただし、繰越控除を受ける年の合計所得金額が**3,000**万円以下でなければなりません。

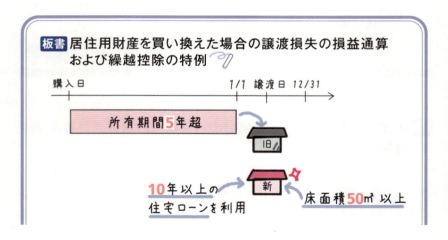
板書 居住用財産を買い換えた場合の譲渡損失の損益通算および繰越控除の特例

ポイント
- ☆ 合計所得金額が**3,000**万円以下の年に限る
- ☆ 確定申告が必要
- ☆ ㊟の住宅ローンには、**住宅ローン控除**を適用することができる

> たとえば、次のような譲渡損失が生じた場合は…
> - 所有期間8年の居住用財産を譲渡し、新たに居住用財産を住宅ローンを利用して購入した
> - 譲渡収入は3,000万円、取得費は4,900万円、譲渡費用は200万円
> - 給与所得は500万円であり、その他の所得はない

譲渡損失：3,000万円－（4,900万円＋200万円）＝△2,100万円

譲渡年：2,100万円－500万円＝1,600万円を繰越し

繰越1年目：1,600万円－500万円＝1,100万円を繰越し

繰越2年目：1,100万円－500万円＝600万円を繰越し

繰越3年目：600万円－500万円＝100万円は切捨て

もう繰り越せない

Ⅷ 特定居住用財産の譲渡損失の損益通算および繰越控除の特例

　譲渡した年の1月1日時点で所有期間が**5年超**、一定の**住宅ローン**がある等の居住用財産を譲渡し、譲渡損失が生じた場合は、譲渡損失（「住宅ローン残高－譲渡価格」が限度）とその年のほかの所得とを **損益通算** することができます。また、翌年以降**3**年間にわたって、その譲渡損失をほかの所得から控除（**繰越控除**）することができます。

　ただし、繰越控除を受ける年の合計所得金額が**3,000**万円以下でなければなりません。

板書 特定居住用財産の譲渡損失の損益通算および繰越控除
の特例

購入日　　　　　　　　　1/1 譲渡日 12/31

所有期間**5**年超

住宅ローンの残高あり
償還期間 10 年以上など

ポイント
☆ 買換えの要件はない
☆ 合計所得金額が**3,000**万円以下の年に限る
☆ 確定申告が必要

CHAPTER 05
SECTION 04 不動産の税金 基本問題

次の各記述のうち、正しいものには○を、誤っているものには×をつけなさい。

問1 不動産取得税
(1) 相続によって不動産を取得した場合でも不動産取得税がかかる。
(2) 不動産取得税は固定資産税評価額を課税標準として、これに税率を掛けて計算するが、宅地の場合には課税標準を3分の1にして計算することができる。

問2 消費税
(1) 居住用建物の貸付け(1カ月以上)は消費税がかかる取引である。
(2) 土地の譲渡は消費税がかからない取引である。

問3 固定資産税
(1) 固定資産税の納税義務者は毎年4月1日に固定資産税課税台帳に所有者として登録されている人である。
(2) 固定資産税の標準税率は1.4%である。
(3) 小規模住宅用地(200㎡以下の部分)については、課税標準を固定資産税評価額の3分の1で計算することができる。

問4 都市計画税
(1) 都市計画税は都市計画区域にある土地、家屋の所有者に対して課される。
(2) 都市計画税の税率は各市町村で自由に決めることができ、この税率には制限はない。

問5 **不動産を譲渡したときにかかる税金**

(1) 長期譲渡所得の税率は所得税30％、住民税9％である。なお、復興特別所得税は考慮しないものとする。

(2) 居住用財産の3,000万円の特別控除は、譲渡した居住用財産の所有期間が短期でも長期でも利用できる。

(3) 譲渡した年の1月1日時点で所有期間が10年超の居住用財産を譲渡した場合、譲渡益が6,000万円以下の部分について14％（所得税10％、住民税4％）の軽減税率が適用される。この場合、居住用財産の3,000万円の特別控除を適用することはできない。なお、復興特別所得税は考慮しないものとする。

(4) 特定居住用財産の買換えの特例を適用する場合、譲渡資産の所有期間は10年超でなければならないが、居住期間については特別な要件はない。

(5) 譲渡した年の1月1日時点で所有期間が5年超の居住用財産を譲渡し、譲渡損失が生じた場合で、住宅ローンを利用して新たな居住用財産を購入したときは、一定の要件を満たせば、譲渡損失とその年のほかの所得とを損益通算することができる。この場合の譲渡損失は翌年以降5年間にわたって繰り越すことができる。

解答

問1

(1) ✕ 相続や法人の合併によって不動産を取得した場合には、不動産取得税はかからない。

(2) ✕ 宅地の場合には課税標準を**2分の1**にして計算することができる。

問2

(1) ✕ 建物の貸付けは課税取引であるが、居住用建物（賃貸物件）の貸付け（1ヵ月以上）は非課税取引である。

(2) ◯

問3

(1) ✕ 4月1日ではなく**1月1日**である。

(2) ◯

(3) ✕ 小規模住宅用地（200㎡以下の部分）については、課税標準を固定資産税評価額の**6分の1**で計算することができる。

問4

(1) ✕ 都市計画税は、原則として**市街化区域**にある土地、家屋の所有者に対して課される。

(2) ✕ 都市計画税の制限税率は0.3％である。

問5

(1) ✕ 長期譲渡所得の税率は所得税15％、住民税5％である。

(2) ◯

(3) ✕ 居住用財産の3,000万円の特別控除後の譲渡益に対して軽減税率が適用される。

(4) ✕ 居住期間は**10年以上**でなければならない。

(5) ✕ 居住用財産を買い換えた場合の譲渡損失の繰越し期間は譲渡年の翌年以降**3年間**である。

SECTION 05 不動産の有効活用

CHAPTER 05
不動産

このSECTIONで学習すること

1 土地の有効活用の形態
・アパート・マンション
・オフィスビル
・駐車場
・ロードサイド店舗

ここは軽く目を通しておけばOK！

2 土地の有効活用の事業手法
・自己建設方式
・事業受託方式
・建設協力金方式
・土地信託方式
・等価交換方式
・定期借地権方式

たまに出題されるけど、重要性は低い論点

3 不動産投資利回り
・単純利回り
・NOI利回り

余裕がある人は目を通しておいて

1 土地の有効活用の形態

土地の有効活用の形態には、次のようなものがあります。

土地の有効活用の形態と特性

形　態	特　　性
アパート・マンション	◎ 需要はある程度安定している × 空室リスクがある ☆　ファミリーマンションよりもワンルームマンションのほうが収益性が高い！
オフィスビル	◎ 収益性が高い × 景気変動の影響を受けやすい
駐車場	◎ 法的トラブルは発生しづらい ←借地権が発生しないため × 機械式駐車場の場合、初期投資額が大きい
ロードサイド店舗	◎ 交通量の多い道路沿いなら、高い収益が見込まれる × 広い敷地が必要

2　土地の有効活用の事業手法

土地を有効に活用する事業手法として、次のようなものがあります。

土地の有効活用の事業手法

自己建設方式	土地の所有者が自分で企画、資金調達、建築等を行う方法 →全部自分でやる ☆　収益はすべて自分のものとなるが、手間がかかる。リスクも高い
事業受託方式	土地活用のすべてを業者（デベロッパー）にまかせてしまう方法 →業者におまかせ！
建設協力金方式	土地の所有者が、入居予定のテナントから保証金（建設協力金）を預かって、建物の建設費にあてる方法 →入居予定のテナントから建物の建設費を出してもらう！
土地信託方式	信託銀行に土地を信託する方法 →信託銀行におまかせして、配当を受け取る！ ☆　信託終了後は、土地・建物はそのまま土地の所有者に引き渡される
等価交換方式	土地の所有者が土地を提供し、その土地にデベロッパーが建物を建て、完成後の土地と建物の権利を資金提供割合（土地の価額と建物の建設費の割合）で分ける方法 →土地を譲渡して、代わりに土地＆建物の権利を分け合う！
定期借地権方式	定期借地権を設定して、土地を賃貸する方法 →一定期間、土地を貸す

365

3 不動産投資利回り

　不動産投資をするさいには、採算が合うかどうかを検討する必要があります。不動産の採算性を評価する手法として、投資利回りがあります。
　投資利回りは、投資額に対する収入の割合をいい、**単純利回り**や**NOI利回り**があります。

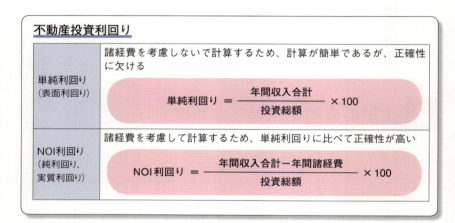

不動産投資利回り

単純利回り （表面利回り）	諸経費を考慮しないで計算するため、計算が簡単であるが、正確性に欠ける 単純利回り = 年間収入合計 / 投資総額 × 100
NOI利回り （純利回り、 実質利回り）	諸経費を考慮して計算するため、単純利回りに比べて正確性が高い NOI利回り = (年間収入合計 − 年間諸経費) / 投資総額 × 100

CHAPTER 05
SECTION 05 不動産の有効活用 基本問題

次の各記述のうち、正しいものには○を、誤っているものには×をつけなさい。

問 土地の有効活用の形態、手法

(1) 事業受託方式は、土地の所有者が企画、資金調達、建築等をすべて自分で行う方法である。

(2) 土地信託方式では、信託終了後、土地・建物はそのまま土地の所有者に引き渡される。

解答
(1) ×　問題文は**自己建設方式**の説明である。
(2) ○

CHAPTER 06

相続・事業承継

SECTION 01 相続の基本

CHAPTER 06 相続・事業承継

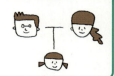

このSECTIONで学習すること

1 相続とは
・相続…死亡した人の財産を、残された人が承継すること

> イメージでわかるよね…

2 相続人
・法定相続人
・相続人の範囲と順序
・子の種類
・相続人になれない人
・代襲相続

> 配偶者は常に相続人となる。そのほかの順序は…
> ①子
> ②直系尊属（父母）
> ③兄弟姉妹

3 相続分
・指定相続分
・法定相続分

> 相続人が、配偶者と子、配偶者と直系尊属、配偶者と兄弟姉妹の場合の法定相続分をしっかりおさえて！

4 相続の承認と放棄
・単純承認
・限定承認
・放棄

> 限定承認も放棄も、相続の開始から3カ月以内に行わなければならない

5 遺産分割
・指定分割と協議分割
・現物分割、換価分割、代償分割
・配偶者居住権

> ここは軽くおさえておこう

6 遺言と遺贈
・自筆証書遺言
・公正証書遺言
・秘密証書遺言

> 遺言はいつでも変更することができる！

7 遺留分
・遺留分権利者と遺留分の割合

> 「愛人にすべての財産をあげる」なんて遺言を残されたら、配偶者や子は困るよね…

8 成年後見制度
・法定後見制度
　（後見、保佐、補助）
・任意後見制度

> ここは軽く読んでおけばOK！

1 相続とは

相続とは、死亡した人（被相続人）の財産（資産および負債）を、残された人（相続人）が承継することをいいます。

ひとこと
相続によって相続人が承継する財産には、現金や土地・建物などの資産のほか、借入金などの負債も含まれます。

2 相続人

Ⅰ 法定相続人

民法では、相続人の範囲を被相続人の配偶者と一定の血族に限っています（法定相続人）。

Ⅱ 相続人の範囲と順序

被相続人の配偶者は常に相続人となります。また、血族相続人（被相続人と一定の血族関係にある相続人）には優先順位があります。

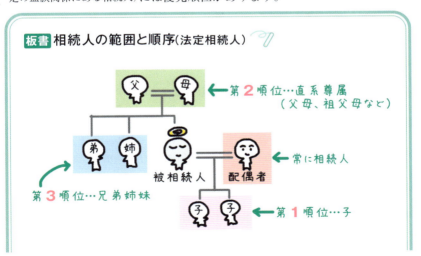

板書 相続人の範囲と順序（法定相続人）

ポイント

☆　配偶者は常に相続人となる

☆　血族相続人は先順位の者がいない場合に限って、後順位の者が相続人となる

　　↳　子がいない場合には父母が相続人となる！
　　（子がいる場合には父母は相続人になれない）

☆　配偶者と血族相続人は同順位で相続人となる

　　↳　配偶者、子、父母、兄弟姉妹がいる場合は、
　　　　配偶者と子が相続人となる

Ⅲ 子の種類

子には、養子（養子縁組により子となった者）、非嫡出子、胎児を含みます。

板書 子の種類（養子、非嫡出子、胎児）

	養子縁組により子となった者
養子	**普通養子** 養子が実父母との親子関係を存続したまま、養父母との親子関係をつくるという縁組における養子 →養子は実父母と養父母の両方の相続人となる **特別養子** 養子が実父母との親子関係を断ち切り、養父母との親子関係をつくるという縁組における養子 →養子は養父母のみの相続人となる
非嫡出子	正式な婚姻関係のない人との間に生まれた子 →実子に含まれる。ただし、被相続人が男性の場合は認知が必要
胎児	まだ生まれていない子 →被相続人の死亡時にすでに生まれたものとして相続人となる （実子に含まれる。ただし、死産の場合は相続人にならない）

> **ポイント**
> ☆ 実子（血のつながりがある子）と養子、嫡出子（正式な婚姻関係のある人との間に生まれた子）と非嫡出子は、<u>同順位</u>となる
> → 実子だからといって養子よりも先順位になるということはない！

Ⅳ 相続人になれない人

相続人の地位にある人でも、次の場合には相続人になれません。

> **板書** 相続人になれない人
>
> ☆ 相続開始以前にすでに死亡している人
> ☆ (欠格)事由に該当する人
>   → 被相続人を殺害したり、詐欺や強迫によって遺言書を書かせたりすること
> ☆ 相続人から(廃除)された人
>   → 被相続人を虐待するなど、著しい非行があった場合に、被相続人が家庭裁判所に申し立てることにより、その相続人の相続権をなくすこと
> ☆ 相続を(放棄)した人
>   → 相続の放棄については **4** Ⅲ を参照

Ⅴ 代襲相続

代襲相続とは、相続の開始時に、相続人となることができる人がすでに死亡、欠格、廃除によって、相続権がなくなっている場合に、その人の子（被相続人からみると孫、甥、姪）が代わりに相続することをいいます。

板書 代襲相続のポイント

☆ 子（直系卑属）は再代襲、再々代襲がある

| … 相続人
| × … 以前死亡

☆ 兄弟姉妹が死亡している場合は、
兄弟姉妹の子（被相続人の甥、姪）まで
しか代襲相続は認められない

☆ 直系尊属（父や母）については、
代襲相続は生じない

> **ひとこと**
> 自分（被相続人）から見て、父母や祖父母のことを直系尊属、自分（被相続人）から見て、子や孫のことを直系卑属といいます。

3 相続分

相続分とは、複数の相続人がいる場合の、各相続人が遺産を相続する割合をいいます。

相続分には、**指定相続分**と**法定相続分**があります。

Ⅰ 指定相続分

被相続人は、遺言で各相続人の相続分を指定することができます。この場合の相続分を**指定相続分**といい、法定相続分より優先されます。

Ⅱ 法定相続分

法定相続分とは、民法で定められた各相続人の相続分をいいます。

法定相続分は以下のとおりです。なお、同順位に複数の相続人がいる場合には、相続分を均分します。

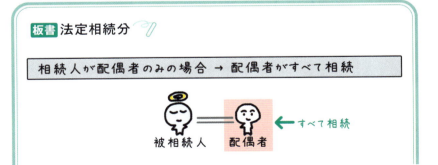

相続人が配偶者と子の場合 → 配偶者: $\frac{1}{2}$　子: $\frac{1}{2}$

被相続人　配偶者 $\frac{1}{2}$ ← 常に相続人

第1順位 → 子　子　$\frac{1}{2}$ ← これを子の数で割る

$\frac{1}{2} \times \frac{1}{2} = \frac{1}{4}$　$\frac{1}{2} \times \frac{1}{2} = \frac{1}{4}$

相続人が配偶者と直系尊属の場合 → 配偶者: $\frac{2}{3}$　直系尊属: $\frac{1}{3}$

$\frac{1}{3} \times \frac{1}{2} = \frac{1}{6}$　$\frac{1}{3} \times \frac{1}{2} = \frac{1}{6}$

父　母 ← 第2順位
$\frac{1}{3}$

被相続人　配偶者 $\frac{2}{3}$ ← 常に相続人

相続人が配偶者と兄弟姉妹の場合 → 配偶者: $\frac{3}{4}$　兄弟姉妹: $\frac{1}{4}$

死亡　死亡
父　母

第3順位 →
これを兄弟姉妹の数で割る　$\frac{1}{4}$
弟　姉　被相続人　配偶者 $\frac{3}{4}$ ← 常に相続人

$\frac{1}{4} \times \frac{1}{2} = \frac{1}{8}$　$\frac{1}{4} \times \frac{1}{2} = \frac{1}{8}$

ひとこと

配偶者がいない場合は、各順位内で均分相続します。

4 相続の承認と放棄

相続人は、被相続人の財産を相続するかどうかを選択することができます。

Ⅰ 単純承認

単純承認とは、被相続人の財産(資産および負債)をすべて承継することをいい、民法では単純承認が原則です。

なお、相続の開始があったことを知った日から**3**カ月以内に、下記の限定承認や放棄を行わなかった場合等には、単純承認したものとみなされます。

Ⅱ 限定承認

限定承認とは、被相続人の資産(プラスの財産)の範囲内で、負債(マイナスの財産)を承継することをいいます。

限定承認をする場合には、相続の開始があったことを知った日から**3**カ月以内に、相続人全員で家庭裁判所に申し出る必要があります。

Ⅲ 放棄

放棄とは、被相続人の財産(資産および負債)をすべて承継しないなど、相続人とならなかったものとすることをいいます。

放棄をする場合には、相続の開始があったことを知った日から**3**カ月以内に、家庭裁判所に申し出る必要があります。

> 放棄は相続人全員で行う必要はありません。

5 遺産分割

Ⅰ 遺産分割の種類

遺産分割とは、相続財産を相続人で分けることをいいます。

遺産分割の種類には、**指定分割**と**協議分割**などがあります。

板書 遺産分割の種類

1 指定分割

…遺言によって相続財産を分割する方法

2 協議分割

…相続人全員の協議によって相続財産を分割する方法

ポイント

☆ 指定分割が最優先される

☆ 協議分割が成立しない場合には、家庭裁判所の調停によって分割する

　　↓ 家庭裁判所が間に入って話し合うこと

☆ 調停によってもまとまらなければ、家庭裁判所の審判で分割

　　↓ 家庭裁判所が判定を下すこと

Ⅱ 遺産分割の方法

遺産分割の方法には、**現物分割**、**換価分割**、**代償分割**などがあります。

板書 遺産分割の方法

1 現物分割

…遺産を現物のまま分割する方法

2 換価分割

…遺産の全部または一部をお金に換えて、そのお金を分割する方法

3 代償分割

…ある相続人が遺産を現物で取得し、他の相続人に自分の財産(現金など)を支払う方法

Ⅲ 配偶者居住権

配偶者(被相続人の配偶者。内縁関係は含まない)は、被相続人の財産に属した建物に相続開始時に居住していた場合(生活の本拠としていた場合)、次のいずれかにあたるときは、原則として、その居住していた建物の全部について無償で使用・収益する権利(**配偶者居住権**)が認められます。

配偶者居住権

❶ 遺産分割で配偶者居住権を取得するものとされたとき

❷ 配偶者居住権が遺贈の目的とされたとき

❸ 配偶者居住権を取得させる旨の死因贈与契約があるとき
→ SEC03 ❶参照

なお、配偶者居住権を第三者に対抗(主張)するためには登記が必要です。

379

6 遺言と遺贈

Ⅰ 遺言と遺贈とは

遺言とは、生前に自分の意思を表示しておくことをいいます。
また、遺言によって財産が相続人等に移転することを**遺贈**といいます。

Ⅱ 遺言のポイント

遺言のポイントをまとめると、次のとおりです。

板書 遺言のポイント

☆ 満**15**歳以上で、意思能力があれば誰でも行うことができる
☆ いつでも全部または一部を変更することができる
☆ 遺言書が複数出てきた場合は、作成日の**新しい**ほうが有効

Ⅲ 遺言の種類

遺言（普通方式遺言）には、**自筆証書遺言**、**公正証書遺言**、**秘密証書遺言**の3種類があります。

> **ひとこと**
>
> 遺言には、普通方式と特別方式（普通方式遺言が不可能な場合の遺言）がありますが、試験では普通方式のほうが重要なので、このテキストでは普通方式のみ説明します。

板書 遺言の種類

自筆証書遺言	遺言者が遺言の全文、日付、氏名を自書し、押印する…① ただし、財産目録を添付する場合には、毎葉(ページ)に署名・押印すれば、その目録は自書不要…②	
	証人 不要 **検認** 必要（法務局に保管した場合は不要） ← 家庭裁判所が遺言書を確認し、遺言書の偽造等を防止するための手続き	
	ポイント ①はパソコン作成× ②の目録はパソコン作成○ ☆ 原本は**法務局**で保管することもできる	
公正証書遺言	遺言者が口述し、公証人が筆記する	
	証人 2人以上 **検認** 不要	
	ポイント ☆ 原本は**公証役場**に保管される ☆ ①未成年者、②推定相続人や受遺者、③②の配偶者や直系血族は証人になれない	
秘密証書遺言	遺言者が遺言書に署名・押印し、封印する。公証人が日付等を記入する ←遺言の内容を秘密にして、存在だけを証明してもらう方法	
	証人 2人以上 **検認** 必要	
	ポイント ☆ パソコン作成や代筆も○ ☆ ①未成年者、②推定相続人や受遺者、③②の配偶者や直系血族は証人になれない	

ひとこと

検認は、遺言書が有効なものであると認めるものではありません。

7 遺留分

I 遺留分とは

遺言書の作成によって、被相続人の財産をすべて特定の人に遺贈するということができますが、そうすると残された家族が家を失い、生活ができなくなるといった事態が発生します。

そこで、民法は、一定の相続人が最小限の遺産を受け取ることができるようにしています。これを遺留分といいます。

II 遺留分権利者と遺留分の割合

遺留分権利者(遺留分を請求する権利がある人)および遺留分の割合は次のとおりです。

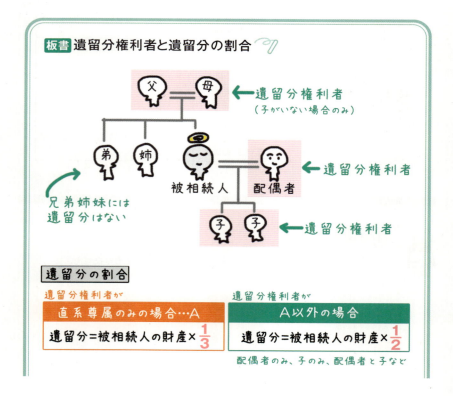

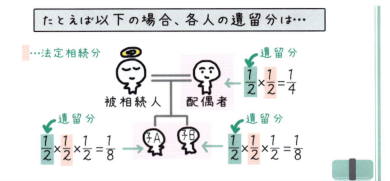

III 遺留分侵害額請求権

遺言や贈与によって遺留分を侵害された遺留分権利者は、遺留分侵害額に相当する金銭の支払いを請求することができます。これを**遺留分侵害額請求権**といいます。

遺留分侵害額請求権のポイントは次のとおりです。

板書 遺留分侵害額請求権のポイント

☆ 遺留分侵害額請求権には<u>期間の制限</u>がある

① 相続の開始および遺留分の侵害を知った日から **1**年（消滅時効）
  または
② 相続開始から **10**年（除斥期間）

☆ 遺留分権利者は、遺留分侵害額に相当する**金銭の支払い**を請求することができる

8 成年後見制度

Ⅰ 成年後見制度とは

成年後見制度 は、知的障害、精神障害、認知症などにより、判断能力が不十分である人が不利益を被らないように保護する制度です。

Ⅱ 成年後見制度の種類

成年後見制度には、**法定後見制度** と **任意後見制度** があり、法定後見制度はさらに **後見**、**保佐**、**補助** の3つに分かれます。

それぞれの内容は次のとおりです。

板書 成年後見制度の種類

法定後見制度

…民法で定める後見制度

後見 ←ほとんど判断できない人を保護

…精神上の障害によって判断能力を欠く常況にある人を保護する制度

保佐 ←「簡単なことは自分でできる」という人を保護

…精神上の障害によって判断能力が著しく不十分な人を保護する制度

補助 ←「だいたいのことは自分でできるけど…」という人を保護

…精神上の障害によって判断能力が不十分な人を保護する制度

任意後見制度

…将来、判断能力が不十分になったときに備えて、本人が事前に(判断能力があるうちに)、任意後見人を選任する制度

384

CHAPTER 06
SECTION 01 相続の基本 基本問題

次の各記述のうち、正しいものには○を、誤っているものには×をつけなさい。

問1 法定相続人
(1) 配偶者は常に相続人となる。
(2) 相続人には順序があり、第1順位は子、第2順位は兄弟姉妹、第3順位は直系尊属となる。

問2 代襲相続
(1) 代襲相続は、被相続人の直系尊属についても認められる。
(2) 以下の《親族関係図》の場合、法定相続人は妻B、二男D、長男の妻Eの3人である。

《親族関係図》

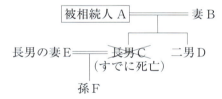

問3 相続分
(1) 以下の《親族関係図》の場合、長男Cの法定相続分は$\frac{1}{2}$である。

《親族関係図》

385

(2) 以下の《親族関係図》の場合、妻Bの法定相続分は $\frac{2}{3}$ である。

《親族関係図》

問4 相続の承認と放棄
(1) 限定承認とは、被相続人の資産のみ承継し、負債は承継しないことをいう。
(2) 相続の放棄をする場合は、相続の開始があったことを知った日から3カ月以内に、相続人全員で家庭裁判所に申し出る必要がある。

問5 遺言と遺贈
(1) 自筆証書遺言は、全文をパソコンで作成してもよい。
(2) 公正証書遺言は証人2人以上が必要で、検認は不要である。
(3) 秘密証書遺言は検認は不要である。

解答

問1

(1) ○

(2) ✕　相続人の順位は、子→直系尊属→兄弟姉妹である。

問2

(1) ✕　代襲相続は直系尊属については認められない。

(2) ✕　長男Cの代襲相続人は、長男の妻Eではなく、孫Fである。
したがって、法定相続人は妻B、二男D、孫Fの3人である。

問3

(1) ✕　相続人が配偶者と子の場合、法定相続分は配偶者$\frac{1}{2}$、子$\frac{1}{2}$である。
妻Bの法定相続分：$\frac{1}{2}$
長男Cの法定相続分：$\frac{1}{2} \times \frac{1}{2} = \frac{1}{4}$
二男Dの法定相続分：$\frac{1}{2} \times \frac{1}{2} = \frac{1}{4}$

(2) ✕　相続人が配偶者と兄弟姉妹の場合、法定相続分は配偶者$\frac{3}{4}$、兄弟姉妹$\frac{1}{4}$である。
妻Bの法定相続分：$\frac{3}{4}$
妹Cの法定相続分：$\frac{1}{4} \times \frac{1}{2} = \frac{1}{8}$
弟Dの法定相続分：$\frac{1}{4} \times \frac{1}{2} = \frac{1}{8}$

問4

(1) ✕　限定承認とは、被相続人の資産の範囲で、負債を承継することをいう。

(2) ✕　相続の放棄は、相続人全員で申し出る必要はない。

問5

(1) ✕　自筆証書遺言は、パソコンで作成することはできない（毎ページに署名・押印された財産目録を除く）。

(2) ○

(3) ✕　秘密証書遺言は検認が必要である。

SECTION 02 相続税

このSECTIONで学習すること

1 相続税の基本
・相続税の計算の流れ

> 全体的な流れをおさえておこう

2 Step1 各人の課税価格を計算
・本来の相続財産
・みなし相続財産
・相続時精算課税による贈与財産
・生前贈与加算
・非課税財産
・債務・葬式費用

> 死亡保険金等の非課税限度額の計算式はしっかりおぼえよう！

3 Step2 相続税の総額を計算
・計算の流れ
・遺産に係る基礎控除
・相続税の税率

> 遺産に係る基礎控除額は「3,000万円＋600万円×法定相続人の数」

4 Step3 各人の納付税額を計算
・計算の流れ
・各人の算出税額の計算
・相続税額の2割加算
・税額控除

> 相続税の総額を、相続した課税価格の比で按分する！

5 相続税の申告と納付
・相続税の申告
・相続税の納付
・延納と物納
・相続税の取得費加算

> 相続税には、延納や物納という方法も用意されている！

1 相続税の基本

I 相続税とは

相続税は、相続や遺贈(遺言による財産の取得)によって、財産を取得した場合にかかる税金です。

II 相続税の計算の流れ

相続税の税額は、次の流れで計算します。

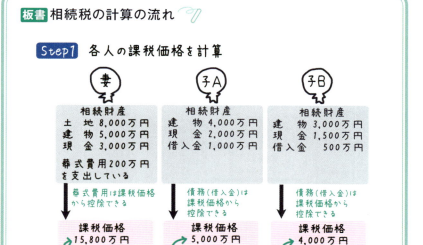

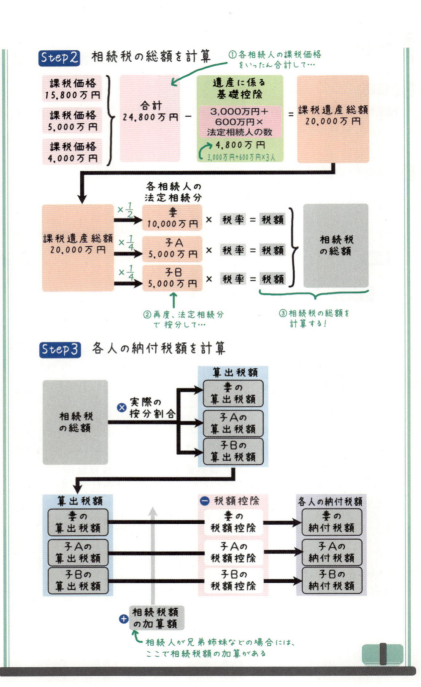

2 Step1　各人の課税価格を計算

Step1 では、被相続人から相続した財産を集計し、そこから非課税の財産や、控除できる金額を差し引いて、課税価格（相続税がかかる相続財産の価格）を計算します。

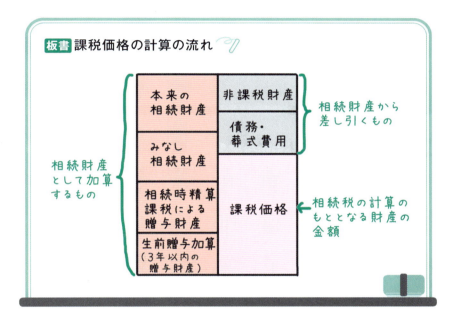

I 本来の相続財産

本来の相続財産 とは、被相続人が生前に所有していた財産（預貯金、株式、土地、建物など）で、金銭で換算できる経済的価値のある財産をいいます。

II みなし相続財産

みなし相続財産 とは、本来は相続財産ではないが、被相続人の死亡を原因として、相続人が受け取った財産をいいます。

みなし相続財産には、次のようなものがあります。

> 板書 みなし相続財産
>
> 生命保険金
> ☆ 被相続人が契約者(=保険料を支払う人)で、被相続人の死亡によって支払われる保険金
>
> 死亡退職金
> ☆ 被相続人の死亡によって支給される退職金で、被相続人の死後**3**年以内に支給額が確定したもの

Ⅲ 相続時精算課税による贈与財産   相続時精算課税制度

相続時精算課税は、生前に、親・祖父母(被相続人)から子・孫に贈与をしたとき贈与税を軽減し、その代わりに相続のときに、贈与された財産を相続財産に加算する(相続税がかかる)という制度です。

> ひとこと
> 贈与があったときに、通常の贈与として贈与税を納付するか、それとも相続時精算課税を適用するかは、贈与された人が選ぶことができます。

相続時精算課税を選択した場合、相続時精算課税の適用財産は相続財産として加算されます。

この場合、相続財産として加算される金額は**贈与**時の価額となります。

Ⅳ 相続開始前3年以内の贈与財産(生前贈与加算)

相続人が、相続開始前**3**年以内に被相続人から贈与を受けた場合、その贈与財産は相続財産として加算されます。

贈与時に支払った贈与税は、相続税の計算において、贈与税額控除として控除の対象となります。

この場合、相続財産として加算される金額は**贈与**時の価額となります。

V 非課税財産

次の財産は、相続税の課税対象とはなりません。

非課税財産
- ◆ 墓地、墓石、祭具、仏壇、仏具など
- ◆ 生命保険金のうち一定額 ← 非課税額については下記参照
- ◆ 死亡退職金のうち一定額
---

1 生命保険金・死亡退職金のうち非課税額

相続人が生命保険金や死亡退職金を受け取ったときは、それぞれについて、次の計算式で求めた金額が非課税（非課税限度額）となります。

非課税限度額＝500万円×法定相続人の数

各人の非課税金額は、上記の非課税限度額を次の計算式で按分した金額となります。

各人の非課税金額＝非課税限度額 × その相続人が受け取った死亡保険金等 / 全相続人が受け取った死亡保険金等

なお、相続を放棄した人は相続人ではないため、相続を放棄した人が受け取った保険金等については、非課税の適用はありません。

2 弔慰金のうち非課税額

相続人等が受け取った弔慰金については、以下の範囲までは非課税です。

ひとこと

弔慰金とは、遺族を慰めるために会社が贈る金銭をいいます。

業務上の死亡

非課税限度額＝死亡時の普通給与×**36**カ月分

業務外の死亡

非課税限度額＝死亡時の普通給与×**6**カ月分

3 法定相続人の数

相続税の計算上、法定相続人の数について、民法とは異なる扱いをしています。

ひとこと

民法上は、養子を何人でも増やすことができますが、養子を無制限に認めると、相続税の基礎控除額を増やすために養子を増やすということができてしまいます。また、意図的に相続の放棄をすることによって、法定相続人の数を操作することができてしまいます。
そのため、相続税の計算上、法定相続人の数について、民法とは異なる扱いをしているのです。

板書 法定相続人の数

相続の放棄があった場合
放棄がなかったものとして法定相続人の数に算入する

養子がいる場合(法定相続人の数に算入できる養子の数)
被相続人に実子がいる場合…養子は **1** 人まで
被相続人に実子がいない場合…養子は **2** 人まで

たとえば、次の場合の非課税限度額と各人の非課税金額は…

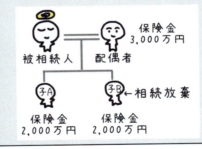

非課税限度額
500万円×3人=1,500万円

　↳ 子Bは相続放棄をしているが、
　　法定相続人の数には算入する

各人の非課税金額

妻: $1,500万円 \times \dfrac{3,000万円}{3,000万円+2,000万円} = 900万円$

子A: $1,500万円 \times \dfrac{2,000万円}{3,000万円+2,000万円} = 600万円$

子B: 非課税の適用なし

Ⅵ 債務控除

被相続人の債務(借入金など)を承継した場合は、承継した債務を課税価格(プラスの資産)から控除することができます。

なお、葬式費用を負担した場合も、負担した葬式費用を課税価格(プラスの資産)から控除することができます。

板書 債務控除の対象となるものとならないもの

	控除できるもの	控除できないもの
債　務	借入金 未払いの医療費 未払いの税金 　　　　　　　など	(生前に購入した)墓地等の未払金 　　　　　　　など
葬式費用	通夜・告別式・火葬・納骨費用 　　　　　　　など	香典返戻費用 法要費用(初七日等) 　　　　　　　など

396

3 Step2 相続税の総額を計算

Step2 では、下記の流れで相続税の総額を計算します。

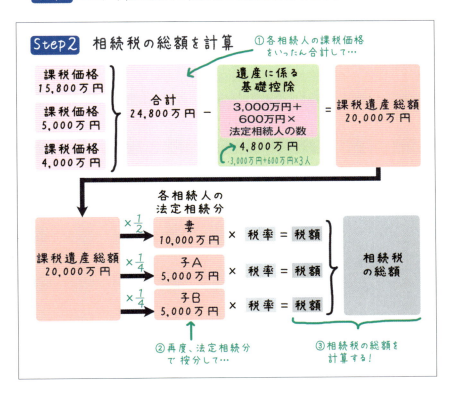

I 遺産に係る基礎控除

各人の課税価格の合計額から、**遺産に係る基礎控除額**を差し引いて、**課税遺産総額**を計算します。

遺産に係る基礎控除額は次の計算式で求めます。

遺産に係る基礎控除額＝3,000万円＋600万円×法定相続人の数

ひとこと

法定相続人の数は、相続税の計算上の数（2 V 3 参照）です。

II 相続税の税率

　課税遺産総額を法定相続分で取得したと仮定して、各人の仮の相続税額を計算し、これを合算して相続税の総額を計算します。
　なお、相続税の税額は次の速算表を用いて計算します。

相続税の税額（速算表）

税額＝A×B－C

法定相続分に応じた取得金額(A)	税率(B)	控除額(C)
1,000万円以下	10%	－
1,000万円超　3,000万円以下	15%	50万円
3,000万円超　5,000万円以下	20%	200万円
5,000万円超　1億円以下	30%	700万円
1億円超　2億円以下	40%	1,700万円
2億円超　3億円以下	45%	2,700万円
3億円超　6億円以下	50%	4,200万円
6億円超	55%	7,200万円

ひとこと

　試験では、速算表の数値は問題文に与えられるので、おぼえる必要はありません。

板書 相続税の総額の計算

たとえば、次の場合の相続税の総額は…

被相続人／配偶者 $\frac{1}{2}$ 課税価格 15,800万円
子A $\frac{1}{4}$ 課税価格 5,000万円
子B $\frac{1}{4}$ 課税価格 4,000万円

遺産に係る基礎控除額
3,000万円+600万円×3人=4,800万円

課税遺産総額
15,800万円+5,000万円+4,000万円-4,800万円=20,000万円

相続税の総額

妻：20,000万円× $\frac{1}{2}$ =10,000万円

　　10,000万円×30%-700万円=2,300万円

子A：20,000万円× $\frac{1}{4}$ =5,000万円

　　5,000万円×20%-200万円=800万円

子B：20,000万円× $\frac{1}{4}$ =5,000万円

　　5,000万円×20%-200万円=800万円

3,900万円

4 Step3 各人の納付税額を計算

Step3 では、下記の流れで各人の納付税額を計算します。

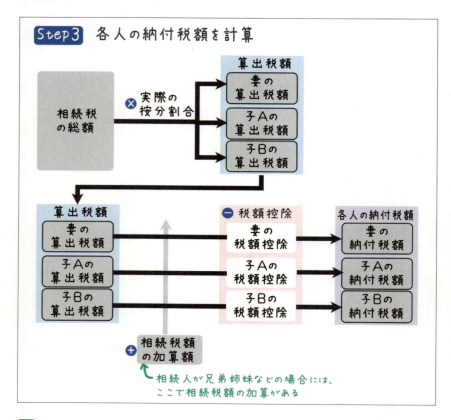

I 各人の算出税額の計算

Step2 で計算した相続税の総額に、実際の按分割合(各人が実際に受け取った課税価格の割合)を掛けて各人の算出税額を計算します。

$$各人の算出税額 = 相続税の総額 \times \frac{各人の課税価格}{課税価格の合計額}$$

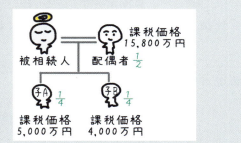

II 相続税額の2割加算

被相続人の**配偶者**および**1**親等の血族(**子**、**父母**)以外の人が、相続または遺贈によって財産を取得した場合には、算出税額の**2**割が加算されます。

相続税の加算額＝算出税額×20%

なお、代襲相続人である孫は2割加算の対象とはなりません。

III 税額控除

相続税の税額控除には、次のものがあります。

401

板書 相続税の税額控除 ✍

税額控除	内　容
贈与税額控除	生前贈与加算の対象となった人（相続開始前**3**年以内に贈与を受けた人）が、贈与税を課された場合は贈与税額を相続税額から控除できる
配偶者の税額軽減	配偶者が取得した財産が、次の金額のいずれか<u>多い</u>金額までは相続税はかからない ① **1億6,000万**円 ② 配偶者の**法定相続分**
未成年者控除	相続や遺贈で財産を取得した相続人が未成年者である場合、下記の金額を控除できる 控除額＝（~~20歳~~ 18 ※－相続開始時の年齢）×10万円 ※　2022年4月1日以後は18歳
障害者控除	相続や遺贈で財産を取得した相続人が障害者である場合、下記の金額を控除できる 控除額＝（85歳－相続開始時の年齢）×10万円※ ※　特別障害者の場合は20万円
相次相続控除	10年以内に相次いで相続があった場合、一定の税額を控除できる
外国税額控除	外国にある被相続人の財産を取得し、その国で相続税に相当する税が課された場合、二重課税を排除するため、税額を控除できる

5　相続税の申告と納付

Ⅰ　相続税の申告

相続税の申告のポイントは次のとおりです。

> **板書** 相続税の申告のポイント
>
> **申告書の提出義務者**
> …相続や遺贈によって財産を取得した人
> ☆ 相続財産が**基礎控除**以下の場合は申告は不要。ただし、**配偶者の税額軽減**などを受ける場合には、納付税額が0円であっても申告しなければならない
>
> **提出期限**
> …相続の開始があったことを知った日の翌日から**10**カ月以内
>   一定期間内に分割協議がととのわなかった場合は、法定相続分で相続があったものとみなして申告する
>
> **提出先**
> …被相続人の死亡時における住所地の所轄税務署長

Ⅱ 相続税の納付

　税金は、納期限（申告書の提出期限）までに、金銭一括納付が原則ですが、相続税については、**延納**や**物納**という方法も認められています。

> **ひとこと**
>
> 　たとえば、相続によって土地を取得したけれど、手許に十分な現金がないという場合、すぐに相続税を納付することができません。このような場合に備えて、延納や物納という方法が用意されているのです。

1 延納

　延納とは、相続税の全部または一部を年払いで分割して納付する方法で、次の要件を満たす場合に認められます。

> **延納の要件**
> ◆ 金銭一括納付が困難であること
> ◆ 納付すべき相続税額が **10** 万円を超えていること
> ◆ 申告期限までに **延納申請書** を提出すること
> ◆ 担保を提供すること（延納税額が **100** 万円以下かつ延納期間が **3** 年以下の場合は担保不要）

2 物納

物納 とは、相続財産によって相続税を納付する方法で、次の要件を満たす場合に認められます。

> **物納の要件**
> ◆ 延納によっても金銭納付が困難であること
> ◆ 申告期限までに物納申請書を提出すること

物納する財産は、国内にある相続財産に限られます。また、次のように物納の順位があります。

> **物納の順位**
> 第1順位：国債・地方債、不動産、船舶、上場株式等
> 第2順位：非上場株式等
> 第3順位：動産

なお、原則として延納から物納への変更はできませんが、申告期限から10年以内である場合で、延納による納付が困難になった場合には、延納から物納に変更できます。

Ⅲ 相続税の取得費加算

　相続により取得した財産を一定期間内に譲渡した場合に、相続税額のうち一定金額を、譲渡資産の取得費に加算することができます（**相続税の取得費加算**）。

　この特例を受けるための要件は次のとおりです。

> **相続税の取得費加算を受けるための要件**
> ◆ 相続や遺贈により財産を取得した者であること
> ◆ その財産を取得した人に相続税が課税されていること
> ◆ 相続開始のあった日の翌日から相続税の申告期限の翌日以後**3**年を経過する日までにその財産を譲渡していること

CHAPTER 06
SECTION 02 相続税 基本問題

次の各記述のうち、正しいものには○を、誤っているものには×をつけなさい。

問1 非課税財産
(1) 生命保険金の非課税限度額は「1,000万円×法定相続人の数」で計算する。
(2) 生命保険金の非課税限度額等を計算するさいの法定相続人の数には、相続を放棄した人の数は算入しない。

問2 債務控除
(1) 被相続人の未払いの医療費や未払いの税金は債務控除の対象となる。
(2) 香典返戻費用や初七日の法要費用は、葬式費用として課税価格から控除することができる。

問3 遺産に係る基礎控除
(1) 法定相続人の数が4人の場合、遺産に係る基礎控除額は4,000万円である。
(2) 被相続人に実子3人と養子が2人いる場合、遺産に係る基礎控除額を計算するさいの法定相続人の数には、養子の数は算入しない。

問4 相続税の申告と納付
(1) 相続財産が基礎控除以下の場合は、申告は不要である。
(2) 配偶者の税額軽減を適用して納付税額が0円となる場合には、申告は不要である。
(3) 相続税の申告書の提出期限は、相続の開始があったことを知った日の翌日から8カ月以内である。

（4）　相続税について、金銭一括納付ができないときは、延納か物納を選択することができる。

解答

問1

（1）✕　生命保険金の非課税限度額は「**500万円**×法定相続人の数」で計算する。

（2）✕　相続の放棄があった場合も、放棄がなかったものとして法定相続人の数に算入する。

問2

（1）〇

（2）✕　香典返戻費用や法要費用は課税価格から控除できない。

問3

（1）✕　遺産に係る基礎控除額：
　　　　3,000万円＋600万円×4人＝5,400万円

（2）✕　実子がいる場合、養子は1人まで法定相続人の数に算入できる。

問4

（1）〇

（2）✕　配偶者の税額軽減を適用する場合、納付税額が0円であっても申告しなければならない。

（3）✕　相続税の申告書の提出期限は、相続の開始があったことを知った日の翌日から**10カ月以内**である。

（4）✕　延納することで金銭納付ができる場合は、物納は認められない。

SECTION 03 贈与税

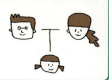

CHAPTER 06
相続・事業承継

このSECTIONで学習すること

1 贈与税の基本
・贈与とは
・贈与の形態
　（通常の贈与、定期贈与、
　負担付贈与、死因贈与）
・贈与税の
　納税義務者

ここは軽く
みておいて

2 贈与税の計算
・本来の贈与財産
・みなし贈与財産
・非課税財産
・贈与税の
　基礎控除
・贈与税の税率

贈与税の
基礎控除額は
年間110万円！

3 贈与税の特例
・贈与税の配偶者控除→婚姻期間：**20**年以上
　　　　　　　　　　　非課税限度額：**2,000**万円
・相続時精算課税制度→非課税限度額：**2,500**万円
・直系尊属から住宅取得等資金の贈与を受けた場合の非課税制度
　→非課税限度額：取得年度、住宅の種類によって異なる
・教育資金の一括贈与に係る贈与税の非課税措置
　→受贈者の要件：**30**歳未満の子や孫など
　→非課税限度額：**1,500**万円（うち、学校等以外への支払いは500万
　　　　　　　　　　　円が限度）
・結婚・子育て資金の一括贈与に係る贈与税の非課税措置
　→受贈者の要件：**20**歳以上**50**歳未満
　→非課税限度額：**1,000**万円（うち、結婚費用については**300**万円が限度）

ちょっと細かいけど、
各特例の要件と
非課税限度額は
わりと出題されるので、
確認を！

4 贈与税の申告と納付
・贈与税の申告
・贈与税の納付

贈与税には、
延納はあるが、
物納はない！

408

1 贈与税の基本

I 贈与とは

<u>贈与</u>とは、生存している個人から財産をもらう契約をいいます。

贈与は合意によって成立するので、贈与契約は口頭でも書面でも有効となります。なお、書面によらない贈与契約（口頭による贈与契約）は各当事者が解除をすることができます。ただし、**履行が終わった部分**については解除することはできません。

> **ひとこと**
> 贈与による財産の取得の時期は、原則として、口頭による贈与契約の場合は贈与の履行があった時、書面による贈与契約の場合は贈与契約の効力が発生した時とされています。

II 贈与の形態

贈与の形態には次のようなものがあります。

板書 贈与の形態

1 通常の贈与
贈与のつど、贈与契約を結ぶ形態（下記2〜4以外の贈与）

2 定期贈与
定期的に一定額を贈与する契約
例：「毎年、100万円を5年間にわたって贈与するよ」

3 負担付贈与
受贈者（贈与を受けた人）に一定の義務を負わせる契約
例：「土地を贈与するので、借入金1,000万円を負担して！」

4 死因贈与 → 贈与税ではなく**相続**税の課税対象
贈与者（贈与をする人）の死亡によって実現する贈与契約
例：「私が死んだら、この土地をあげるよ」

Ⅲ 贈与税の納税義務者

贈与税は、贈与により財産を取得した人に課されます。

2 贈与税の計算

贈与税は、1年間（1月1日から12月31日まで）に贈与された財産の合計額をもとに計算します。

ひとこと
1月1日から12月31日までの1年間を暦年といいます。

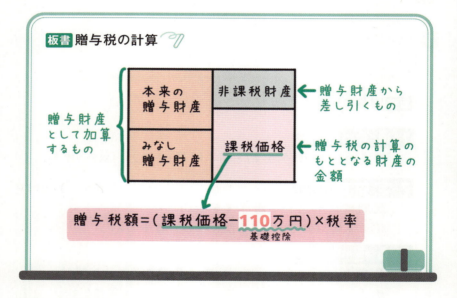

Ⅰ 本来の贈与財産

本来の贈与財産とは、贈与によって取得した財産（預貯金、株式、土地、建物など）で、金銭で換算できる経済的価値のある財産をいいます。

Ⅱ みなし贈与財産

みなし贈与財産とは、本来は贈与財産ではないが、贈与を受けたのと同じ効果がある財産をいいます。

みなし贈与財産には、次のようなものがあります。

板書 みなし贈与財産 🖊

生命保険金等 → 相続税と異なり、
　　　　　　　　　非課税枠（500万円×法定相続人の数）はない！

☆ 保険料の負担者ではない人が受け取った生命保険の保険金
　（満期保険金など）

低　額　譲　受

☆ 時価に比べて著しく低い価額で財産を譲り受けた場合の
　時価と実際に支払った金額との差額

　例：土地（時価5,000万円）を1,000万円で譲り受けた場合
　　→4,000万円（5,000万円－1,000万円）がみなし贈与財産となる！

債　務　免　除

☆ 借金をしている人が、その借金を免除してもらった場合の
　免除してもらった金額

Ⅲ 非課税財産

次の財産は、贈与税の課税対象とはなりません。

> **非課税財産**
> ◆ 扶養義務者から受け取った生活費や教育費のうち、通常必要と認められる金額
> ◆ 社会通念上必要と認められる祝い金、香典、見舞い金
> ◆ <u>法人</u>から贈与された財産
>   →所得税(一時所得や給与所得)の対象となる
> ◆ 相続開始年に被相続人から受け取った贈与財産
>   →生前贈与加算の対象となった財産

Ⅳ 贈与税の基礎控除

贈与税の基礎控除額は、年間 **110** 万円です。

> **ひとこと**
> 110万円控除後の金額については、千円未満を切り捨てます。

Ⅴ 贈与税の税率

贈与税の税額は次の速算表を用いて計算します。

なお、暦年課税の場合で、直系尊属(父母や祖父母など)から贈与により財産を取得した受贈者(財産の贈与を受けた年の1月1日において~~20歳以上~~〈2022年4月1日以後は 18歳以上〉である者に限る)は、**特例税率**を適用することができます。

> **ひとこと**
> 特例税率を適用できる財産のことを 特例贈与財産 、特例税率の適用がない財産を 一般贈与財産 といいます。

贈与税の税額(速算表)

税額＝A×B－C

① 一般贈与財産用（一般税率）

基礎控除後の課税価格(A)	税率(B)	控除額(C)
200万円以下	10%	－
200万円超　300万円以下	15%	10万円
300万円超　400万円以下	20%	25万円
400万円超　600万円以下	30%	65万円
600万円超　1,000万円以下	40%	125万円
1,000万円超　1,500万円以下	45%	175万円
1,500万円超　3,000万円以下	50%	250万円
3,000万円超	55%	400万円

ここに注目！

② 特例贈与財産用（特例税率）

基礎控除後の課税価格(A)	税率(B)	控除額(C)
200万円以下	10%	－
200万円超　400万円以下	15%	10万円
400万円超　600万円以下	20%	30万円
600万円超　1,000万円以下	30%	90万円
1,000万円超　1,500万円以下	40%	190万円
1,500万円超　3,000万円以下	45%	265万円
3,000万円超　4,500万円以下	50%	415万円
4,500万円超	55%	640万円

ひとこと

試験では、速算表の数値は問題文に与えられるので、おぼえる必要はありません。

板書 贈与税額

たとえば① ← 叔父さんから財産をもらったとか…

一般贈与財産550万円を取得した場合は…

基礎控除後の課税価格：550万円－110万円＝440万円
贈与税額：440万円×30％－65万円＝67万円

たとえば② ← 20歳以上の人が父から財産をもらったとか…
特例贈与財産550万円を取得した場合は…

　基礎控除後の課税価格：550万円－110万円＝440万円
　贈与税額：440万円×20％－30万円＝58万円

たとえば③
一般贈与財産100万円（①）と特例贈与財産400万円（②）を取得した場合は…

　課税価格：100万円＋400万円＝**500万円**…③
　基礎控除後の課税価格：500万円－110万円＝390万円
　贈与税額：49.4万円（計算は下記）
　　Step1　すべてを一般税率で計算する
　　　　　390万円×20％－25万円＝53万円
　　Step2　すべてを特例税率で計算する
　　　　　390万円×15％－10万円＝48.5万円
　　Step3　上記税額をそれぞれの課税価格の割合で按分して合計する
　　　　　53万円×①100万円／③500万円＋48.5万円×②400万円／③500万円＝49.4万円

3　贈与税の特例

贈与税の特例として、次の制度があります。

Ⅰ　贈与税の配偶者控除

　婚姻期間が**20**年以上の配偶者から居住用不動産（または居住用不動産を取得するための金銭）の贈与があった場合、基礎控除とは別に、**2,000**万円までは贈与税がかかりません。

> **板書** 贈与税の配偶者控除の主な要件とポイント
>
> **主な要件**
> ☆ 婚姻期間が**20**年以上
> ☆ 居住用不動産または居住用不動産を取得するための金銭の贈与であること
> ☆ 贈与を受けた年の翌年**3**月**15**日までに居住を開始し、その後も引き続き居住し続ける見込みであること
>
> **ポイント**
> ☆ 同じ配偶者の間では、一生に**1**回のみ適用
> ☆ この特例を受けるためには、贈与税額が0円の場合でも、贈与税の申告書の提出が必要

II 相続時精算課税制度

相続時精算課税制度とは、親世代が持っている財産を早めに子世代に移転できるように、贈与時に贈与税を軽減（**2,500**万円までの贈与財産は非課税、非課税枠を超える場合の贈与税は一律**20**％で計算）し、その後の相続時に、贈与分と相続分を合算して相続税を計算する制度をいいます。

> **ひとこと**
> 相続時精算課税制度は選択適用の制度です。つまり、通常の贈与税（暦年課税）として納付することもできるし、相続時精算課税制度を選択することもできます。

相続時精算課税制度のポイントは次のとおりです。

板書 相続時精算課税制度のポイント

適用対象者

※ 贈与年の1月1日における年齢（受贈者の年齢は2022年
4月1日以後は「18歳」に引き下げられる）

贈与者：満**60**歳※以上の父母または祖父母

受贈者：満~~20~~**18**歳※以上の推定相続人である子または満~~20~~**18**歳※
以上の孫

・代襲相続人を含む
・養子もOK

☆ 住宅取得等資金の贈与を受ける場合には、贈与者（親）
の年齢要件はない

手続き

相続時精算課税制度を選択する場合は、最初に贈与を受け
た年の翌年**2**月**1**日から**3**月**15**日までに、「相続時精算課税
制度選択届出書」を提出する

特別控除額

☆ 贈与財産の合計が**2,500**万円までは非課税

☆ 非課税枠を超える分については、一律**20**%が課税される

```
              ┌─────────────┐
              │   非課税     │
贈与財産  ┌   │ 2,500万円    │
3,000万円 ┤   ├─────────────┤
          └   │  500万円     │ ×20%
              └─────────────┘
```

ポイント

☆ 贈与財産の種類や回数、金額に制限はない

☆ 相続時精算課税制度を選択した場合、基礎控除（110万
円の控除）は使えない

☆ 贈与者ごと、受贈者ごとに選択できる

父からの贈与は相続時精算課税制度を選択し、
母からの贈与は暦年課税（通常の贈与税の申告、基礎控除110万円）
とすることもできる

☆ 相続時に課税価格として加算される金額は**贈与**時の価額

☆ いったんこの制度を適用したら、暦年課税に戻れない

416

III 直系尊属から住宅取得等資金の贈与を受けた場合の非課税制度

20歳以上の人が直系尊属(父母、祖父母など)から、一定の住宅を取得するための資金を取得した場合には、取得した金額のうち、一定額が非課税となります。

この制度のポイントは次のとおりです。

板書 直系尊属から住宅取得等資金の贈与を受けた場合の非課税制度のポイント

適用対象者 ※ 贈与年の1月1日における年齢

贈与者:直系尊属(父母、祖父母など)
受贈者:満20歳以上で、贈与を受けた年の合計所得金額が2,000万円以下の人

適用住宅

取得した住宅用家屋の床面積が50㎡以上※ 240㎡以下

※ 受贈者の贈与を受けた年の合計所得金額が1,000万円以下のときは40㎡以上

受贈者の合計所得金額	床面積
1,000万円超2,000万円以下	50㎡以上240㎡以下
1,000万円以下	40㎡以上240㎡以下

非課税限度額 (契約時期が2020年4月〜2021年12月の場合)

省エネ・耐震性の住宅	消費税率が10%	1,500万円
	上記以外	1,000万円
上記以外の住宅	消費税率が10%	1,000万円
	上記以外	500万円

ポイント
☆ 暦年課税(通常の贈与税の申告)か相続時精算課税制度のいずれかと併用して適用することができる
☆ 受贈者1人につき、1回だけ使える制度

Ⅳ 教育資金の一括贈与に係る贈与税の非課税措置

2013年4月1日から2023年3月31日までの間、直系尊属(父母や祖父母)が一定の要件を満たす受贈者(子や孫)に対して、教育資金にあてるために金銭を贈与し、金融機関(受贈者名義の口座)に預入れ等した場合には、一定額の贈与税が非課税となります。

板書 教育資金の一括贈与に係る贈与税の非課税措置のポイント

適 用 対 象 者

贈与者:直系尊属 (父母、祖父母など)
受贈者:**30歳未満の子や孫など**
　　　↳ 30歳以上でも、学校等に在学している場合などは
　　　　最長**40歳**に達する日まで
　　☆ 前年の合計所得金額が**1,000**万円以下の者に限る

非課税となる教育資金

① 学校等に支払われる入学金や授業料その他の金銭
② 学校等以外に支払われる金銭のうち一定のもの
　　　↳ ☆ 塾や習い事の月謝等
③ 通学定期券代　　☆ 受贈者が**23歳**に達した日の翌日以後に
④ 留学渡航費　　　　支払われるもののうち、一定のものが除外される

非 課 税 限 度 額

限度額は受贈者1人につき**1,500**万円(うち、学校等以外への支払いは**500**万円が限度)

手 続 き

受贈者は、この特例の適用を受けようとする旨を記載した非課税申告書を、金融機関を経由し、受贈者の納税地の税務署長に提出する

Ⅴ 結婚・子育て資金の一括贈与に係る贈与税の非課税措置

2015年4月1日から2023年3月31日までの間、直系尊属（父母や祖父母）が**20**歳以上**50**歳未満の受贈者に対して、結婚・子育て資金にあてるために金銭等を贈与し、金融機関に信託等した場合には、一定額の贈与税が非課税となります。

板書 結婚・子育て資金の一括贈与に係る贈与税の非課税措置のポイント

```
適 用 対 象 者
贈与者：直系尊属(父母、祖父母など)
受贈者：20歳※以上50歳未満の者  ※2022年4月1日以後は「18歳」
   ☆ 前年の合計所得金額が1,000万円以下の者に限る

非課税となる費用 …下記のうち一定のもの
①  結婚に際して支出する婚礼(結婚披露を含む)、住居・引越し
  に要する費用のうち一定のもの
②  妊娠・出産に要する費用、子の医療費・子の保育料のうち
  一定のもの       不妊治療費も！

非課税限度額
受贈者1人につき1,000万円(うち、結婚費用については300万円が限度)

手     続     き
受贈者は、この特例の適用を受けようとする旨を記載した非課税
申告書を、金融機関を経由し、受贈者の納税地の税務署長に
提出する
```

---

4 贈与税の申告と納付

Ⅰ 贈与税の申告

贈与税の申告のポイントは次のとおりです。

> **板書 贈与税の申告のポイント**
>
> **申告書の提出義務者**…贈与を受けた人
> ☆ その年の1月1日から12月31日までに贈与された財産の合計額が**基礎控除**(110万円)以下の場合は申告は不要。ただし、以下の特例の適用を受ける場合には、納付税額が0円でも申告が必要
> ① 贈与税の配偶者控除
> ② 相続時精算課税制度
> ③ 直系尊属から住宅取得等資金の贈与を受けた場合の非課税制度
>
> **提出期限**…贈与を受けた年の翌年**2月1日**から**3月15日**まで
> **提出先**…受贈者の住所地の所轄税務署長

Ⅱ 贈与税の納付

贈与税は、納期限(申告書の提出期限)までに、金銭一括納付が原則ですが、一定の要件を満たした場合には、**5**年以内の**延納**も認められています。

> **延納の要件**
> ◆金銭一括納付が困難であること
> ◆納付すべき贈与税額が**10**万円を超えていること
> ◆**延納申請書**を申告書の提出期限までに提出すること
> ◆担保を提供すること(延納税額が**100**万円以下かつ延納期間が**3**年以下の場合は不要)

 ひとこと
贈与税では物納は認められていません。

CHAPTER 06
SECTION 03 贈与税 基本問題

次の各記述のうち、正しいものには○を、誤っているものには×をつけなさい。

問1 贈与税の計算
(1) 個人が法人から骨とう(時価1,500万円)の贈与を受けた場合、贈与税が課される。
(2) 贈与税(暦年課税)の基礎控除額は100万円である。

問2 贈与税の特例
(1) 贈与税の配偶者控除の適用を受けた場合、暦年課税の基礎控除は適用できない。
(2) 父からの贈与について相続時精算課税制度を選択した場合、母からの贈与についても相続時精算課税制度を選択しなければならない。
(3) 相続時精算課税制度の非課税限度額は2,500万円で、これを超える分については、一律10%が課税される。
(4) 相続時精算課税制度を選択した場合には、110万円の基礎控除は適用できない。
(5) 相続時精算課税制度については、贈与者・受贈者ともに年齢要件があるが、直系尊属から住宅取得等資金の贈与を受けた場合の非課税制度については、贈与者・受贈者ともに年齢要件はない。
(6) 直系尊属から住宅取得等資金の贈与を受けた場合の非課税制度は暦年課税と併用して適用することができるが、相続時精算課税制度と併用して適用することはできない。
(7) 教育資金の一括贈与に係る贈与税の非課税措置における受贈者の年齢要件は20歳未満である。

解答

問1

(1) ✗ 法人から贈与を受けた場合は、**所得税**が課される。

(2) ✗ 贈与税の基礎控除額は**110万円**である。

問2

(1) ✗ 贈与税の配偶者控除は基礎控除とあわせて適用することができる。

(2) ✗ 相続時精算課税制度は贈与者ごとに選択することができる。

(3) ✗ 非課税限度額を超える分については、一律**20%**が課税される。

(4) 〇

(5) ✗ 直系尊属から住宅取得等資金の贈与を受けた場合の非課税制度については、贈与者の年齢要件はないが、受贈者は18歳以上でなければならない。

(6) ✗ 直系尊属から住宅取得等資金の贈与を受けた場合の非課税制度は、暦年課税と相続時精算課税制度のいずれかと併用して適用することができる。

(7) ✗ 「20歳未満」ではなく「30歳未満」（学校等に在学している場合は「40歳未満」）である。

SECTION 04 財産の評価

CHAPTER 06 相続・事業承継

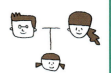

このSECTIONで学習すること

1 財産の評価
・財産の評価

「原則、時価」
…これだけ
おさえておいて！

2 宅地の評価
・路線価方式と倍率方式
・宅地（自用地、借地権、貸宅地、貸家建付地）の評価

まずは、自用地の評価（路線価方式）をおさえよう

3 小規模宅地等の課税価格の計算の特例
・限度面積と減額割合

通常（特定居住用宅地等の場合）、限度面積は330㎡、減額割合は80％！

4 その他の財産の評価
・家屋の評価
・株式（上場株式、取引相場のない株式）の評価
・ゴルフ会員権の評価
・生命保険契約に関する権利の評価
・定期預金の評価

上場株式の評価をおさえておこう

1 財産の評価

相続や贈与により取得した財産の価額は、原則として**時価**で評価します。

2 宅地の評価

宅地とは、建物の敷地として用いられる土地をいいます。

Ⅰ 宅地の評価単位

宅地は、一画地（利用単位）ごとに評価します。

Ⅱ 宅地の評価方法

宅地の評価方法には、路線価方式と倍率方式があります。

> 宅地の評価方法
> ◆ 路線価方式…市街地にある宅地の評価方法
> ◆ 倍 率 方 式…市街地以外で、路線価が定められていない郊外地や農
> 　　　　　　　村部などにある宅地の評価方法

❶ 路線価方式

路線価方式は、宅地が面する道路ごとに付された1㎡あたりの価額（路線価）に宅地の面積（地積）を掛けて、宅地の評価額を計算する方法です。

評価額＝路線価×地積

❷ 倍率方式

倍率方式は、宅地の固定資産税評価額に、国税局長が定めた一定割合を掛けて、宅地の評価額を計算する方法です。

Ⅲ 宅地の評価

宅地は、自用地、借地権、貸宅地、貸家建付地に分類して評価します。

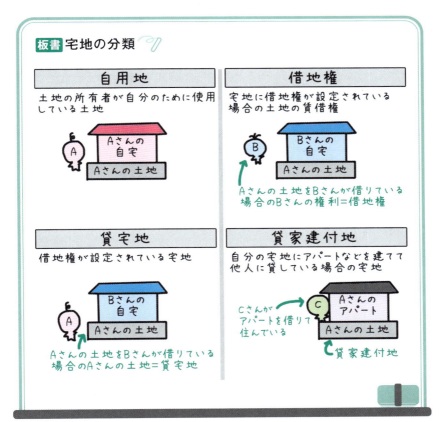

1 自用地の評価（路線価方式を前提）

　宅地の形状は一定ではなく、縦長であったり、横長であったりする場合があります。そこで、宅地（自用地）を路線価方式によって評価する場合には、路線価に 奥行価格補正率 を掛けて評価額の補正を行います。

> 評価額＝路線価×奥行価格補正率×地積

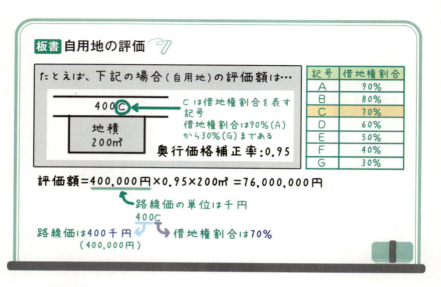

自用地以外の宅地は、この、自用地の評価額をもとにして評価します。

2 借地権の評価

借地権は次の計算式により評価します。

評価額＝自用地評価額×借地権割合

3 貸宅地の評価

貸宅地は次の計算式により評価します。

評価額＝自用地評価額×（1－借地権割合）

貸宅地は借地権を逆の立場からみたもの（借地権が土地を借りた側からみたものなのに対し、貸宅地は土地を貸した側からみたもの）なので、自用地評価額に（1－借地権割合）を掛けます。

4 貸家建付地の評価

貸家建付地は次の計算式により評価します。

> 評価額＝自用地評価額×（1－借地権割合×借家権割合×賃貸割合）

3 小規模宅地等の課税価格の計算の特例

被相続人の居住用や事業用であった宅地に高額な相続税を課した場合、被相続人が死亡したあと、相続人が居住したり、事業を引き継ぐことができなくなってしまいます。そこで、このような宅地（一定の要件を満たした宅地）については、通常の評価額から一定割合の評価減を受けることができます。この制度を **小規模宅地等の課税価格の計算の特例** といいます。

この特例のポイントは次のとおりです。

板書 小規模宅地等の課税価格の計算の特例のポイント

限度面積と減額割合

区分		限度面積	減額割合
居住用	特定居住用宅地等 ※1	**330㎡**	**80%**
事業用	特定事業用宅地等 ※2	400㎡	80%
	貸付事業用宅地等	200㎡	50%

※1 配偶者が取得した場合や同居親族が取得した場合など
※2 取得した人が申告期限まで事業を引き継いだ場合など

ポイント

☆ この特例を利用する場合は、特例を適用した場合の相続
　税額が0円となる場合でも、相続税の申告書の提出が必要
☆ 相続税のみの特例で、贈与税にはこの特例はない
☆ 特定居住用宅地等と特定事業用宅地等を併用する場合、
　合計**730㎡**まで適用可能
　　　330㎡ + 400㎡ = 730㎡

4 その他の財産の評価

Ⅰ 家屋の評価

家屋は次の計算式により評価します。

> **自用家屋の評価額＝固定資産税評価額×1.0**

> **貸家の評価額＝固定資産税評価額×（1－借家権割合×賃貸割合）**

Ⅱ 株式の評価

上場株式および取引相場のない株式の評価は以下のように行います。

❶ 上場株式の評価

上場株式は、次の①～④のうち、もっとも**低い**金額で評価します。

CH **06** 相続・事業承継

SEC **04** 財産の評価

その他の財産の評価

板書 上場株式の評価 🖋

いずれか
もっとも
低い金額 { ①課税時期（相続開始時）の終値
② 課税時期の属する月の毎日の終値の平均
③ 課税時期の属する月の前月の毎日の終値の平均
④ 課税時期の属する月の前々月の毎日の終値の平均

①課税時期…6/14
の終値

6/14
相続開始

4月　　　5月　　　6月

④前々月…4月
の終値の平均

③前月…5月
の終値の平均

②当月…6月
の終値の平均

---

❷ 取引相場のない株式（非上場株式）の評価

取引相場のない株式の評価方法には、**類似業種比準方式**、**純資産価額方式**、**配当還元方式** の3つがあります。

板書 取引相場のない株式の評価 🖋

1 類似業種比準方式 ←原則的評価方式

上場している類似業種企業の株価をもとにして、配当、利益、純資産の3つの要素を加味して評価額を算定する方法

2 純資産価額方式 ←原則的評価方式

その会社の純資産額を相続税評価額（時価）で評価して、それを発行済株式数で割ることによって、1株あたりの評価額を算定する方法

3 配当還元方式 ←特例的評価方式

その会社の直前2期間の配当金額をもとに評価額を算定する方法→その会社の1年間の配当金額を一定の利率（10％）で還元して株式の価額を評価する

429

どの評価方法で算定するかは、会社の規模や取得者によって異なります。

Ⅲ ゴルフ会員権の評価

ゴルフ会員権は次の計算式により評価します。

> 評価額＝通常の取引価額×**70**％

Ⅳ 生命保険契約に関する権利の評価

　生命保険契約（相続開始時において、まだ保険事故が発生していない生命保険契約）に関する権利の価格は次の計算式により評価します。

> 評価額＝解約返戻金相当額

Ⅴ 定期預金の評価

　定期預金は次の計算式により評価します。

> 評価額＝預入残高＋（既経過利息－源泉徴収税額）

> ふつうの預貯金（いつでも引出し可能な預貯金）は、預入残高で評価します。

CHAPTER 06
SECTION 04 財産の評価 基本問題

次の各記述のうち、正しいものには○を、誤っているものには×をつけなさい。

問1 宅地の評価
(1) 路線価が200C、地積が300㎡、奥行価格補正率が1の自用地の評価額は6億円である。
(2) 貸宅地の評価は、「自用地評価額×借地権割合」で計算する。
(3) 貸家建付地の評価は、「自用地評価額×（1－借地権割合）」で計算する。

問2 小規模宅地等の課税価格の計算の特例
(1) 小規模宅地等の課税価格の計算の特例において、特定居住用宅地等の限度面積は200㎡、減額割合は80%である。
(2) 小規模宅地等の課税価格の計算の特例を適用し、相続税額が0円となる場合には、相続税の申告書の提出は不要である。

解答

問1
(1) × 評価額：200,000円×1×300㎡＝60,000,000円
(2) × 貸宅地の評価は、「自用地評価額×（1－借地権割合）」で計算する。
(3) × 貸家建付地の評価は、「自用地評価額×（1－借地権割合×借家権割合×賃貸割合）」で計算する。

問2
(1) × 特定居住用宅地等の限度面積は**330㎡**、減額割合は80%である。
(2) × この特例を適用する場合は、相続税額が0円となる場合でも相続税の申告書の提出が必要である。

索 引

英字

CI	161
DCF法	314
DI	161
ETF	211
FP	3
GDP	159
J-REIT	211
JPX日経400	199
MRF	210
NISA	223
NOI利回り	366
PBR	200
PER	200
PL保険	148
ROE	201
TOPIX	199
TTB	214
TTS	214

ア 行

青色事業専従者	244
青色申告	242
青色申告特別控除	244
アカウント型保険	116
空き家にかかる譲渡所得の特別控除	355
空き家の譲渡の特例	354
アクティブ運用	210
アセット・アロケーション	232
アンダー・パー発行	186
育児休業給付	49
遺言	380
遺産に係る基礎控除額	397
遺産分割	378
遺贈	380

遺族基礎年金	75
遺族厚生年金	77
一時所得	263
一部保険	141
一致指数	161
一般公社債	220
一般定期借地権	328
一般媒介契約	320
遺留分	382
遺留分侵害額請求権	383
医療費控除	283
印紙税	349
インターバンク市場	165
インデックス運用	210
インフレ	163
売りオペレーション	166
運用報告書	206
円建て債券	185
延長保険	124
延納	403
応募者利回り	187
大口定期預金	181
オーバー・パー発行	186
オープンエンド型	209
オープン型	209
オープン市場	165
奥行価格補正率	425
オプション取引	234

カ 行

買いオペレーション	166
海外旅行傷害保険	147
外貨建て金融商品	214
外貨建て債券	185
外貨預金	216
介護休業給付	49
外国債券	216
外国税額控除	402
外国投資信託	216
介護保障保険	154
買取請求	208

索 引

開発許可制度	333
解約請求	208
解約返戻金	105
価格変動リスク	189
加給年金	71
学生納付特例制度	56
格付け	190
確定給付型	83
確定拠出型	83
確定拠出年金	83
確定申告	299
確定年金	120
火災保険	141
貸宅地	424
貸家建付地	424
可処分所得	12
課税総所得金額	291
家族出産育児一時金	37
家族傷害保険	147
家族埋葬料	37
家族療養費	35
合算対象期間	62
株価収益率	200
株価純資産倍率	200
寡婦控除	281
株式	194
株式投資信託	209
株式ミニ投資	194
株式累積投資	194
寡婦年金	76
カラ期間	62
借換え	27
為替差益	215
為替差損	215
換価分割	379
元金均等返済	24
間接税	238
がん保険	154
元本払戻金	226
元利均等返済	24
企業物価指数	162
危険負担	323

期日指定定期預金	181
基準価額	206
基準地標準価格	313
基礎控除	277
既発債	185
寄附金控除	287
基本手当	44
規約	331
キャッシュフロー表	9
求職者給付	44
給付・反対給付均等の原則	140
給付制限	46
給与所得	255
教育一般貸付	20
教育訓練給付	47
教育資金の一括贈与に係る贈与税の非課税措置	418
協議分割	378
業況判断DI	162
業務災害	42
共用部分	330
居住用財産の軽減税率の特例	355
居住用財産の3,000万円の特別控除	354
居住用財産を買い換えた場合の譲渡損失の損益通算および繰越控除の特例	357
均等割	307
金融債	184
金融市場	165
金融商品取引法	5, 174
金融商品販売法	173
金融政策	166
金利変動リスク	189
勤労学生控除	282
クーリングオフ制度	99
区分所有法	330
区別所有権	330
繰上げ受給	64
繰上げ返済	26
繰下げ受給	64
クレジットカード	90
グロース型	210
クローズドエンド型	209

433

経過的加算	69
経過的寡婦加算	78
景気動向指数	160
経済成長率	160
契約型投資信託	207
契約者貸付制度	122
契約転換制度	124
結婚・子育て資金の一括贈与に係る贈与税の非課税措置	419
現価係数	13
減価償却	253
原価法	314
健康保険	33
減債基金係数	13
建設協力金方式	365
源泉徴収	300
源泉分離課税	242
建築基準法	333
限定承認	377
現物分割	379
建蔽率	336
権利部	315
公開市場操作	166
高額療養費	35
後期高齢者医療制度	39
後見	384
公示価格	313
公社債投資信託	209
公信力	316
公正証書遺言	380
交通事故傷害保険	147
公的保険	32
購入時手数料	208
高年齢雇用継続給付	49
公募株式投資信託	226
公募公社債投資信託	225
コール・オプション	234
コール市場	165
国債	184
国税	238
告知義務	109
国内総生産	159

国内旅行傷害保険	147
国民健康保険	38
国民年金	52
国民年金基金	86
個人事業税	308
個人住民税	307
個人年金保険	119
個人賠償責任保険	148
個人バランスシート	12
個人向け国債	186
固定金利	180
固定金利型	23
固定金利選択型	23
固定資産税	350
固定資産税評価額	313
こども保険	19
雇用継続給付	48
雇用保険	44
コンポジット・インデックス	161

サ 行

災害入院特約	121
災害割増特約	121
財形住宅貯蓄	22
財形住宅融資	25
債券	184
最終利回り	188
在職老齢年金	71
財政政策	167
裁定	58
債務控除	396
債務不履行リスク	189
先物取引	234
指値注文	197
雑所得	265
雑損控除	286
雑損失の繰越控除	272
三大疾病保障保険特約	121
三面等価の原則	159
山林所得	259
死因贈与	409

市街化区域………………………	332
市街化調整区域…………………	332
敷地利用権………………………	331
事業受託方式……………………	365
事業所得…………………………	252
事業必要資金……………………	129
事業用定期借地権………………	328
自己建設方式……………………	365
自己資本利益率…………………	201
地震保険…………………………	144
地震保険料控除…………………	283
施設所有(管理)者賠償責任保険	148
自損事故保険……………………	146
失火責任法………………………	143
失効………………………………	111
疾病入院特約……………………	121
指定相続分………………………	375
指定分割…………………………	378
私的保険…………………………	95
自動車保険………………………	144
自動振替貸付制度………………	122
自賠責保険………………………	144
自筆証書遺言……………………	380
死亡一時金………………………	77
死亡保険…………………………	105
死亡保険料………………………	107
資本回収係数……………………	13
社会保険…………………………	32
社会保険料控除…………………	282
借地権………………………… 328,	424
借地借家法………………………	328
社債………………………………	184
ジャスダック……………………	195
借家権……………………………	329
車両保険…………………………	146
収益還元法………………………	314
終価係数…………………………	13
収支相等の原則…………………	98
就職促進給付……………………	46
終身年金…………………………	119
終身保険…………………………	114
住宅火災保険……………………	142

住宅借入金等特別控除…………	292
住宅総合保険……………………	142
住宅の品質確保の促進等に関する法律………	324
住宅ローン控除…………………	292
住民税……………………………	306
受給資格期間……………………	62
主契約……………………………	105
出産育児一時金…………………	37
出産手当金………………………	37
受託者賠償責任保険……………	149
ジュニア NISA…………………	225
準確定申告………………………	300
純資産価額方式…………………	429
純損失の繰越控除…………… 244,	272
準防火地域………………………	339
純保険料…………………………	107
準有配当保険……………………	109
障害基礎年金……………………	73
障害厚生年金……………………	74
障害者控除…………………… 280,	402
傷害特約…………………………	121
傷害保険…………………………	147
小規模企業共済…………………	86
小規模企業共済等掛金控除……	283
小規模宅地等の課税価格の計算の特例………	427
証券取引所………………………	195
上場不動産投資信託……………	211
自用地……………………………	424
譲渡所得…………………………	260
消費者契約法……………………	173
消費者物価指数…………………	162
消費税……………………………	349
傷病手当金………………………	37
剰余金……………………………	108
所得控除…………………………	276
所得税……………………………	240
所得補償保険……………………	154
所得割……………………………	307
所有期間利回り…………………	188
申告納税方式……………………	239
申告分離課税……………………	242
人身傷害補償保険………………	146

申請免除	56	贈与税	410
信託財産留保額	208	贈与税額控除	402
信託報酬	208	ソルベンシー・マージン比率	100
新発債	185	損益通算	271
新発10年国債利回り	165	損害保険	95, 139
信用リスク	189		
スーパー定期	181		
スワップ取引	234	**タ行**	
税額控除	292	第1号被保険者	54
生産物賠償責任保険	148	待期期間	46
生死混合保険	105	対抗力	316
生前贈与加算	392	第3号被保険者	54
生存保険	105	第三分野の保険	95, 153
生存保険料	107	代襲相続	373
成年後見制度	384	代償分割	379
生命保険	95	退職所得	258
生命保険料控除	282	対人賠償保険	146
税理士法	5	大数の法則	98
セーフティネット	170	第2号被保険者	54
責任開始日	110	対物賠償保険	146
接道義務	335	宅地建物取引士	320
セットバック	335	建物譲渡特約付借地権	328
先行指数	161	単位型	209
先進医療特約	121	短期金融市場	165
専属専任媒介契約	320	単元株	194
専任媒介契約	320	単純承認	377
線引区域	332	単純利回り	366
全部保険	141	団体信用生命保険	27
専有部分	330	団体保険	116
相関係数	233	担保責任	323
総合課税	242	単利	178
総合福祉団体定期保険	117	遅行指数	161
造作買取請求権	330	地方債	184
相次相続控除	402	地方税	238
相続	371	中高齢寡婦加算	78
相続開始前3年以内の贈与財産	392	超過保険	141
相続時精算課税制度	415	超過累進税率	291
相続税	389	長期金融市場	165
相続税額の2割加算	401	長期平準定期保険	134
相続税評価額	313	直接還元法	314
相続人	371	直接税	238
相続分	375	直接利回り	187

貯蓄型金融商品‥‥‥‥‥‥‥‥‥177
貯蓄預金‥‥‥‥‥‥‥‥‥‥‥181
直系尊属から住宅取得等資金の贈与を受けた場合
の非課税制度‥‥‥‥‥‥‥‥417
追加型‥‥‥‥‥‥‥‥‥‥‥‥209
追納‥‥‥‥‥‥‥‥‥‥‥‥‥56
通院特約‥‥‥‥‥‥‥‥‥‥‥121
通勤災害‥‥‥‥‥‥‥‥‥‥‥42
通常貯金‥‥‥‥‥‥‥‥‥‥‥182
通常貯蓄貯金‥‥‥‥‥‥‥‥‥182
つみたてNISA‥‥‥‥‥‥‥‥224
定額貯金‥‥‥‥‥‥‥‥‥‥‥182
定額部分‥‥‥‥‥‥‥‥‥‥‥66
定額法‥‥‥‥‥‥‥‥‥‥‥‥254
定期借地権‥‥‥‥‥‥‥‥‥‥328
定期借地権方式‥‥‥‥‥‥‥‥365
定期借家権‥‥‥‥‥‥‥‥‥‥329
定期贈与‥‥‥‥‥‥‥‥‥‥‥409
定期貯金‥‥‥‥‥‥‥‥‥‥‥182
定期保険‥‥‥‥‥‥‥‥‥‥‥113
定期保険特約付終身保険‥‥‥‥115
逓減定期保険‥‥‥‥‥‥‥‥‥114
逓増定期保険‥‥‥‥‥‥‥‥‥114
ディフュージョン・インデックス‥‥‥161
定率法‥‥‥‥‥‥‥‥‥‥‥‥254
手形市場‥‥‥‥‥‥‥‥‥‥‥165
出来高‥‥‥‥‥‥‥‥‥‥‥‥199
デフォルトリスク‥‥‥‥‥‥‥189
デフレ‥‥‥‥‥‥‥‥‥‥‥‥163
デリバティブ取引‥‥‥‥‥‥‥234
等価交換方式‥‥‥‥‥‥‥‥‥365
投資信託‥‥‥‥‥‥‥‥‥‥‥206
東証株価指数‥‥‥‥‥‥‥‥‥199
搭乗者傷害保険‥‥‥‥‥‥‥‥146
登録免許税‥‥‥‥‥‥‥‥‥‥348
特定居住用財産の買換えの特例‥‥‥‥‥356
特定居住用財産の譲渡損失の損益通算および繰越
控除の特例‥‥‥‥‥‥‥‥‥359
特定口座‥‥‥‥‥‥‥‥‥‥‥218
特定公社債‥‥‥‥‥‥‥‥‥‥220
特定公社債等‥‥‥‥‥‥‥‥‥220
特定疾病保障保険特約‥‥‥‥‥121

特別加入制度‥‥‥‥‥‥‥‥‥43
特別支給の老齢厚生年金‥‥‥‥66
特別徴収‥‥‥‥‥‥‥‥‥‥‥308
特別分配金‥‥‥‥‥‥‥‥‥‥226
特約‥‥‥‥‥‥‥‥‥‥‥‥‥105
都市計画区域‥‥‥‥‥‥‥‥‥332
都市計画税‥‥‥‥‥‥‥‥‥‥351
都市計画法‥‥‥‥‥‥‥‥‥‥331
トータルリターン通知制度‥‥‥211
土地信託方式‥‥‥‥‥‥‥‥‥365
トップダウン・アプローチ‥‥‥210
取引事例比較法‥‥‥‥‥‥‥‥314

ナ 行

成行注文‥‥‥‥‥‥‥‥‥‥‥197
2項道路‥‥‥‥‥‥‥‥‥‥‥335
日銀短観‥‥‥‥‥‥‥‥‥‥‥162
日経225‥‥‥‥‥‥‥‥‥‥‥199
日経平均株価‥‥‥‥‥‥‥‥‥199
1/2養老保険‥‥‥‥‥‥‥‥‥132
日本投資者保護基金‥‥‥‥‥‥172
任意継続被保険者‥‥‥‥‥‥‥38
任意後見制度‥‥‥‥‥‥‥‥‥384
年金現価係数‥‥‥‥‥‥‥‥‥13
年金終価係数‥‥‥‥‥‥‥‥‥13
年末調整‥‥‥‥‥‥‥‥‥‥‥301
農地法‥‥‥‥‥‥‥‥‥‥‥‥342
納付猶予制度‥‥‥‥‥‥‥‥‥56

ハ 行

パー発行‥‥‥‥‥‥‥‥‥‥‥186
ハーフタックスプラン‥‥‥‥‥132
配偶者居住権‥‥‥‥‥‥‥‥‥379
配偶者控除‥‥‥‥‥‥‥‥278, 414
配偶者特別控除‥‥‥‥‥‥‥‥279
配偶者の税額軽減‥‥‥‥‥‥‥402
賠償責任保険‥‥‥‥‥‥‥‥‥148
配当還元方式‥‥‥‥‥‥‥‥‥429
配当控除‥‥‥‥‥‥‥‥‥‥‥294
配当所得‥‥‥‥‥‥‥‥‥‥‥248

配当性向	201
配当利回り	201
売買高	199
倍率方式	424
パッシブ運用	210
払済保険	123
バリュー型	210
非線引区域	332
必要保障額	112
秘密証書遺言	380
ヒューマンヴァリュー特約	117
表題部	315
ファイナンシャル・プランナー	3
ファミリー交通傷害保険	147
ファンド	206
夫婦年金	120
賦課課税方式	239
付加年金	65
付加保険料	107
複数業務要因災害	42
複利	178
福利厚生プラン	132
負担付贈与	409
普通借地権	328
普通借家権	329
普通傷害保険	147
普通徴収	308
普通分配金	226
普通預金	181
物価指数	162
復活	111
復興特別所得税	296
プット・オプション	234
物納	404
不動産取得税	346
不動産所得	251
不動産登記簿	315
扶養控除	279
フラット35	25
振替加算	71
分離課税	242
平準定期保険	114

変額個人年金保険	120
変額保険	117
弁護士法	5
返済額軽減型	26
返済期間短縮型	26
変動金利	180
変動金利型	23
防火地域	339
放棄	377
報酬比例部分	66
法定後見制度	384
法定相続人	371
法定相続分	375
法定免除	55
ポートフォリオ	231
保険業法	5, 97
保険契約者保護機構	98
保険法	96
保険料納付済期間	62
保険料免除期間	62
保佐	384
補助	384
保証期間付終身年金	119
保証期間付有期年金	119
ボトムアップ・アプローチ	210

マ行

埋葬料	37
マクロ経済スライド	59
マザーズ	195
マネーストック	162
未成年者控除	402
みなし相続財産	391
みなし贈与財産	411
無配当保険	109
無保険車傷害保険	146
目論見書	206

ヤ行

有期年金	119

有配当保険	109
ユニット型	209
容積率	340
用途制限	334
用途地域	332
養老保険	115
預金準備率操作	167
預金保険制度	170
予定事業費率	107
予定死亡率	106
予定利率	106

ラ 行

ライフイベント表	9
ライフデザイン	2
ライフプランニング	2
利差配当付保険	109
利子所得	247
リスクマネジメント	94
利付債	185
利得禁止の原則	140
リビングニーズ特約	121
利回り	178, 187
流動性預金	181
療養の給付	35
利率	177
類似業種比準方式	429
るいとう	194
レクシスの原則	140
労災保険	42
ローソク足	196
老齢基礎年金	61
老齢厚生年金	66
路線価	313
路線価方式	424

ワ 行

割引債	185

memo

【著 者】
滝澤ななみ（たきざわ・ななみ）

簿記、ＦＰなど多くの資格書を執筆している。主な著書は『スッキリわかる日商簿記』１～３級（12年連続全国チェーン売上第１位※1）、『みんなが欲しかった 簿記の教科書・問題集』日商２・３級、『みんなが欲しかった！ＦＰの教科書』２・３級（７年連続売上第１位※2）、『みんなが欲しかった！ＦＰの問題集』２・３級、『みんなが欲しかった！宅建士の教科書』、『みんなが欲しかった！宅建士の問題集』など。

※1　紀伊國屋書店PubLine／くまざわ書店全店／三省堂書店／丸善ジュンク堂書店／未来屋書店　2009年1月
　　～2020年12月（各社調べ、50音順）
※2　紀伊國屋書店PubLine調べ　2014年1月～2020年12月

〈ホームページ〉『滝澤ななみのすすめ！』←「まとめレジュメ」が見られます
URL：https://takizawananami-susume.jp

〈ブログ〉『滝澤ななみ　簿記とか、ＦＰとか・・・書いて☑』
URL：http://takizawa773.blog.jp/

・装丁：Malpu Design（清水良洋＋宮崎萌美）
・本文デザイン：Malpu Design（大胡田友紀）
・装画：matsu（マツモト　ナオコ）

2021-2022年版
みんなが欲しかった！　ＦＰの教科書　３級

（2013年5月試験対応版　2013年4月5日　初版　第1刷発行）
2021年5月25日　初　版　第1刷発行

著　者	滝澤　ななみ	
発　行　者	多　田　敏　男	
発　行　所	ＴＡＣ株式会社　出版事業部	
	（ＴＡＣ出版）	

〒101-8383
東京都千代田区神田三崎町3-2-18
電　話　03(5276)9492（営業）
FAX　03(5276)9674
https://shuppan.tac-school.co.jp/

組　　版	株式会社　グ　ラ　フ　ト
印　　刷	株式会社　光　　　邦
製　　本	株式会社　常　川　製　本

© Nanami Takizawa　2021　　Printed in Japan　　ISBN 978-4-8132-9659-1
N.D.C. 338

本書は、「著作権法」によって、著作権等の権利が保護されている著作物です。本書の全部または一部につき、無断で転載、複写されると、著作権等の権利侵害となります。上記のような使い方をされる場合、および本書を使用して講義・セミナー等を実施する場合には、小社宛許諾を求めてください。

乱丁・落丁による交換、および正誤のお問合せ対応は、該当書籍の改訂版刊行月末日までといたします。なお、交換につきましては、書籍の在庫状況等により、お受けできない場合もございます。また、各種本試験の実施の延期、中止を理由とした本書の返品はお受けいたしません。返金もいたしかねますので、あらかじめご了承くださいますようお願い申し上げます。

ファイナンシャル・プランナー

INTERVIEW　実務家インタビュー

ファイナンシャル・プランナーの世界

お金の"気づき"からキャリアアップへ。ライフプランを考えるツールとして、ＦＰ知識は最適です。

お金の知識が幅広く学べることで人気の「FP」資格。
資格学校に通って勉強するのが一般的ですが、独学でチャレンジする人も多いはず。
そんな人たちに向けて、独立系FPとして活躍するかたわら、TAC講座で親しみやすい人柄と
分かりやすく元気な講義が大人気の峰尾茂克先生に、ステップアップのメリットや、
現役FPから見るFP業界の"今"、さらに学習アドバイスなどについて語っていただきました。

峰尾 茂克氏　MINEO SHIGEKATSU

CFP®、1級ファイナンシャル・プランニング技能士、宅地建物取引士。株式会社THE FPコンサルティング代表取締役(https://www.thefp.co.jp/)、一般社団法人　理想の住まいと資金計画支援機構(2016・2017年度国土交通省『住み替え等円滑化推進事業』の採択事業者)代表理事。2017・2018年度日本FP協会パーソナルファイナンス教育委員会諮問委員。2019年度から現在まで公益社団法人全日本不動産協会世田谷支部　行政担当委員兼教育研修委員。産業能率大学　客員教授。

AFP/CFP®取得は知識のブラッシュアップを証明してくれます

FP資格には、国家資格のFP技能士1．2．3級と、民間資格のAFP／CFP®があります。FP技能士3級はお金の知識の大切さについて"気づき"を与えてくれ、その上の2級＝AFPはキャッシュフロー表の作成・分析を通じて資金の流れを把握する"家計の見える化"を図ることができます。さらに最高峰のCFPは国際ライセンスであり、海外でも認知度・信頼度が高く、国内外ともにステータスの高いライセンスとしてキャリアアップの強力な武器になります。近年は税金や年金などの法改正・制度改正が多く、知識をブラッシュアップしていないとお客様に対して責任を果たすことができませんが、AFP／CFPには2年ごとの資格更新が必要のため、その証明にもなります。

私がFPとして独立したのは今から20年前のことです。『お金』のことを徹底的に勉強して、自分や家族をはじめ、『お金』の知識を正しく伝えることで、周りの人たちの幸せにも貢献したいと思ったことがFP資格取得の動機でした。「どうせ目指すなら最高峰を！」という気持ちで、最初から国際ライセンスであるCFP取得を視野に入れてチャレンジしましたが、取得後「同じ金額で仕事を依頼するならCFPに」というお客様が多く、CFPを取得して正解だったと感じました。

CFPを武器に"人生100歳時代"をサバイバルする

現在の日本は"人生100歳時代"と呼ばれるほどの超高齢社会です。仮に90年の人生を3等分した場合、60歳以降の人生は1/3あることになり、この期間を

資格の学校 TAC

どうやって暮らしていくか、どれだけお金があればいいのかという高齢者の不安は切実な問題です。また、介護に対しては、私たち個人が発想を変え健康寿命延伸の工夫をすることが介護・医療費の削減にもつながります。そして、このような社会状況の変化に対応していく中で、自分のライフプランを考える際のツールとして、FPの知識は最適です。実際、私が担当する講座でも、ご高齢の方や女性の受講生が増加傾向にあります。

また、保険の見直しや金融資産の運用、老後資金計画、住み替えなどの相談役として、FPのニーズは一層高まるはずです。
講義では様々な業務の経験を活かし、テキストや書籍だけでは得られない実務的な知識をお伝えします。
皆さんには、3・2級では満足せず、AFP、さらには1級・CFPまでチャレンジしていただきたいと願っています。ぜひ、一緒に合格まで頑張りましょう！

『FP試験合格のツボ教えます！』

ツボ1 基本が重要！
3級は独学でも合格できるかも知れませんが、学習の過程で変な"クセ"がついてしまうと修正するのに時間と手間がかかります。資格スクールなどを利用し、正確な基礎知識を身につけることをオススメします。

ツボ2 不得意科目を作らない！
2級以上はどうしても6分野の中で得意・不得意ができてしまうものです。基礎からしっかり学ぶことで、不得意分野を作らないようにしましょう。それでも不得意分野ができてしまったら、最低限、基本問題は解けるように底上げを図り、あとは得意分野でカバーするようにしてください。もし独学でうまくいかなければ、迷わず資格スクールでの学習に切り替えましょう。

ツボ3 慢心しない！
私の場合、AFPは一発合格できたのですが、CFP®では6課目で一番自信のあった「不動産」で不合格になってしまい、2回目で合格できたという受験の苦い思い出があります。実は学生時代に宅建資格を1ヶ月の集中学習だけで、一発合格できたこともあって、「不動産は勉強しなくても楽勝！」という慢心がありました。どんなに自信があっても慢心・油断は禁物ですよ！

ファイナンシャル・プランナー

TAC FP講座案内

TACのきめ細かなサポートが合格へ導きます！

合格に重要なのは、どれだけ良い学習環境で学べるかということ。
資格の学校TACではすべての受講生を合格に導くために、誰もが自分のライフスタイルに合わせて勉強ができる学習メディアやフォロー制度をご用意しています。

入門編から実務まで。FPならTACにお任せ！

同じFPでも資格のレベルはさまざま。入門編の3級から仕事に活用するのに必須の2級（AFP）、グローバルに活躍できるCFP®まで、試験内容も異なるので、めざすレベルに合わせて効率的なプログラム、学習方法で学ぶことが大切です。さらにTACでは、合格後の継続教育研修も開講していますので、入門資格から実践的な最新知識まで幅広く学習することができます。

3級
金融・経済アレルギーを解消！

「自分の年金のことがよく分からない」「投資に興味はあるんだけど、どうしたらいいの？」「ニュースに出てくる経済用語の意味を実は知らない…」「保険は入っているものの…」など金融や経済のアレルギーを解消することができます。「この際、一からお金のことを勉強したい！」そんな方にオススメです。

2級・AFP
FPの知識で人の幸せを演出する！

就職や転職をはじめ、FPの知識を実践的に活かしたい場合のスタンダード資格が2級・AFPです。金融機関をはじめとした企業でコンサルティング業務を担当するなど、お客様の夢や目標を実現するためにお金の面からアドバイスを行い、具体的なライフプランを提案することもできます。「みんなが幸せに生きる手助けをしたい！」そんな夢を持った方にオススメです。

1級・CFP®
ビジネスの世界で認められるコンサルタントをめざす！

FP資格の最高峰に位置づけられるのが、1級・CFP®です。特にCFP®は、日本国内における唯一の国際FPライセンスです。コンサルタントとして独立開業する際に1級やCFP®を持っていると、お客様からの信頼度もアップします。「プロのコンサルタントとして幅広いフィールドで仕事がしたい！」そんな志を抱いている人は、ぜひ1級・CFP®を目指してください。

FP継続教育研修のご案内
合格後も知識をブラッシュアップ！

FPの学習範囲は法改正や制度変更が頻繁に行われるため、身につけた知識を活用するためには、試験に合格した後も継続的に学習を行うことが大切です。TAC FP講座では、FPに役立つ様々なテーマの講座を毎月開講しており、最新情報の入手に最適です。さらに、AFP、CFP®認定者の方には継続教育単位を取得できる講座となっています。

2021年4月現在

資格の学校 TAC

TAC FP講座 お薦めコース

過去問トレーニングで万全の試験対策を！

3級過去問解説講義

WEB講座専用コースで、いつでも好きな時間に学習できます。

FP技能検定試験の本試験問題を全問解説する講座です。答えを見ただけでは理解しにくい部分も、ベテラン講師が問題に書き込みながら行う解説により、しっかりと理解できるようになります。また本講座はWeb通信講座なので、いつでも講義を視聴することができ大変便利です。定番問題の解法テクニックの習得や試験直前の総まとめとしてご利用ください。

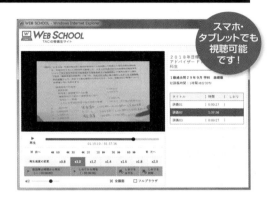

スマホ・タブレットでも視聴可能です！

特長 POINT 1
TAC講師が過去問を全問解説

特長 POINT 2
Web配信なので24時間、好きな時間帯に自由に学習可能

特長 POINT 3
試験傾向も把握でき、重要論点を中心に効率よく学習できるようになる

講義時間
約60分 / 各回・各科目

受講料
¥600 / 各回・各科目
※入会金は不要です。
※受講料には消費税10%が含まれます。

【ご注意】
お申込みはe受付（インターネット）のみです。
インターネットによるお申込みの場合には、クレジットカード決済をご選択頂けます。
e受付はこちらから
→https://ec.tac-school.co.jp

教材について
当コースには、本試験問題はついておりません。過去問題及び解答は、本試験実施団体（日本FP協会・金融財政事情研究会）のHPから無料でダウンロードできますので、ご自身でご用意ください。

○日本FP協会：
https://www.jafp.or.jp/exam/1fp/

○金融財政事情研究会：
https://www.kinzai.or.jp/fp

開講コース
詳細はTAC FP講座ホームページまたはパンフレットをご覧ください。
※講義内容および受講料等は2021年4月1日現在のものであり、予告なく変更する場合がございます。

TAC出版 書籍のご案内

TAC出版では、資格の学校TAC各講座の定評ある執筆陣による資格試験の参考書をはじめ、資格取得者の開業法や仕事術、実務書、ビジネス書、一般書などを発行しています！

TAC出版の書籍

*一部書籍は、早稲田経営出版のブランドにて刊行しております。

資格・検定試験の受験対策書籍

- 日商簿記検定
- 建設業経理士
- 全経簿記上級
- 税理士
- 公認会計士
- 社会保険労務士
- 中小企業診断士
- 証券アナリスト
- ファイナンシャルプランナー(FP)
- 証券外務員
- 貸金業務取扱主任者
- 不動産鑑定士
- 宅地建物取引士
- マンション管理士
- 管理業務主任者
- 司法書士
- 行政書士
- 司法試験
- 弁理士
- 公務員試験(大卒程度・高卒者)
- 情報処理試験
- 介護福祉士
- ケアマネジャー
- 社会福祉士　ほか

実務書・ビジネス書

- 会計実務、税法、税務、経理
- 総務、労務、人事
- ビジネススキル、マナー、就職、自己啓発
- 資格取得者の開業法、仕事術、営業術
- 翻訳書（T's BUSINESS DESIGN）

一般書・エンタメ書

- エッセイ、コラム
- スポーツ
- 旅行ガイド（おとな旅プレミアム）
- 翻訳小説（BLOOM COLLECTION）

(2018年5月現在)

書籍のご購入は

1 全国の書店、大学生協、ネット書店で

2 TAC各校の書籍コーナーで

資格の学校TACの校舎は全国に展開!
校舎のご確認はホームページにて

資格の学校TAC ホームページ
https://www.tac-school.co.jp

3 TAC出版書籍販売サイトで

CYBER TAC出版書籍販売サイト
BOOK STORE

TAC 出版 で 検索

24時間
ご注文
受付中

https://bookstore.tac-school.co.jp/

- 新刊情報を いち早くチェック!
- たっぷり読める 立ち読み機能
- 学習お役立ちの 特設ページも充実!

TAC出版書籍販売サイト「サイバーブックストア」では、TAC出版および早稲田経営出版から刊行されている、すべての最新書籍をお取り扱いしています。
また、無料の会員登録をしていただくことで、会員様限定キャンペーンのほか、送料無料サービス、メールマガジン配信サービス、マイページのご利用など、うれしい特典がたくさん受けられます。

サイバーブックストア会員は、特典がいっぱい! (一部抜粋)

通常、1万円(税込)未満のご注文につきましては、送料・手数料として500円(全国一律・税込)頂戴しておりますが、1冊から無料となります。

専用の「マイページ」は、「購入履歴・配送状況の確認」のほか、「ほしいものリスト」や「マイフォルダ」など、便利な機能が満載です。

メールマガジンでは、キャンペーンやおすすめ書籍、新刊情報のほか、「電子ブック版 TACNEWS(ダイジェスト版)」をお届けします。

書籍の発売を、販売開始当日にメールにてお知らせします。これなら買い忘れの心配もありません。

FP（ファイナンシャル・プランナー）対策書籍のご案内

TAC出版のFP（ファイナンシャル・プランニング）技能士対策書籍は金財、日本FP協会それぞれに対応したインプット用テキスト、アウトプット用テキスト、インプット＋アウトプット一体型教材、直前予想問題集の各ラインナップで、受検生の多様なニーズに応えていきます。

みんなが欲しかった！シリーズ

『みんなが欲しかった！FPの教科書』
- ●1級 学科基礎・応用対策 　●2級・AFP 　●3級
- 1級：滝澤ななみ 監修・TAC FP講座 編著・A5判・2色刷
- 2・3級：滝澤ななみ 編著・A5判・4色オールカラー
- ■ イメージがわきやすい図解と、シンプルでわかりやすい解説で、短期間の学習で確実に理解できる！スマホ学習にも対応しているのもポイント。

『みんなが欲しかった！FPの問題集』
- ●1級 学科基礎・応用対策 　●2級・AFP 　●3級
- 1級：TAC FP講座 編著・A5判・2色刷
- 2・3級：滝澤ななみ 編著・A5判・2色刷
- ■ 無駄をはぶいた解説と、重要ポイントのまとめによる「アウトプット→インプット」学習で、知識を完全に定着。

『みんなが欲しかった！FPの教科書・問題集 速攻マスターDVD』
- ●2級・AFP 　●3級
- TAC出版編集部 編著
- ■ 人気の『FPの教科書』『FPの問題集』に完全準拠の講義DVDがついに登場！TAC FP講座の専任講師が、わかりやすく丁寧な講義を展開。独学者にとって最強の味方になるDVD。

スッキリシリーズ

『スッキリわかる FP技能士』
- ●1級 学科基礎・応用対策
- ●2級・AFP
- ●3級
- 白鳥光良 編著・A5判・2色刷
- ■ テキストと問題集をコンパクトにまとめたシリーズ。繰り返し学習を行い、過去問の理解を中心とした学習を行えば、合格ラインを超える力が身につきます！

『スッキリとける 過去＋予想問題 FP技能士』
- ●1級 学科基礎・応用対策
- ●2級・AFP
- ●3級
- TAC FP講座 編著・A5判・2色刷
- ■ 過去問の中から繰り返し出題される良問で基礎力を養成し、学科・実技問題の重要項目をマスターできる予想問題で解答力を高める問題集。

TAC出版

よくわかるFPシリーズ

『合格テキスト FP技能士1級』
- ① ライフプランニングと資金計画・リスク管理
- ② 年金・社会保険
- ③ 金融資産運用
- ④ タックスプランニング
- ⑤ 不動産
- ⑥ 相続・事業承継

TAC FP講座 編著・A5判・2色刷
■ TAC FP講座公式教材。それぞれの論点について、「きちんとわかる」をコンセプトに、合格に必要な知識をすべて盛り込んだFP技能士1級対策基本書の決定版。

『合格トレーニング FP技能士1級』
TAC FP講座 編著・A5判・1色刷
■ TAC FP講座公式教材。本試験対応力を養う、総仕上げの問題集。出題傾向を徹底分析し、過去問題から頻出問題を厳選。覚えておくべき論点は「ポイントまとめ」で最終確認もバッチリ。

あてる直前予想 *本試験約3ヵ月前に改訂

『○年○月試験をあてる　TAC直前予想 FP技能士』
● 2級・AFP　● 3級
TAC FP講座 編著・B5判・2色刷
■ 本試験の出題を予想した模試3回分に加えて、頻出の計算問題を収載した「計算ドリル」や、直前期の暗記に役立つ「直前つめこみノート」など、直前対策に役立つコンテンツを厳選収載！

● 1級
TAC FP講座 編著・B5判・2色刷
■ 本試験の出題を予想した模試3回分に加えて、最新の法改正情報や実技試験対策も掲載！直前対策はこれ一冊で完璧。

啓蒙書 ほか

『FPの極意がわかる本
～活かし方・働き方・稼ぎ方～
第3版』
藤原久敏 著・A5判

『女性のための資格シリーズ
自力本願で
ファイナンシャル・プランナー』
森江加代 著・A5判

『47テーマで学ぶ家計の教科書
節約とお金の基本』
矢野きくの 北野琴奈 著・A5判

年度版マークのある書籍は、試験実施年月に合わせて年度改訂を行っています。
掲載の内容は、2020年4月現在の内容です。各書籍の価格等詳細につきましては、下記サイバーブックストアにてご確認ください。

TAC出版の書籍はこちらの方法でご購入いただけます
1 全国の書店・大学生協
2 TAC各校 書籍コーナー
3 インターネット　CYBER TAC出版書籍販売サイト BOOK STORE
アドレス　https://bookstore.tac-school.co.jp/

書籍の正誤についてのお問合わせ

万一誤りと疑われる箇所がございましたら、以下の方法にてご確認いただきますよう、お願いいたします。

なお、正誤のお問合わせ以外の書籍内容に関する解説・受験指導等は、**一切行っておりません。**
そのようなお問合わせにつきましては、お答えいたしかねますので、あらかじめご了承ください。

1 正誤表の確認方法

TAC出版書籍販売サイト「Cyber Book Store」の
トップページ内「正誤表」コーナーにて、正誤表をご確認ください。

CYBER TAC出版書籍販売サイト
BOOK STORE

URL:https://bookstore.tac-school.co.jp/

2 正誤のお問合わせ方法

正誤表がない場合、あるいは該当箇所が掲載されていない場合は、書名、発行年月日、お客様のお名前、ご連絡先を明記の上、下記の方法でお問合わせください。
なお、回答までに1週間前後を要する場合もございます。あらかじめご了承ください。

文書にて問合わせる

● 郵 送 先　〒101-8383 東京都千代田区神田三崎町3-2-18
TAC株式会社 出版事業部 正誤問合わせ係

FAXにて問合わせる

● FAX番号　**03-5276-9674**

e-mailにて問合わせる

● お問合わせ先アドレス　**syuppan-h@tac-school.co.jp**

※お電話でのお問合わせは、お受けできません。また、土日祝日はお問合わせ対応をおこなっておりません。
※正誤のお問合わせ対応は、該当書籍の改訂版刊行月末日までといたします。

乱丁・落丁による交換は、該当書籍の改訂版刊行月末日までといたします。なお、書籍の在庫状況等により、お受けできない場合もございます。
また、各種本試験の実施の延期、中止を理由とした本書の返品はお受けいたしません。返金もいたしかねますので、あらかじめご了承くださいますようお願い申し上げます。

TACにおける個人情報の取り扱いについて
■お預かりした個人情報は、TAC(株)で管理させていただき、お問い合わせへの対応、当社の記録保管および当社商品・サービスの向上にのみ利用いたします。お客様の同意なしに業務委託先以外の第三者に開示、提供することはございません(法令等により開示を求められた場合を除く)。その他、個人情報保護管理者、お預かりした個人情報の開示等及びTAC(株)への個人情報の提供の任意性については、当社ホームページ(https://www.tac-school.co.jp)をご覧いただくか、個人情報に関するお問い合わせ窓口(E-mail:privacy@tac-school.co.jp)までお問合せください。

(2020年10月現在)